Zu diesem Buch

Das Unglück in der Ehe ist alltäglich, und die Zahl der mißhandelten Frauen ist zu hoch, um sie als bedauernswerte Einzelfälle abtun zu können. Wir müssen erkennen, daß die Gewalttätigkeit unserer Gesellschaft sich nicht nur im öffentlichen Raum abspielt, sondern vielfach in Küchen und Schlafzimmern. In diesem Buch versuchen zwei junge Wiener Sozialwissenschaftlerinnen, das Phänomen der ehelichen Gewalt zu beschreiben, aus historischen Quellen abzuleiten, aus den festgefahrenen Klischees vom «Wesen» des Mannes und der Frau zu analysieren. Die Auseinandersetzung mit der Lebensideologie, die Entlarvung jener Illusionen, die die Ehe zu einem Gewalt- und Herrschaftsverhältnis machen, wird auf mehreren Ebenen untersucht: als Diskussion der herrschenden Lehre, als Biographie der betroffenen Frauen und schließlich auch als Erfahrungsbericht der Verfasserinnen über die Schwierigkeit beim Erforschen eines heiklen Themas. «Die Ideologie der Liebe und die Institutionen von Männlichkeit und Weiblichkeit verhindern die Erkenntnis, daß die Erwartungen an eheliches Glück von vornherein zum Scheitern verurteilt sind. Enttäuschung und Aggression sind in die Beziehung einprogrammiert.»

Cheryl Benard (geb. 1953) und Edit Schlaffer (geb. 1950) leiten als Sozialwissenschaftlerinnen die «Ludwig Boltzmann-Forschungsstelle für Politik und zwischenmenschliche Beziehungen». Sie haben 1981 die Menschenrechtsorganisation «Amnesty for Women» ins Leben gerufen.

Cheryl Benard / Edit Schlaffer

Die ganz gewöhnliche Gewalt in der Ehe

Texte zu einer Soziologie von Macht und Liebe

rororo

Rowohlt

rororo aktuell –
Herausgegeben von Ingke Brodersen

Frauen aktuell
Begründet von Susanne v. Paczensky

Wir gehen davon aus, daß der Kampf um Menschenrechte notwendig auch ein Kampf um Frauenrechte sein muß. Wir wissen, daß Frauen speziellen Formen der Unfreiheit und der Ungerechtigkeit unterworfen sind, daß ihre Beteiligung am politischen Handeln auf besondere Hindernisse stößt. Diese Hindernisse sichtbar zu machen, wo möglich abzubauen – durch Erfahrungsberichte, Erklärungsversuche und Lösungsvorschläge –, ist das Ziel von «Frauen aktuell».

46.–48. Tausend Januar 1992

Originalausgabe
Veröffentlicht im Rowohlt Taschenbuch Verlag GmbH,
Reinbek bei Hamburg, September 1978

Umschlagentwurf Werner Rebhuhn
(Foto Vorderseite Privatbesitz / Rückseite dpa)
Satz Aldus (Linotron 505 C)
Gesamtherstellung Clausen & Bosse, Leck
Printed in Germany
980-ISBN 3 499 14358 5 X

Inhalt

Unsere Gesellschaft betrachtet die Frau nicht als Wert an sich, sondern als Mittel zur Befriedigung männlicher Bedürfnisse. Aber einen Menschen in dieser Weise als Mittel und nicht als selbständiges Subjekt zu behandeln bedeutet, diesem Menschen das Recht auf eigene Existenz zu verweigern. Durch einen anderen als Mittel zum Zweck des Geschlechtsverkehrs gebraucht zu werden, wenn dieser andere einem zugleich die Existenz als Subjekt vorenthaltet, muß für jedes menschliche Wesen unerträglich sein. Wenn der Frau bewußt wird, daß sie so behandelt wird, muß sie sich entweder selbst verachten oder sie muß rebellieren . . . Die materiellen Voraussetzungen zur Rebellion sind nur wenigen Frauen gegeben. Verachten sich die Frauen also? Keineswegs: sie betrügen sich selbst, indem sie sich einreden . . . daß die reine und erhebende Qualität der Liebe . . . das Leben der Frau exaltiert . . .

Diejenigen, die Ideale zerstören wollen, werden meist als Feinde der Gesellschaft denunziert, aber in Wirklichkeit reinigen sie die Welt von Lügen.

George Bernard Shaw:
‹*The Womanly Woman*›

Vorwort

Einige kurze kontemplative Gedanken zum Thema Sozialwissenschaft

Sozialwissenschaften sind Wissenschaften von der Gesellschaft, das heißt Wissenschaften, die als ihren Gegenstand die Existenz der Menschen in sozialen Gruppen haben. Sie sind in Fachgebiete aufgeteilt: die Ethnologie zum Beispiel beschäftigt sich mit Menschen und Gesellschaften anderer Kulturkreise, die Soziologie mit den Strukturen und Prozessen sozialer Organisation, die Politikwissenschaft mit Fragen der Macht, des Konflikts, der Entscheidung. Da sie unmittelbar vom Menschen handeln, könnte der Laie annehmen, daß diese Wissenschaften besonders darum bemüht sind, ein Verständnis der gesellschaftlichen Realität herzustellen und zu vermitteln. Der Laie würde sich irren.

Die Theorien, Methoden und Zielsetzungen der Sozialwissenschaften sind so verschieden wie die Menschen, denen sie gesetzmäßig ablaufende Verhaltensmuster und Interaktionsformen unterstellen möchten. Ihre Funktionen sind sehr heterogen. In der Geschichte dieser Wissenschaften finden sich Bemühungen, die ganze Gesellschaft technisch perfekt neu zu ordnen, die Außenpolitik des einen oder anderen Landes zu unterstützen, die eine oder andere politische Partei oder Gruppe an der Macht zu halten oder zu stürzen. Kurzum, Sozialwissenschaftler beteiligen sich, wie alle anderen Gesellschaftsmitglieder auch, an den Konflikten, Kontroversen, Interessenkämpfen und Illusionen ihrer Zeit. Die Waffen, die ihnen dabei zur Verfügung stehen, sind jedoch besondere, und hierin liegt die fast märchenhafte Qualität, die Eigenart dieser Wissenschaftler. Um eine Partei zu unterstützen, müssen sie alle überzeugen, daß sie unparteilich sind; um in die Geschehnisse einzugreifen, müssen sie den Anschein erwecken, als stünden sie außerhalb der Ereignisse; um ihre Interessen zu vertreten, müssen sie so tun, als wäre ihr alleiniges und einziges Interesse das Voranschreiten menschlichen Wissens.

Und da die Menschen in all den Jahrhunderten ihres Zusammenlebens einige Vorstellungen darüber erworben haben, wie die Welt und die Mitmenschen zusammengesetzt sind, müssen die Wissenschaftler sich selbst und die Aussagen, die sie treffen wollen, so sehr verschlüsseln, daß nur die anderen Mitglieder der Wissenschaftlergruppe sie verstehen können. Wenn man sich nun auf diese Weise der Kritik der Bevölkerung entzogen hat, dann hat man nur mehr die Kritik der Fachkollegen zu befürchten. Da aber das persönliche Fortkommen davon abhängt, daß man die Theorien und Arbeiten der anderen entweder vernichtet oder sich daran anhängt, entstehen Allianzen und Cliquen (die sich «Schulen» nennen), die in Todesfeindschaft zueinander stehen und ihre ganze Konzentration und Kraft darauf lenken, die Gegenseite zu liquidieren, ihre Anstrengungen zunichte zu machen, ihre Forschungsergebnisse restlos zu zertrümmern, und sie persönlich bloßzustellen und zu blamieren (dieses Ziel heißt «Falsifizierbarkeit von Ergebnissen»). Die Überlebenden treffen sich in regelmäßigen Abständen entweder in Metropolen oder in entlegenen Ortschaften (diese Treffen heißen «Tagungen»). Tagsüber zerhacken sie sich gegenseitig mit Schriftstücken, die als «Referate» bezeichnet werden und aus drei bis vier Sätzen bestehen, die hinter einem Schutzwall von Fußnoten, einer Armada von Zitaten, einer Phalanx von ausländischen Untersuchungsergebnissen einmarschieren. Gegen diesen Schutzwall werden Rammböcke von anderen ausländischen Untersuchungen, heiße Pechhagel anderer Zitate, Katapulte anderer Fußnoten aufgeboten: diese Konfrontierung wird «Fachdiskussion» genannt. Die Kontrahenten bewegen sich langsam, schwerfällig; wie die Rüstungen mittelalterlicher Ritter schleppen auch die wissenschaftlichen Gerüste ihre Träger zu Boden. Sie brauchen Geräte, um sich in den Sattel heben zu lassen, und Leute, die sie ohne Rüstung gesehen haben, berichten, daß sie durch das jahrelange Tragen entsetzlich entstellt und einseitig entwickelt sind; eine Körperhälfte ist verkümmert.

Nach den täglichen Turnieren erholen sich die edlen Geister (wenn sie eher königstreu sind) in den Nachtklubs und Kasinos der Kongreßstädte; wenn sie eher die dunklen Ritter der Linken sind, in den Gasthäusern der Kleinstädte.

Unsere Situation als Frauen in diesen Feudalverbänden war von vornherein eine eher seltsame. Mitzustreiten stand uns nicht an, selbst wenn uns die Rüstung gepaßt hätte. Eigentlich hätten wir ja auf die Tribüne gehört, zu den anderen Damen; unsere Anliegen hätten unsere Herren für uns stellvertretend zu erkämpfen gehabt. Oder, wenn wir nicht das Glück hatten, dem Ritterstand anzugehören, dann hätten wir noch als Marketenderinnen den streitenden Heeren folgen können, fachliche und persönliche Dienstleistungen verrichtend, Fußnoten korrigierend, Zitate überprüfend . . . usw. Diese Rollen lehnten wir ab; was uns blieb war die Rolle des Hofnarren oder einer Jeanne d'Arc, in Männerkleidern für hohe Zwecke kämpfend. Die Wahl zwischen den Optionen, Gelächter zu inspirieren oder verbrannt zu werden, erscheint uns nicht besonders attraktiv. Zwischen den Schizophrenien unserer sehr dubiosen Stellungen an den Höfen der Lehnsherren versuchen wir, uns zu bewegen.

Einleitung

Liebe, Gewalt und Wissenschaft

Das Thema des vorliegenden Werks wird beschrieben * Die Leser erfahren, daß es sich um ein Buch über Frauen und Männer handelt * Und über deren Konflikte und Probleme * Und auch über deren Hoffnungen und Wünsche * Und das Scheitern derselben * Die Autorinnen sind Sozialwissenschaftlerinnen und haben ein Projekt zum Thema «Gewalt in der Ehe» gemacht * Eine ziemlich direkte Form des Scheiterns * Jedoch ist das Verhältnis der Autorinnen zu ihren Wissenschaften kein ungetrübtes * Immer wieder gleiten sie im vorliegenden Text in ketzerische Aussagen zu diesen ab * Bereits in der Einleitung distanzieren sie sich und stellen Ihnen eine neue Methode vor * Mittels derer es möglich sein soll, daß Männer und Frauen von Frauen betrachtet werden * (Nämlich von uns) * Sodann werden einige Überlegungen zu den Fragen Gewalt/Alltag/Machtverhältnisse angestellt * Stellenwert der Ehe in diesem Komplex * Das eingeleitete Thema wird zum näheren Ausführen weitergeleitet

---

Dieses ist ein Buch über Frauen und Männer und über die Dinge, die sie voneinander erhoffen und die Eigenschaften, die sie voneinander erwarten, und über ihre Reaktionen, wenn diese Erwartungen nicht in Erfüllung gehen.

Es ist ein Buch über Frauen und Männer und daher ist es auch ein Buch über die Liebe, und es ist ein Buch über die gegenwärtige Gesellschaft, und daher ist es auch ein Buch über die Gewalt.

Bücher über aktuelle Themen folgen in der Regel einem bestimmten Schema, und der Leser darf erwarten, ein bestimmtes Grundmuster geboten zu bekommen: meist stellen die Bücher ein Problem dar, erklären, wie es zustande kommt, beschimpfen und verspotten viele andere Autoren, die über dasselbe Problem schreiben, und rufen schließlich zu bestimmten Aktionen auf. Je nach Neigung und Beruf des Verfassers verzieren sie sich zusätzlich mit Tabellen, belletristischen Leistungen, schönen oder schwierigen Worten, Zitaten, Fußnoten oder Bildern. Wenn wir nun im folgenden über Männer und Frauen schreiben, dann ist unser Buch nicht direkt als aktuell zu bezeichnen, denn immerhin haben sich vor Erscheinen unserer definitiven Abhandlung Generationen von Scholaren, Forschern, Philosophen, Schriftstellern usf. diesem Gegenstand gewidmet; trotzdem werden Sie einiges an Vertrautem, dem Schema «aktuell» entsprechendem, wiederfinden: vor allem diverse sich sorgfältig als etwas anderes präsentierende Beschimpfungen und Verspottungen anderer Autoren, eine Anzahl von Verzierungen mit dem Zweck, Ihr Wohlgefallen zu gewinnen, Anekdoten und Erzählungen zu Ihrer Zerstreuung und selbstverständlich die abschließenden Appelle, in denen Sie aufgefordert werden, endlich das Richtige und Einsichtige zu tun (möglichst zynisch formuliert, um die zarten Ideale der Verfasserinnen vor dem Spott der Öffentlichkeit zu schützen und Sie nicht durch offene Belehrungen zu verärgern). Im Gegensatz zu vielen anderen Büchern entbehrt das vorliegende etwas, das Kritiker «logischen Aufbau und Konsistenz» nennen werden. Was wir Ihnen vorlegen, ist ein Text, der sich aus sozialwissenschaftlichen Bemühungen, flüchtigen Eindrücken, langjährigen persönlichen Vorurteilen, feministischer Aggressionsbereitschaft und den gesammelten Ressentiments und Romanzen zusammensetzt, die das bisherige Ergebnis von (zusammengezählt) mehr als fünfzig Jahren weiblicher Existenz in Mitteleuropa in der zweiten Hälfte des 20. Jahrhunderts sind.

Wenn man Beobachtungen über die Wirklichkeit und Ausschnitte derselben vermitteln will, so stehen einem verschiedene Medien und Ausdrucksformen zur Verfügung. Man kann zum Beispiel einen Roman schreiben, ein Gedicht verfassen, eine Zeichnung anfertigen, ein Theaterstück interpretieren. Unter anderem kann man auch eine wissenschaftliche Untersuchung durchführen. Welches die adäquate Weise ist, ein Problem abzuhandeln, und welche Techniken innerhalb des jeweiligen Mediums zulässig sind, wird von der Gesellschaft bestimmt.

Nehmen wir das Beispiel einer Landschaft. Man kann sie in Öl malen oder als Aquarell, mit schreienden Sonnenblumen und einem grünen Himmel oder verwaschen und blaß, mit Kreide, Wasserfarben, Bleistift, Tusche, dick aufgetragen oder als Radierung, realitätsgetreu nach Maß, verschwommen nach Erinnerung, phantastisch nach Vorstellung und Empfindung. Die Vertreter der jeweiligen Ausdrucksform sind jeweils gewiß, die beste und einzig zulässige Form der Darstellung gefunden zu haben; die anderen sind entartet, dilettantisch, unästhetisch usw. In vielen Zeitaltern darf überhaupt nur eine einzige Form existieren; Personen, die davon abweichen, werden mißachtet oder sogar verfolgt. In stilisierten Fresken marschiert die einzig erlaubte Realität an den Wänden und Grabmälern entlang, oder sie blickt uns lebensgroß in dumpfen Farben der Präzision entgegen, bis sie in späteren Jahrhunderten zu Galerien bedeutender Personen, allesamt akkurat porträtiert in Spitzenkragen, zusammengefaßt wird, durch die unglückliche Scharen von Schulkindern getrieben werden. In manchen Kulturkreisen dürfen Lebewesen überhaupt nicht abgebildet werden; mit sehr viel Hinterlist und Geschicklichkeit gelingt es dem Künstler, ein paar Pflanzenblätter in die

Geometrik der Moschee, gelegentlich ein paar menschliche Schicksale in die wissenschaftliche Abhandlung hineinzuschwindeln.

Ähnlich verhält es sich mit anderen Formen der Porträtierung und Interpretation von Realität. In manchen Zeitaltern und Kulturen artikuliert sich das Wissen in Gelehrtenlatein; es leitet sich von Gott ab, von Offenbarungen, von Riten, von Mythen, von Deduktionen, von Induktionen, von Experimenten, es drückt sich aus in Liturgien, kryptischen Formeln, Ziffern und Zahlen, es wird gedruckt in Traktaten, Enzyklopädien, Pamphleten, es wird lexikalisch aufgelistet, esoterisch nebelumhüllt, pädagogisch aufbereitet zur Belehrung und Läuterung des Publikums.

Es ist bemüht, die unmittelbar sich präsentierende Umwelt so präzis wie nur möglich zu erfassen, oder es ist bestrebt, hinter dem Schein vielfältiger Wahrnehmung die Zusammensetzung und Gesetzmäßigkeit zu erkennen; es handelt vom Menschen als sittliches Wesen, oder der Mensch darf überhaupt nicht vorkommen, zumindest nicht als unberechenbares und kläglich launenhaftes Individuum, sondern nur sauber und vernünftig, als Stichprobe, repräsentativ.

Der scharfsinnige Leser wird vermutet haben, daß wir in dieser unserer Arbeit über Männer und Frauen beabsichtigen, uns in gewisser Hinsicht von den vorherrschenden ästhetischen Kriterien unserer Fächer, der Soziologie und der Politikwissenschaft, zu entfernen.

Meine Damen und Herren, wir stellen vor: den empirischen Impressionismus.

Die Sozialwissenschaft ist eine Methode, um die soziale Realität zu beleuchten. Sie kann Ausschnitte der Wirklichkeit in einer ganz speziellen Weise erfassen, und sie kann die Art der Wahrnehmungen und Interpretationen in einer bestimmten Weise strukturieren, so daß bestimmte Aspekte hervortreten. Sie behandelt die gesellschaftliche Wirklichkeit, wie die natürliche Wirklichkeit unter dem Mikroskop behandelt wird: eine sehr dünne Scheibe wird sorgfältig abgetrennt und auf Glas gelegt, sodann wird diese Scheibe chemisch behandelt mit Färbstoffen, damit die Zusammensetzung klarer erkannt werden kann, und das Resultat wird unter ein Mikroskop gelegt und betrachtet; auf Grund dieser Behandlung kann man dann einiges sehr klar sehen, zum Beispiel die Zellenstruktur, und andere Dinge kann man überhaupt nicht mehr sehen, zum Beispiel die Feldmaus, deren Körper diese dünne Scheibe entnommen wurde.

Über die Feldmaus ist auch noch wissenswert, daß sie zum Beispiel in einem bestimmten Klima floriert und bestimmte Verhaltensweisen bei der Suche nach Nahrung und bei der Fortpflanzung zeigt und daß sie auf bestimmte Stimuli in einer bestimmten Weise reagiert (oder auch nicht).

Bei Untersuchungen über Männer und Frauen ist es noch etwas komplizierter. Bestenfalls kann man Eindrücke gewinnen über die Gründe ihres Verhaltens, und diese Eindrücke sind dadurch gefärbt, daß man selbst entweder ein Mann oder eine Frau ist und häufig auch mit größeren oder kleineren Schwierigkeiten mit entweder einem Mann oder einer Frau zusammen lebt. Das erachten viele unserer Kollegen, die Sie aus Büchern, Fernsehsendungen, Zeitschriftenartikeln usw. vielleicht kennen, nicht für erwähnenswert. Sie sind bemüht, sich unter rigoroser Anwendung der erarbeiteten Instrumentarien der vorliegenden Probleme zu bemächtigen. Wir verfolgen ihre Bemühungen mit dem allergrößten Interesse, wollen jedoch hier eine andere Methode versuchen; statt des realistischen Positivismus, sozusagen eine neue Technik der Sozialwissenschaft anwenden; einen Impressionismus. Wir wollen das wiedergeben, woraus sich unsere bisherigen Schlußfolgerungen zum Themenbereich «Ehe» und «Frauen und Männer» zusammensetzt; zum Beispiel aus Interviews und Gesprächen mit Frauen in der spezifischen Situation häuslicher Gewalttätigkeit und aus unserer Beschäftigung mit den Akten einer Wiener Eheberatungsstelle, Analysen, die wir im Rahmen eines Forschungsprojekts durchführten, aber auch aus unserer Verarbeitung der Konfrontationen und Schwierigkeiten, die sich dabei ergaben, aus Reiseeindrücken, aus einer Durchsicht von Frauenzeitschriften, aus Einschätzungen alltäglicher Erlebnisse und gelegentlich auch aus diffusen Rachegefühlen gegen bestimmte Personen und vor allem gegen Unbekannt.

Das politische Denken der Gegenwart zeichnet sich durch eine Erstarrung zu zwanghaften, schematischen Realitätswahrnehmungen aus.

Dem christlichen Gegensatz von Gut und Böse, dem marxistischen Antagonismus zwischen Bourgeoisie und Proletariat, der Vorstellung eines bipolaren sowjetisch-amerikanischen Konflikts ist die Überzeugung gemeinsam, daß die Weltgeschichte nur ein Subjekt, einen existentiellen Kampf und einen Ablauf hat. Die Erstarrung der Gesellschaft in antagonistische Polaritäten stabilisiert sich schließlich in einer Harmonisierung des Spannungs- und Feindschaftszustands: Dialog, Entspannung, Sozialdemokratie. Auch der «Kampf der Geschlechter» soll in einer Partnerschaftsideologie seine Auflösung finden. Die Schematisierung überdeckt die Realitäten (die vielen Realitäten) der Verhältnisse. Den Platz des alleinigen Subjekts nimmt die Vorstellung einer Masse entfremdeter einzelner ein, die von einem schattenhaften Akteur, der als Ursprung aller Zwänge und Gewaltverhältnisse postuliert wird (der Staat, der Kapitalismus, die Elite, das Establishment, das System etc.), mißbraucht und ausgebeutet werden.

Gesellschaftsanalyse und politische Theorie produzieren dieses Modell in immer neuen Auflagen. Um der Maschinerie theoretischer Erklär- und Lösbarkeit zu entkommen, muß diese Linearität durchbrochen werden. Das erfordert als Voraussetzung für Bewußtsein nicht eine Theorie der Gewalt, sondern – mit Foucault – eine Analytik der Macht.[1]

Gesellschaftskritik verfängt sich im Streit um *den* zentralen Widerspruch, *das* Gesetz der Veränderung, *den* Träger der Revolution und bleibt damit in einer sich als Makroanalyse begreifenden Scheinerklärung verfangen. Sie kann nicht sehen, daß Herrschaft nicht in erster Linie eine hierarchisch geordnete Struktur ist, sondern eine Qualität, die soziale Organisation in all ihren Beziehungen und Interaktionen prägt.

In der modernen Gesellschaft läuft keine eindeutige Trennungslinie zwischen einer Klasse von Ausgebeuteten und einer Klasse von Ausbeutern; alle Personen gehören in den verschiedenen Lebenszusammenhängen ihrer gesellschaftlichen Existenz sowohl der einen als auch der anderen Klasse an. Die Verhältnisse zwischen Männern und Frauen, Eltern und Kindern, Arbeitgebern und Arbeitnehmern, Beamten und Bürgern, zwischen Schichten, Rassen, Altersgruppen usf. ergeben eine Pluralität von Statusgefällen.

Neue Ansätze einer Gesellschaftskritik in das vorhandene Modell der Linearität und Polarität einzuordnen ist eine Form der Entthematisierung, die der Stabilisierung des Status quo dient. Daraus erklärt sich zum Beispiel die starke Tendenz zur Rivalität zwischen Bewegungen: zwischen einer schwarzen Bewegung, der Arbeiterbewegung, der Linken, der Frauenbewegung. Wenn es nur ein primäres Muster von Macht und Befreiung gibt, dann sind diese Bewegungen Konkurrenten. Und solange die kritischen Diskurse und Analysen damit beschäftigt werden können, wettstreitend nach der blauen Rose der wahren Revolution zu suchen, bleiben die Netzwerke und Strukturen, Verstrickungen und Ambivalenzen von Macht- und Herrschaftsverhältnissen in ihren breiten Flächen und Verflechtungen unangetastet. Will man diese Automatik umgehen, so muß man «einen politischen Kampf gegen sämtliche Maschinen der herrschenden Macht entfachen, ob es sich nun um die Macht des bürgerlichen Staates handelt, um die Macht aller Arten von Bürokratie, die schulische Macht, die familiale Macht, die phallokratische Macht in der Zweierbeziehung oder sogar um die repressive Macht des Über-Ich über das Individuum»[2].

Dieser Kampf hat keinen einzelnen, nicht einmal einen hauptsächlichen Träger, weil alle in einem dreifachen Verhältnis zur Macht stehen: indem sie an ihr teilhaben, ihr untergeordnet sind und sich durch Komplicenschaft an der eigenen Unterdrückung Vorteile oder vermeintliche Vorteile verschaffen.

Die vorliegende Arbeit versucht, in Ansätzen eine Analytik dieser Macht zu leisten, indem sie sich mit einer ihrer Ebenen – dem Verhältnis zwischen den Geschlechtern – auseinandersetzt. Unser Gegenstand ist die Verstrickung von Macht und Geschlecht, von Gewalt und Sexualität, die für den Charakter zwischenmenschlicher Beziehungen in allen bisherigen Herrschaftsordnungen bestimmend war.

Die Institution der Ehe hat, wie andere gesellschaftliche Institutionen auch, den Zweck, für grundlegende menschliche Bedürfnisse eine strukturierte Form der Befriedigung anzubieten. Die Stabilität der Institution wird gesichert durch die Gewährleistung von Alternativlosigkeit: selbst Varianten definieren sich ausschließlich über die Institution (so daß es zum Beispiel außereheliche, voreheliche und eheähnliche Beziehungen geben kann, aber keine grundlegend anderen Formen). Die Tatsache, daß es sich um einen Komplex sehr grundlegender Bedürfnisse handelt (nach Geborgenheit, Sicherheit, Vertrauen, Verständnis, Anerkennung, Solidarität, Befriedigung sexueller Bedürfnisse, Reproduktion), denen ausschließlich in dieser einen vorgegebenen Organisationsform «Ehe» und nur in Verbindung mit speziellen Inhalten und Bedeutungen irgendeine Chance der Erfüllung zugestanden wird, erklärt die Zusammensetzung dieser Institution aus den beiden Komponenten der Angst und der Erwartung: der Gewalt und der Liebe.

In einer Konkurrenzgesellschaft nimmt der «Privatbereich», dessen Kernstück Ehe und Familie sind, den Charakter einer Restkategorie an; daraus folgt die Überfrachtung dieses Bereichs mit Erwartungen und Bedürfnissen, die von den gegebenen Zuständen auf Grund dieser Zustände unerfüllbar bleiben müssen.

Kapitel I

Ein historischer Exkurs zur Geschichte der Liebe
Eine Einlage für die Romantiker unter den Lesern

Es wird allgemein davon ausgegangen, daß die Ehe vorrangig eine Liebesgemeinschaft darstellt * Folglich erscheinen Konflikte und Gewalttätigkeiten als schwerverständliche Entgleisungen einzelner * Dieser Betrachtungsweise ist entgegenzuhalten, daß die Gewalt des Ehemannes in vielen Zeiten und Kulturen akzeptierter Bestandteil der Ehe war * Einige Illustrationen dieser Tatsache werden angeführt * Dabei ist sowohl von anderen Kulturkreisen als auch vom europäischen Raum die Sprache * Auch Kirche, Gesetzgebung und Bräuche spielen in diesen Ausführungen eine entscheidende Rolle * Im Licht dieser Tatbestände ergeben sich andere Interpretationsmöglichkeiten für gegenwärtige Vorkommnisse ehelicher Gewalt * Der eigenartige Doppelcharakter des Verhältnisses zwischen den Geschlechtern beginnt, Konturen anzunehmen * Die Erwartungen harmonischer Gemeinsamkeit, seelischer Verbundenheit und Liebe / Treue / Eintracht sind verflochten mit Zwangsmöglichkeiten, Autoritätsbefugnissen und Kontrollansprüchen * Das kann nicht gutgehen

---

Die unter dem Zeichen des Fortschrittsglaubens stehenden Sozialwissenschaften haben sich ein historisches Bild der Evolution der Geschlechterbeziehung zurechtgelegt, das etwa auf folgende Grundaussage reduzierbar ist: Das ursprüngliche Verhältnis zwischen den Geschlechtern war, wie alle menschlichen Beziehungen, durch Brutalität und Gewalt gekennzeichnet (Variante: ein ursprünglicher Zustand einer friedlichen und gleichen Urgesellschaft wird postuliert, der dann einem Gewalt- und Ausbeutungsverhältnis auf Grundlage des Privateigentums wich). Im Laufe von Mittelalter und Neuzeit entstand und entwickelte sich ein Gebäude neuer Normen, darunter auch die Vorstellung von «Liebe». Das Abklingen der männlich-militaristischen Gesellschaft[3] und der Übergang zu höfischen und städtischen Sozialformen veränderte die Stellung der Frau und ließ mit der Entstehung der romantischen Liebe und der Isolierung der einzelnen auf die Primärbeziehung heterosexueller Bindungen in der Ehe[4] eine neue Qualität zwischengeschlechtlicher Verhältnisse Vorrang gewinnen. Vorkommnisse von geschlechtsspezifischer Unterdrückung, Verfremdung und Gewalttätigkeit erscheinen in diesem Modell als anachronistische Überreste, die im Zuge fortschreitender

Entwicklung vom Patriarchat zur Gleichheit restlos verschwinden werden: und mit ihnen die Disparitäten zwischen Entwicklungs- und Industrieländern, zwischen den Klassen, zwischen den Statusgruppen.

Zu dieser Betrachtungsweise meint Kate Millett:

«Es ist nicht üblich, das Patriarchat mit Gewalt in Verbindung zu setzen. Das System der Sozialisation ist so perfekt, die allgemeine Zustimmung zu den vorherrschenden Werten so verbreitet, die Geschichte seiner Vorherrschaft so lang und universal, daß gewaltsame Aufrechterhaltung (des Patriarchats) kaum mehr nötig ist . . . Die Erscheinungsformen seiner Gewalt gelten als individuelle Abweichung . . . ohne Verallgemeinerungswert . . .

Die emotionale Reaktion auf Gewalt gegen Frauen ist im Patriarchat ambivalent. Das Thema der geschlagenen Ehefrau zum Beispiel, ruft sowohl Gelächter als auch Peinlichkeit hervor. Gemessen am sadistischen Charakter der öffentlichen männlichen Sexualphantasie, wie sie sich in pornographischen und halb-pornographischen Medien spiegelt, ist wahrscheinlich ein Element der Identifizierung in diesen Reaktionen enthalten.»[5]

Die Geschichte der Ehe ist die Geschichte der gewaltsamen Unterwerfung der Frauen unter die Männer, die Geschichte des Geschlechterverhältnisses ist eine Geschichte der Gewalt. Das Patriarchat raubte Frauen und tauschte sie, tötete neugeborene Mädchen und verbrannte Witwen, verstümmelte die Füße von Frauen, schloß sie ein und verwehrte ihnen jeden Zugang zur Öffentlichkeit, schränkte die Bewegungs- und Kommunikationsfreiheit von Frauen mit physischen und psychischen Mitteln ein, verfügte über ihre Sexualität.

Murray Straus schreibt:

«Frauenmißhandlung ist nicht nur etwa eine Abnormität von einzelnen, sondern hat ihre Wurzeln in der Struktur von Gesellschaft und Familie selbst, das heißt in den kulturellen Normen und der sexistischen Organisation von Gesellschaft und Familie.»[6]

Der historische Entwicklungsgang der Geschlechterbeziehungen zeigt Veränderungen in den Arten der Gewaltverhältnisse, gestattet aber nicht die Schlußfolgerung eines qualitativen Abbaus.

In seiner umfassenden Untersuchung ‹*Sex, Culture and Myth*› registrierte Bronislaw Malinowski die weite Verbreitung eines Begriffs der Ehe, dem die Gewalt als konstituierendes Element zugrunde liegt; seinen Ausdruck findet diese Konzeption der Ehe schon in den ritualisiert-symbolischen Formen und Zeremonien:

«(In den Hochzeitszeremonien dieser Kulturen) ist die Demonstration der Gewalt des Ehemannes über seine Frau ein wichtiger Bestandteil: es wird ihm eine Peitsche überreicht, oder er gibt der Braut eine Ohrfeige, oder schlägt sie zum Schein usf.»[7]

Von der jeweiligen Religion, den jeweiligen Systemen kultureller

Normen legitimiert, war das Recht des Ehemannes, seine Frau zu schlagen, in vielen Kulturkreisen akzeptiert: festgehalten wurde dieses Recht zum Beispiel sowohl im kanonischen Recht als auch im Islam. Im Koran heißt es zum Beispiel:

«Ermahnt Eure Frauen, wenn Ihr eine Rebellion befürchtet; laßt sie allein in ihren Betten und schlagt sie.»[8]

Im europäischen Mittelalter war das Züchtigungsrecht des Ehemannes in vielen Regionen durch Verordnungen und Schriftstücke festgehalten. Ein kurzer Überblick vermittelt einen Eindruck der zugrunde liegenden Werte.

Ende des 13. Jahrhunderts hieß es zum Beispiel in den Coutumes de Beauvaisis, daß ein Mann seine Frau schlagen konnte, wenn diese ihm untreu war, ihm widersprach oder ihm den Gehorsam verweigerte.[9] Im 14. Jahrhundert wurden in England vier Kategorien von Personen genannt, die ein Mann ungestraft schlagen oder ächten durfte, weil sie nicht den rechtlichen Status besaßen, um ihn gerichtlich dafür zu belangen: Verräter, Heiden, Leibeigene und seine Ehefrau.[10]

Das Vokabular kirchlicher Texte war ein anderes. Der Mönch Cherubino de Siena schrieb in seinen ‹*Regole della vita matrimoniale*› im 15. Jahrhundert zum Beispiel:

«Wenn deine Frau Unrecht tut, so eile nicht sofort mit Beschimpfungen und Schlägen hinzu; zunächst, erkläre ihr mit Liebe und Geduld ihr Unrecht, und lehre sie, es nicht wieder zu tun, um Gott nicht zu mißfallen, ihrer Seele nicht zu schaden und dir und sich selbst nicht Schande einzubringen ... (wenn jedoch) die sanften Worte keinen Erfolg bringen, dann beschimpfe sie, bedrohe sie und schüchtere sie ein. Und wenn auch das nicht hilft, so nimm einen Stock und schlage sie fest ... aber nicht im Zorn, sondern aus Sorge um ihre Seele, so daß die Prügel dir zur Tugend und ihr zum Guten gereichen.»[11]

Diese Sichtweise, die den Mann zum Verwalter der weiblichen Seele delegierte, zeigt sehr deutlich die gesellschaftliche Verteilung von Autoritäts- und Kontrollfunktionen. Die Kirche intervenierte auch gegen Exzesse, und es sind Predigten überliefert, die gegen übermäßige Brutalität Stellung bezogen und zum Beispiel die Männer aufforderten, ihre Frauen nicht zu mißhandeln, wenn sie statt Söhnen nur Töchter gebaren.[12] Im Judentum des Mittelalters entstand sogar eine grundlegende Diskussion um das Züchtigungsrecht des Ehemannes. Rabbi Perez legte im 13. Jahrhundert in Frankreich einer Synode der Rabbiner den Entwurf eines Dekrets vor, in dem Stellung gegen Vorkommnisse ehelicher Gewalttätigkeit bezogen wurde:

«Wir hören die Klage der Töchter unseres Volks bezüglich der Söhne Israels, die ihre Hand erheben, um ihre Frauen zu schlagen. Jedoch wer hat dem Ehemann das Recht gegeben, seine Frau zu schlagen? Ist es ihm nicht vielmehr untersagt, irgendeine Person in Israel zu schlagen? Ferner hat Rabbi Isaac in einem Responsum geschrieben, daß er es von der Autorität der drei großen Weisen hat, nämlich von Rabbi Samuel, Rabbi Jacob Tam und Rabbi Isaac, die Söhne von Rabbi Meir, daß einer, der seine Frau schlägt, genauso zu betrachten ist wie einer, der einen Fremden schlägt. Dennoch hören wir von Fällen, in denen sich jüdische Frauen beklagen, ohne daß ihnen geholfen wird. Wir stellen daher fest, daß jeder Jude angewiesen werden kann, durch Ansuchen seiner Frau oder einem ihrer nahen Verwandtschaft, einen herem (Eid) zu leisten, daß er seine Frau nicht im Zorn, aus Härte oder um sie zu erniedrigen, schlagen wird, denn das widerspräche den jüdischen Grundsätzen.

Und wenn er sich hartnäckig weigert, so soll das Gericht ... ihr Alimente zusprechen, so als ob ihr Mann in die Ferne verreist wäre.»[13]

Dieses Dekret scheint nach L. Finkelstein nicht verabschiedet worden zu sein.

Das Züchtigungsrecht des Ehemannes diente der Aufrechterhaltung der Machtverhältnisse. Kein geringerer als Trevelyan schreibt über das England des 15. Jahrhunderts:

«Die Herrschaft lag beim Mann, und wo er sie mit Faust und Stock verteidigte, machte ihm das die öffentliche Meinung selten zum Vorwurf.»[14]

Und in seiner Untersuchung über die Stellung der Frau in mittelalterlichen Weistümern beschreibt Hans Fehr die Verhältnisse zwischen den Geschlechtern folgendermaßen:

«Das Weib war nicht selbständig. Es stand zeit seines Lebens unter der Vogtei des Mannes. Diese munt, mochte sie sich als Geschlechtsvormundschaft gegenüber dem urverheirateten Weibe oder als Ehevogtei gegenüber der Ehefrau äußern, trug den Charakter eines Schutz- und Gewaltverhältnisses ... Die alte Gewaltidee, die Herrscherstellung des Mannes, verschwand nie ganz. Die Weistümer sprechen es wiederholt aus, daß die Frauenspersonen als Gewaltunterworfene zu betrachten seien.»[15]

Die diversen Verordnungen und Bräuche zeigen jedoch, daß das Verhältnis zwischen den Geschlechtern im Mittelalter nicht nur ein Gewalt-, sondern vor allem ein Herrschaftsverhältnis war; die Autorität des Mannes über die eigene Ehefrau war nur Ausdruck der Autorität aller Männer über alle Frauen, des Mannes über die Frau und damit eine Grundlage der sozialen Ordnung und Stabilität. Die Aufrechterhaltung der «richtigen» Machtverhältnisse in der Ehe war daher keine Privatangelegenheit, sondern Gegenstand allgemeiner Aufmerksamkeit. Der Mann hatte vielerorts die Pflicht, sein Recht als männliches Recht aufrechtzuerhalten. Die Richtigkeit der Verhältnisse wurde mit dem Verweis auf verschiedenste Legitimitätsquellen behauptet. Kreittmayr schrieb zum Beispiel noch Mitte des 18. Jahrhunderts in seinen Kommentaren zum Bayerischen Landrecht:

«Unser Codex weiset die Ehefrauen dahin an, daß sie ihrem Mann nicht nur in domesticis gehorchen, sondern auch gebührenden Respect bezeigen, und nicht weniger gewöhnlich . . . Der Gehorsam aber ist das Correlatum von obiger Herrschaft. Das Züchtigungsrecht sowohl mit Worten als Wercken ist ein Effectus potestatis maritalis und fundiert sich zum Theil in Jure Divino selbst, wenn die Schweitzer Version richtig ist, nach welcher die Worte der Schrift: Vir dominabitur tui, auf deutsch soviel heißen, als er wird dich peinigen . . .»[16]

Die gesellschaftliche Ordnung hatte die Unterordnung der Frauen als Grundlage; die Aufrechterhaltung dieser Ordnung wurde beaufsichtigt und öffentlich sanktioniert. Schlug zum Beispiel eine Frau ihren Mann, so war dies ein Verstoß nicht so sehr gegen ihn, sondern gegen die gesamte Sozialstruktur und damit öffentliche Angelegenheit. Bestraft wurde nicht nur die Frau, sondern auch der Mann, der seine Verantwortung für die Wahrung der Kontrolle vernachlässigt hatte, mancherort sogar seine Nachbarn, die ihn in der Ausübung seiner Autorität nicht ausreichend beaufsichtigt hatten.

Fehr berichtet:

«Wenn eine Frau ihren Mann geschlagen, dann brachen die Nachbarn dem Manne, der sich solches hatte gefallen lassen, die First vom Dache ab, und die Mannschaft des verbündeten Dorfes kam solemniter herbeigezogen mit einem Esel, auf welchen die Frau gesetzt und im Orte herumgeführt wurde, ‹damit die Männer nach Gottes Gebot Herren bleiben und die Oberhand behalten sollten›. Der Mann, der sich's hatte gefallen lassen, wird so gut bestraft wie die Frau . . .»[17]

Ähnliche Regelungen führt Edward Shorter für verschiedene Teile Frankreichs an. Für das Departement Lot zum Beispiel wird berichtet:

«Wenn man dahinterkommt, sucht man einen Esel, läßt den Ehemann daraufsteigen und gibt ihm einen Spinnrocken . . . Dann wird er durch das ganze Dorf geführt. Wenn der Ehemann sich versteckt hat, nimmt man sich seinen nächsten Nachbarn vor, um ihn dafür zu bestrafen, daß er es zugelassen hatte, daß eine Frau seiner Nachbarschaft den Respekt mißachtet hatte, den sie ihrem Ehemann schuldet.»[18]

Interventionen der Öffentlichkeit gegen das Schlagen der Ehefrau kamen vor, waren aber ungleich seltener.[19] Denn die Eingriffe der Gemeinschaft hatten den Zweck, weibliche Unterordnung zu gewährleisten und bemühten sich erst in zweiter Linie (wenn überhaupt) um die Herstellung häuslichen Friedens.

Shorter schreibt:

«Die Gemeinschaft, die empfindlich gegenüber jeder unbefugten Anmaßung der Ehemannsautorität (durch die Frau) reagierte, war besonders schnell bei der Hand, öffentliche Demonstrationen weiblicher Stärke im Keim zu ersticken.»[20]

Da das Verhältnis zwischen den Geschlechtern ein Herrschaftsverhältnis war, war auch die Aufrechterhaltung des Machtverhältnisses in der Ehe keine private Angelegenheit, sondern Gegenstand allgemeiner Aufmerksamkeit. In diesem Sinn könnte man polemisch sagen, die Ehe sei die Keimzelle des Patriarchats.

Bei gewissen Delikten der Frau hatte ihr Mann nicht nur das Züchtigungsrecht, sondern die Züchtigungspflicht: «Wenn der Mann seine Frau nicht schlug, so verfiel er in . . . eine Buße.»[21]

Frauen wurden durch offen ausgesprochene Drohungen und mittels gesetzlich kodifizierter Gewalt in Unterordnung gezwungen. Physische Gewalt diente dazu, Auflehnung zu unterbinden. Michelet führt zum Beispiel aus, daß es in Sachsen dem Friedensrichter gestattet war, jede Frau zu schlagen, die sich ungebührend oder anmaßend benahm, und daß «von diesem Recht Gebrauch gemacht wurde, um ehrbare Frauen und Ehefrauen von Geschäftsmännern zu erniedrigen, die stolz oder selbstbewußt wirkten»[22].

Von der Kanzel herunter, in Lehrbüchern und in den Texten der Philosophen wurden Frauen unter Drohungen ermahnt, sich zu unterwerfen und ihre Unterordnung als Recht anzuerkennen. Zwar wurde die Minderwertigkeit der Frauen mit ideologischen Begründungen versehen, vorherrschendes Mittel der männlichen Macht war jedoch die Gewalt und ihre Androhung, die den Frauen von Kindheit an demonstriert wurde.

Geoffrey de la Tour de Landry zum Beispiel verfaßte für seine jungen Töchter ein Lehrbuch mit «moralischen Erzählungen und Texten», in dem er ihnen ihre Zukunft als Ehefrau erläutert:

«Jetzt folgt ein Beispiel für alle guten Frauen, daß sie geduldig leiden und erdulden mögen und mit ihrem Mann nicht streiten noch ihm widersprechen sollen, denn einmal gab eine Frau ihrem Mann in dieser Weise vor Fremden ungebührend kurzangebunden Antwort; und er schlug sie mit der Faust zu Boden; und mit dem Fuß trat er ihr ins Gesicht und schlug ihr die Nase ein, und für den Rest ihres Lebens war damit ihr Aussehen so entstellt, daß sie ihr Gesicht aus Scham nicht öffentlich zeigen mochte. Und das geschah ihr wegen der Worte, die sie ihrem Mann gegenüber sprach. Und daher sollten Frauen erdulden, und ihrem Mann das Wort lassen, und ihn Herr sein lassen, denn das ist ihre Pflicht.»[23]

Die wichtigste Aussage der historischen Quellen ist es, daß die Gewalt der Männer überall als öffentliche und politische, der Stabilisierung von Ordnung dienende Gewalt deklariert wurde. Erst allmählich, im Laufe der Neuzeit und mit der Entwicklung des Bürgertums, vollzog sich ein Prozeß, in dessen Ablauf Macht- und Herrschaftsverhältnisse zunehmend einem Strukturwandel unterzogen wurden.

Dieser Strukturwandel hatte zwei Seiten: auf der einen Seite wurde die Gewalt zunehmend auf Staat und Institutionen übertragen, die Zentralisierung und Koordinierung der «Staatsgewalt» waren Grundlagen der Moderne. Die andere Seite ist der damit einhergehende Prozeß der Dispersion von Zwängen und Gewalt, bis sie die gesamte Gesellschaft und auch die Einzelpersonen in einer Weise durchdringen, die vor der Moderne in dem Ausmaß nicht denkbar gewesen wäre. Die Internalisierung dieser Gewalt ist von Autoren wie Fromm, Adorno oder Habermas beschrieben worden; die Folgen an struktureller Gewalt, Vorurteil und Selbsteinschränkung erlauben – außer in Extremfällen – den Verzicht auf den Einsatz unmittelbarer Gewalt.

Die moderne Ehe wird vom Staat geschlossen; die Pflichten und das Verhalten der Eheleute sind gesetzlich festgelegt und juristisch einklagbar. Öffentliche Meinung, Medien und Gesellschaftstheoretiker beschäftigen sich unentwegt mit Ehe und Familie; es werden Ratschläge erteilt, Urteile gefällt, Theorien verbreitet. Trotzdem heißt es, daß die Ehe dem «Privatbereich» angehört. Die Tabus, die Nachbarn und Umgebung davon abhalten, bei ehelicher Gewalttätigkeit zu intervenieren, hindern sie nicht daran, ihre Meinung über Kommunen, ledige Kinder oder Homosexuelle laut kundzutun. Der Grund für die Nichtintervention bei häuslichen Streitigkeiten ist offiziell die Achtung des Privatbereichs. Der Effekt ist jedoch das Ausklammern der Ehefrauen aus allgemeingültigen Rechten, Regeln und Schutzeinrichtungen der Gesellschaft, und die Verfestigung männlicher Autorität in der Ehe. Die Selektivität der Interventionsbereitschaft beruht nicht auf Zufälligkeit und Willkür, sondern stellt ein System der Kontrolle und Herrschaftsverfestigung dar: Probleme sind Privat-, Abweichungen öffentliche Angelegenheit.

Kapitel II

Zur Frage der Ehe in den Sozialwissenschaften – mit Hinweisen auf die Standardliteratur

Der Leser wirft einen kurzen, von den Autorinnen behutsam gesteuerten Blick auf einige Ehethesen der orthodoxen Wissenschaft * Besagte Schriften werden von ebendiesen Autorinnen vernichtend kritisiert und endgültig widerlegt * Besondere Aufmerksamkeit kommt hierbei den Sozialwissenschaften zu * Wenn die sozialwissenschaftliche Argumentation auf Grenzen stößt, rekurrieren die angeführten Autoren häufig auf fachexterne, auch in der allgemeinen Vorstellung weitverbreitete Ansichten über das «Wesen der Geschlechter» * Ein wichtiger Aspekt dieser Vorstellung ist die Theorie eines «weiblichen Masochismus» (die Frauen wollen das ja so) * Folglich wird diese Theorie abschließend Gegenstand näherer Betrachtungen * Die Autorinnen demonstrieren den eindeutigen Ideologiecharakter der Masochismus-Theorie

«Frauen sagen zu ihren Freundinnen: meine Ehe ist unglücklich. Werden sie von einem Meinungsforschungsinstitut befragt, sagen sie: meine Ehe ist glücklich. Sie halten ihre Schwierigkeiten für privat, dabei wären sie in einer ehrlichen Statistik hochpolitisch.»[24]

In ihrem Buch ‹*A Room of Ones Own*› erzählt Virginia Woolf, wie sie – in der Hoffnung, etwas über das «Wesen der Frau» und ihre Lebensbedingungen zu erfahren – wissenschaftliche und sozialwissenschaftliche Standardtexte zu dieser Frage studierte. Die Texte lagen in großer Anzahl vor, und sie widersprachen sich alle in den Tatsachenangaben und Theorien, so daß sie bald die Unmöglichkeit erkennen mußte, aus den Analysen und Untersuchungen einen Wissensbestand destillieren zu können. Ihr tiefgehendster Eindruck nach der Lektüre der Texte war vielmehr ein Bild des – um das Vokabular unserer kritischen Genossen zu entlehnen – «Gesamtwissenschaftlers», der solche Texte verfaßt. Virginia Woolf nennt ihn «Professor X» und versucht sich den Mann (die Männer) vorzustellen, die mit großen Aufgeboten an Erfindungsgabe und Argumentation stichhaltig zu beweisen versuchen, daß Frauen «geistig, moralisch und körperlich» minderwertig sind und überall und für alle Zeiten sein müssen. An ihre Vorstellung eines nicht besonders attraktiven, komplexbeladenen und um seine Privilegien und seinen Status verzweifelt kämpfenden Gelehrten wird man bei der Durchsicht orthodoxer

«Ehetheorien» unweigerlich erinnert.

Innerhalb der orthodoxen Wissenschaft lassen sich in bezug auf ihre Behandlung von Frauen zunächst drei Richtungen unterscheiden. Den Autoren der ersten Richtung blieb die wissenschaftliche Erkenntnis, daß die Menschheit und auch die Gesellschaft aus zwei Geschlechtern besteht, bislang verschlossen; die Nachricht über die Existenz von Frauen konnte sie in ihrer intellektuell-erhabenen Abgeschiedenheit noch nicht ereilen. In ihren Beschreibungen und Analysen historischer Ereignisse und sozialer Prozesse schildern sie eine Welt, die ausschließlich von Männern bevölkert ist. Gruppe II bilden die Restaurationstexte: Texte, die sich an einem Goldenen Zeitalter orientieren, in dem Frauen noch ihren rechtmäßigen Platz einnahmen (unten); ein Platz, der ihnen wieder zugewiesen werden soll. Die dritte Schule schließlich geht von einem Fortschrittsmodell aus und ist voll der Zuversicht, daß die Situation der Frau ständig besser wird und bald – wenn man es nur nicht überstürzt – vollends der des Mannes angeglichen sein wird. In ihren Texten findet sich ein reichhaltiges Angebot von Anekdoten darüber, wie entsetzlich es den Frauen früher ging/woanders geht und wie zufrieden sie im Vergleich dazu hier und jetzt sein sollten, wo man ihnen nicht mehr die Füße bindet, wo man sie nicht mehr als Hexen verbrennt, wo man sie nicht seinem Eskimofreund borgt.

Das Schwergewicht dieser dritten Richtung liegt demnach auch auf «interkulturellen Vergleichsuntersuchungen». Diese Untersuchungen haben den Zweck, den unaufhaltsamen Fortgang des Fortschritts zu beweisen und die Welt in ordentliche Kategorien der Geschlechterbeziehungen einzuteilen.

Im Sammelband ‹*Soziologie der Familie*› der Kölner Zeitschrift für Soziologie und Sozialpsychologie[25] zum Beispiel führt Hyman Rodman Untersuchungen aus neun Ländern an, um sein Modell des historischen Entwicklungsgesetzes zu belegen. Nach Rodman vollzieht sich dieser Wandlungsprozeß in vier Stufen:

«Stufe 1: Patriarchat, Stufe 2: modifiziertes Patriarchat, Stufe 3: das Übergangsstadium zum Egalitarismus, Stufe 4: Egalitarismus.»

Noch erstaunlicher als die Tatsache, daß er eine Arbeit über eheliche Macht verfassen kann, in der weder physische noch psychische Sanktionen und Bestandteile dieser Macht erwähnt werden, ist seine Grundhaltung. Diese kommt in der folgenden ratlosen Fragestellung zum Ausdruck, in der er überlegt, ob das Konzept des Haushaltsvorstands fallengelassen werden könnte:

«Kündigt dies eine ‹schöne neue Welt› an, oder ist es eine Formel für einen Alptraum? Die Antwort hängt davon ab, ob diese zukünftige neue Familie flexibel genug bei der Entwicklung ihrer Machtstruktur oder ob sie ohne Machtstrukturen ist.»[26]

Wir gehen davon aus, daß es die Aufgabe der Sozialwissenschaft sein sollte, die Entstehung sozialer Muster und Institutionen sowie die Funktionen und Konsequenzen vorhandener Wertsetzungen und gesellschaftlicher Entscheidungen und Organisationsformen zu untersuchen, ideologiekritisch ihre Gebundenheit an gesellschaftliche Partikularinteressen zu überprüfen und mögliche Alternativen zu bestehenden Formen aufzuzeigen. Die Standardtexte der Sozialwissenschaften zum Thema Ehe und Familie, die in diese drei Kategorien fallen, zeigen, daß die Autoren zwar mitunter auch diesen Anspruch erheben, in Wirklichkeit aber von anderen Vorstellungen und Zielsetzungen über die Aufgabe ihrer Disziplinen ausgehen und die Partikularinteressen nicht nur unreflektiert lassen, sondern zu ihren eifrigsten Vertretern gehören. Ferner zeigt sich, daß die drei oben angeführten Theoriegruppen inhaltlich oft schwer zu unterscheiden sind, daß also ein einziger Autor Elemente von allen drei Schulen verbinden kann.

In der Ethnologie zum Beispiel treten die Frauen anderer Völker in der Regel als farbloser, uninteressanter Dienstleistungsbetrieb für die Jäger/Krieger auf; als gesellschaftlich maßgebend und wissenschaftlich interessant gelten meist die männlichen Tätigkeiten, männlichen Glaubensinhalte, männlichen Riten, männlichen Mythen.[27] Frauen werden nur in bestimmten Rollen und Funktionen überhaupt wahrgenommen – ihre spezifischen Reaktionsformen auf Unterdrückung und Unterordnung, ihre Muster gesellschaftlicher Interaktion und Kommunikation, ihre Wahrnehmungen von Gesellschaft und Realität, ihre Mechanismen der Interessendurchsetzung, ihre Werte, ihre Lebensbedingungen, werden in der Regel kaum beachtet. Frauen erscheinen meist nur als Hintergrundfiguren, es sei denn, es handelt sich um spezielle Untersuchungen zu Ehe, Familie oder der «Stellung der Frau».

Aber selbst das Interesse der Ethnologen an den Ehebräuchen und -verhältnissen anderer Gesellschaften war nie ein rein abstraktes. Ihre Interpretation der «Stellung der Frau» in anderen Kulturen war durch ihre Vorstellungen über das richtige Verhältnis zwischen den Geschlechtern gefärbt und diente auch wieder dazu, diese Vorstellung zu untermauern. Am deutlichsten kann man diese Intention in den Schriften des großen Forschers Evans-Pritchard verfolgen. In einem Vortrag, der sich schlicht *‹Die Stellung der Frau in primitiven Gesellschaften und in unserer eigenen›* nennt[28], stellte er 1955 einige Überlegungen zu diesem Thema an, die sich auf wissenschaftliche Beobachtungen berufen, die deshalb schwer widerlegbar sind, weil Evans-Pritchard nirgends angibt, welche Gesellschaften er heranzieht: er spricht vom «primitiven Menschen» und von der «primitiven Gesellschaft», aber es wird vermutlich hierin Unterschiedlichkeiten geben, denn sonst hätte er doch kaum sein Leben ihrer Erforschung widmen können . . . Zunächst gibt Evans-Pritchard zum Thema «Ehekonflikte» zu bedenken, daß diese in modernen Gesellschaften viel heftiger und destruktiver sein müssen als in primitiven Gesellschaften, weil in primitiven Gesellschaften die Autorität des Mannes nie hinterfragt wird; gegen den stabilen Hintergrund ehemännlicher Autorität spielen sich lediglich Oberflächenkonflikte ab, und das ist vor allem auch für die Frauen eine viel angenehmere Situation. Auch in anderen Aspekten meint Evans-Pritchard, Vorteile in der Weltanschauung der Frauen dieser Welt zu erkennen: mit ihrer untergeordneten Position sind sie durchaus zufrieden, versichert er uns, denn «sie haben von sozialer Gleichheit noch nie etwas gehört». Schwierig wurde es erst in unserer modernen Gesellschaft, und zwar weil, wie er bedauernd feststellt, «die Stellung der Frau im 18. und 19. Jahrhundert Gegenstand philosophischer Spekulation wurde und zu allen möglichen liberalen und egalitären Bewegungen führte; daraus entstanden Vorstellungen einer ‹Unterdrückung› der Frauen und deren ‹Emanzipation› . . .»

Unter Berufung auf die (noch immer nicht identifizierten) «primitiven Gesellschaften» kann Evans-Pritchard seinen verängstigten Lesern jedoch versichern, daß die relative Stellung der Geschlechter in der vorhersehbaren Zukunft keine grundlegende Wandlung erfahren wird, und zwar auf Grund des Belegs, daß zu allen Zeiten und in allen Kulturen Männer überlegen sind, und das «um so mehr, je höher entwickelt die Zivilisation ist».

«Ich will nicht provozieren, ich stelle nur fest, was eine eindeutige Tatsache ist . . . Diese Tatsachen lassen schließen, daß es (für die weibliche Unterordnung) tiefgehende biologische und psychologische sowie soziologische Gründe gibt und daß die Beziehung zwischen den Geschlechtern durch soziale Veränderungen modifiziert, aber nicht grundlegend geändert werden kann.»[29]

Dieser Text ist ein sehr direktes Beispiel dafür, daß Vertreter einer bestimmten Konzeption von Gesellschaft das Gewicht ihrer Autorität als «Wissenschaftler» einsetzen, um diese Konzeption zu untermauern. Daß sie dabei oft nicht einmal bemüht sind, wenigstens dem Anschein nach den Regeln ihrer Wissenschaftsbereiche zu genügen, illustriert die Tendenz wissenschaftlicher Autorität, sich zu verselbständigen: die Aussage der Wissenschaftler kann von der Öffentlichkeit ohnehin nicht überprüft werden, und im Jahre 1955 gab es keine anderen Wissenschaftler, die auf Grund anderer Konzeptionen des Geschlechterverhältnisses geneigt gewesen wären, ihn zu widerlegen.[30]

Die vorherrschende Politikwissenschaft geht von einem engen, formalisierten Politikverständnis aus, das die meisten weiblichen Lebensbereiche, Interessen und Werte von vornherein ausschließt. Es gibt für diese Wissenschaft eine Familienpolitik, eine Bevölkerungspolitik und maximal noch eine parteipolitische Auseinandersetzung über die «Fristenlösung»; daß aber die Regelungen und Strukturen, die das Verhältnis und die Macht- und Autoritätsverteilung zwischen den Geschlechtern, die Wahl bestimmter Organisationsformen, die ein Geschlecht systematisch aus der Öffentlichkeit und den Entscheidungsprozessen ausschließen, marginalisieren und benachteiligen, auch «politisch» sind, anerkennt sie nicht. Damit versperrt sie sich der Hinterfragung dieser Verhältnisse und Strukturen und trägt zur Stabilisierung des Status quo bei.

Die Soziologie schließlich beschäftigt sich ausgiebig, aber zugleich sehr selektiv mit «der Familie». Verallgemeinernd können wir feststellen, daß die Texte traditioneller Autoren der Familiensoziologie – wie an Hand von Textstellen einiger typischer Arbeiten im folgenden illustriert werden soll – vorwiegend Legitimationsschriften für das jeweils vorherrschende Modell der Geschlechter- und Familienbeziehungen sind, eindeutig von einer männlichen Perspektive her verfaßt sind und die Vorurteile ihrer Epoche nicht nur wiedergeben, sondern noch «wissenschaftlich» untermauern; eine Feststellung, die unvermindert auch für Psychologen und Sozialpsychologen gilt, wenngleich die Argumentationsweise und Beweisführung von Fach zu Fach und Jahrzehnt zu Jahrzehnt verschieden sind.

So lesen wir beim großen Klassiker der Ehetheorie, dem Arzt Van de Velde, folgende Ausführungen über das Wesen der Frau und ihre biologische Prädestinierung für eheliche Unterordnung aus dem Jahre 1931:

«Ihre weiblichen Qualitäten, vor allem ihr Taktgefühl, das von ihren stärker ausgeprägten sekundären Zerebralfunktionen stammt, ihre natürliche Weisheit, ihre Konzentration auf das Wohl anderer, ihre Mütterlichkeit, ihre Fähigkeit zur Anpassung, ihr Hang zur Abhängigkeit – machen sie für die Ehe geeigneter als den Mann mit seiner charakteristischen Aggressivität, Selbstzentriertheit und seinen Interessen an außerhäuslichen Bereichen.»[31]

Gesellschaftliche Veränderungen, die mit dem Hinweis auf die Zerebralfunktionen nicht erklärt werden können und die Stabilität existierender Muster bedrohen, werden von solchen Autoren daher auch sehr mißbilligend registriert:

«Immer mehr Frauen vernachlässigen ihre Pflichten», muß Van de Velde feststellen, «sie fahren Automobile, schneiden sich die Haare ab . . . und verlangen vom Mann, daß er mehr als seinen rechtmäßigen ehelichen Beitrag leistet.»[32]

Die Darstellungsweise ehelicher Konflikte war in traditionellen Texten durchweg harmonisierend, moralisierend; die Diskretion verbot mehr als nur sehr vorsichtige Andeutungen möglichen ehelichen Unglücks, und die Aufzählung von charakteristischen Eheproblemen endet nicht selten mit einem längeren Abschnitt, in dem sich der Autor direkt an die Frauen wendet und ihnen eindringliche Vorträge über die Notwendigkeit von Verständnis, Anpassung und Sanftmut hält, wie noch zu dokumentieren sein wird.

Die Wissenschaftler identifizieren sich fast ausschließlich mit den Problemen, seelischen Konflikten und Sichtweisen der Männer. Implizit, aber häufig auch explizit in ihren Ausführungen, sind konkrete Vorstellungen über das richtige Verhältnis zwischen den Geschlechtern: männliche Dominanz und Stärke, weibliche Unterordnung und Passivität. «Emanzipationsbestrebungen» der Frauen müssen dann tendenziell als bedrohliche, entstabilisierende und widernatürliche Verirrungen der Moderne erscheinen.

So schreibt auch der bekannte Autor familientherapeutischer Schriften, Nathan Ackerman:

«Die (gegenwärtige) Aggressivität und Dominanz der Frau sind nur eine Oberflächenerscheinung. Hinter der Fassade der Selbständigkeit und Stärke steht ein Versuch der Kompensation; die Frau tröstet sich nur über ihre Unfähigkeit hinweg, in Sicherheit und Abhängigkeit vom Mann zu leben.

Die kulturellen Muster entfremden daher nicht nur die Männer untereinander, sondern auch die Männer von den Frauen [da die Frau nur über ihre Beziehung zum Mann definiert wird, beschäftigt sich Ackerman nicht mit möglichen Erscheinungen einer Entfremdung unter Frauen, geschweige denn deren Selbstentfremdung; Anm. d. Verf.] . . .

In diesem Zusammenhang stellt sich eine wichtige Frage: ist es für Männer innerhalb der gegenwärtigen gesellschaftlichen und familiären Strukturen überhaupt noch möglich, wirkliche Männer zu sein? . . . Auch die Frau, die äußerlich aggressiv, selbständig und dominant erscheint [man beachte diese Kombination von Eigenschaften; Anm. d. Verf.], mit dem Mann konkurriert und mißtrauisch ist, ist in ihrer weiblichen Entwicklung entgleist, sie hat nicht gelernt, was es bedeutet, eine Frau zu sein.»[33]

Die Trauer für die verlorenen Zeiten, in denen Männer noch Männer waren und Frauen ihren Platz kannten, schlägt oft in eine Bemühung um, überkommene Muster von Dominanz wiederherzustellen. Um so bedenklicher ist dieses Bestreben, wenn der Autor es hinter der Fassade von Wissenschaftlichkeit oder gar von normativer Sozialmoral verbirgt. So beschreibt der bekannte Soziologe Robert Blood sein Buch, das ein Standardtext der Familiensoziologie ist, als «wissenschaftlich» und «idealistisch» und versteht unter letzterem, daß es «nicht nur beschreibt, was ist, sondern auch das, was die Ehe sein könnte und wie dieses Idealbild zu verwirklichen ist»[34].

In den 515 Seiten der Arbeit sucht die Leserin vergeblich nach «Idealen», die über eine Verherrlichung bestehender Verhältnisse hinausgehen, und ist zur Schlußfolgerung gezwungen, daß Blood unter «Idealismus» eine «Idealisierung» männlicher Vorherrschaft versteht. So heißt es im Kapitel mit der Überschrift «Die Arbeitsteilung»:

«Die spezielle Arbeitsteilung zwischen Männern und Frauen leitet sich aus biologischen Faktoren ab. Das regelmäßige Gebären der Frau eignet sie am besten für die Kinderaufzucht und den Haushalt, womit der Mann für die Berufstätigkeit außer Haus freigestellt ist. Die wenigen Arbeiten, die vom Mann zu Hause geleistet werden, hängen mit seiner Muskelstärke und seiner technischen Begabung zusammen. Autowaschen zum Beispiel fällt dem Mann zu, weil er mehr reist und technisch interessierter ist.»[35]

Während die Originalität dieser Betrachtungsweise sich in Grenzen hält, so sind wir doch erstaunt zu erfahren, daß Autowaschen technische Begabung und mehr Muskelkraft als die durchschnittliche Haushaltsarbeit erfordert.

Nach einem kurzen Vermerk, daß Hausarbeit auch Nachteile hat: Isolation und Mangel an Anerkennung – kehrt Blood zu lyrischen Ausführungen über die Vorzüge dieser Rolle zurück:

«Mit etwas Einfühlungsvermögen und Anstrengung kann der Mann der Frau viele Komplimente (über ihre Tätigkeit) zuteil werden lassen. Aber wichtiger noch ist die Befriedigung zu wissen, daß sie, während sie kocht und bügelt und die Wohnung verziert, die Bedürfnisse ihres Mannes befriedigt.»[36]

Der grenzenlose Glauben männlicher Sozialwissenschaftler an den weiblichen Altruismus erstaunt immer aufs neue.

Die Werturteile und Weltanschauungen der Personen, die Wissenschaft betreiben, fließen häufig unbeachtet und verleugnet in die Arbeit ein. Professor X, bestrebt, die geistige, moralische und körperliche Minderwertigkeit der Frau zu beweisen, gibt meist vor, diese lediglich zu dokumentieren: als willenloses Instrument seiner Wissenschaft erhebt und beschreibt er lediglich die Realität so, wie er sie vorfindet. Die Sprecher der Sozialwissenschaften erklären die Unzulänglichkeiten und Mängel ihrer Disziplinen stets mit dem Hinweis auf die Jugend und Unfertigkeit der empirischen Forschung; vermutlich liegt hierin auch der Grund für die durchsichtige Manipulation, die für die Frauenforschung typisch ist. Die Patriarchen der Sozialwissenschaft sind in der Regel noch sehr ungeschickte Ideologen; man kann deutlich erkennen, wie sie die falsch gemischten Karten ungeschickt in ihrem Ärmel verschwinden lassen; das wird wohl auch der Grund sein, warum der Öffentlichkeit nur die Ergebnisse und die fertigen Tabellen vorgelegt werden, nicht aber die Informationen über ihr tatsächliches Zustandekommen. (Eigenartige Magier sind das schon, die das Seidentuch auf der Bühne in den Hut stecken, dann aber für längere Zeit hinter dem Vorhang verschwinden müssen, ehe sie triumphierend mit dem Hasen zurückkehren.)

Unter dem Vorwand, lediglich zu beschreiben, untermauern viele Sozialwissenschaftler die gesellschaftlichen Verhältnisse oder diejenigen Aspekte der Verhältnisse, die ihnen persönlich zusagen. So wird der Objekt- und Warencharakter der Frau oft als amüsante Naturgesetzlichkeit betrachtet. Ein Beispiel für diesen Zugang bietet der angesehene Soziologe Peter Blau.[37] In seinem ‹*Exkurs über die Liebe*› erläutert er im

Abschnitt «Das eiserne Gesetz der Liebesbörse», wie Frauen ihren «Kurswert» durch verschiedene Manipulationen und Schauspielereien, durch taktisches Zögern und Verweigerungen steigern können, um damit die «Liebe» des Mannes zu erzielen und zu halten. Das Verhalten, das Blau den Frauen im Namen der Liebe nicht nur zuschreibt, sondern auch nahelegt, entspricht genau dem stereotypen «Provozierverhalten», das in der allgemeinen Vorstellung und auch für viele Richter als Begründung oder Milderungspunkt bei Vergewaltigungen gilt.

In Blaus Modell des Ablaufs von «Liebesverhältnissen», die er als «Tauschhandel» definiert, treten sexuelle Beziehungen als «Gunstbezeigungen» auf, die von der Frau nach angemessenem, demonstrativem und sorgfältig kalkuliertem Zögern und Versagen «gewährt» werden:

«Eine Frau fördert die Liebe eines Mannes, indem sie ihm sexuelle und andere Gnadengaben (sic) zukommen läßt – als Beweis ihrer Liebe und als Mittel, um eine Verbindung mit ihr äußerst wünschenswert erscheinen zu lassen; wenn sie jedoch diese Belohnungen zu bereitwillig verteilt – zu vielen Männern oder einem bestimmten Mann zu bald –, dann vermindert sie deren Wert und damit auch ihre Macht, eine andauernde Bindung anzuknüpfen.»[38]

Bis jetzt könnte man noch annehmen, daß Blau lediglich beschreibt, was zweifellos in breiten Kreisen eine soziale Tatsache ist: daß der hauptsächliche Verhandlungsgegenstand der Frau ihr Körper ist und daß Männer durch sorgfältige Mischstrategien aus Herausforderung, Verführung und Verweigerung dazu gebracht werden müssen, für das Nutzungsrecht den höchstmöglichen Preis zu zahlen, nämlich Ehe oder zumindest eine einigermaßen stabile Liebesbeziehung, und daß in diesem Modell kein Platz für aktives sexuelles Verlangen seitens der Frau ist. Aber Blau beschreibt nicht nur, er analysiert auch nicht das Zustandekommen und die Strukturen dieser Verhältnisse; Blau befürwortet. Daß der Mann in den Tauschhandel seinen materiellen Status einbringt und seine Fähigkeit, durch die magische Kraft seiner männlichen Aufmerksamkeit den existentiellen (aber vor allem den sozialen) Wert der Frau zu erhöhen, beschreibt Blau als quasi-biologischen Vorgang:

«Die Liebe eines Mannes animiert eine Frau und macht sie fesselnder und hübscher. Mit einem Mann auszugehen, der sie liebt, steigert ihr Selbstbewußtsein als eine erfolgreiche Frau und wird wahrscheinlich ihr Verhalten in der Weise beeinflussen, daß sie tatsächlich charmanter und sympathischer wird.»[39]

Daß dieser Tausch von sexuellen «Gunstbezeigungen» gegen materiellen und sozialen Vorteil das «normale» Geschlechterverhältnis in die Nähe der Prostitution rückt, soll laut Blau durch den sozialen Mechanismus «Liebe» zugedeckt und tolerierbar gemacht werden:

«Obgleich eine Frau sich nicht willentlich zwingen kann, einen Mann zu lieben, der sie liebt, können die Vorteile, die sie aus einer Erwiderung seiner Liebe ziehen kann, sie doch unbewußt veranlassen, ihn wirklich zu lieben.»[40]

Die Parteilichkeit der Wissenschaftler wird in ihren Abhandlungen zur Sexualität vielleicht am eindeutigsten sichtbar; die Pathologien und sadomasochistischen Verzerrungen der Sexualität in der modernen Industriegesellschaft finden in ihren Texten zustimmende Bestätigung und Untermauerung.

Eine Illustration dessen bietet der Text von Levy und Munroe, deren Beschreibung der «Vielfalt ehelichen Sexualverhaltens» von vielen Autoren der fünfziger und sechziger Jahre als «klassische Passage» zitiert wird:

«Manchmal wird das Paar intim und zärtlich sein. Das Begehren wird dann zu einer Affirmation gegenseitiger Liebe. In einer anderen Stimmung wird das Ehepaar sich frivol fühlen, der Geschlechtsverkehr wird zum Ausdruck guter Laune ohne tiefere Bedeutung. Oder der Mann kann Schutz und Mütterlichkeit in den Armen seiner Frau suchen. Er kann auch ruhig daliegen wie ein Mädchen (sic), während seine Frau ihn nimmt. In einer wieder anderen Stimmung wird er den Geschlechtsakt mit obszönen Worten vulgarisieren oder seine Lust darin finden, seiner Frau Schmerzen zuzufügen und sie mit Gewalt seinem Willen zu unterwerfen (*he will take pleasure in hurting his wife and forcing her to his will*). Oder das Ehepaar wird zur eigenen Belustigung eine Verführungsszene mimen . . . Aufgeklärte Ehepaare werden all diese Variationen versuchen und für gut befinden.»[41]

Dieser Absatz drückt die Vermischung von Zärtlichkeit, Erotik und Gewalt, die für unsere Gesellschaft charakteristisch ist, sehr deutlich aus und bildet zugleich den Hintergrund für die zum Beispiel von Verena Stefan registrierte: «Tausendfache Verwechslung von begehrt sein und vergewaltigt werden.»[42]

Die völlige Mißachtung weiblicher sexueller Bedürfnisse ist eine Konstante soziologischer Ehetexte: den Frauen wird immer wieder die Notwendigkeit, sich den sexuellen Wünschen und Bedürfnissen ihrer Männer anzupassen und unterzuordnen, gepredigt. Frauen haben eben geringere sexuelle Bedürfnisse, heißt es oft, dafür aber die Pflicht, ihrem Mann zu «helfen».

Blood zum Beispiel vertritt die Ansicht, daß Frauen ihre permanente Verfügbarkeit für die sexuellen Bedürfnisse ihres Mannes im Tausch gegen die Befriedigung «weiblicher Bedürfnisse»: «Zuneigung, Geselligkeit, religiöse Gemeinschaft» (Blood, S. 374) zu erbringen haben. Der Mann seinerseits sollte die Frau für ihre Kooperations- und Aufopferungsbereitschaft «belohnen» (Blood, S. 373). Diese Ansichten, die eher viktorianischen Charakter haben, sind in den familiensoziologischen Texten der fünfziger und frühen sechziger Jahre keineswegs selten.

Die Autoren dieser Schriften machten sich keine Gedanken über mögliche Ursachen der geringen sexuellen Begeisterung der Frauen, da dieser

Zustand als der «natürliche» galt. «Aufklärung» und die Vorstellung anderer, für Frauen befriedigendere sexuelle Praktiken erschien Soziologen wie Schelsky noch in den fünfziger Jahren als stabilitäts-gefährdendes, explosives Potential: Schelsky sprach 1955 von der «erschütternden und verderblichen Wirkung der Kinsey-Reporte . . . Genauso wie die Soldaten in Korea werden Tausende von Frauen jetzt die ehelichen Schwierigkeiten, die sie sonst vielleicht noch als relativ selbstverständliches Eheschicksal hingenommen und getragen hätten, im Lichte der Statistiken der Kinsey-Reporte interpretieren und nun endlich wissen, ‹was in ihrer Ehe anders sein könnte oder müßte›.»[43]

(Interessant ist der Korea-Vergleich: für Schelsky ist der Mann in seinen physischen Bedürfnissen der Frau gegenüber eine Art, wenn man so sagen kann, Staatskörper . . .)

Unwissenheit als Grundlage weiblicher Unterordnungsbereitschaft erschien solchen Theoretikern als wertvolle gesellschaftliche Qualität. Erst in den Texten der späten sechziger und der siebziger Jahre finden wir die Erkenntnis oder zumindest die Hypothese, daß die Ursachen der weiblichen Einstellung zur Sexualität im Sozialisationsprozeß und den gesellschaftlichen Einstellungen und Praktiken liegen und mit Gewinn verändert werden könnten. Auch diese Einsicht wird jedoch häufig in programmatische Vorstellungen und Anforderungen umgesetzt, die wieder auf Kosten der Frau gehen, indem eine sexuelle Leistungsethik auf Grundlage männlicher Normen auf sie übertragen wird.

Eine besonders erschreckende Illustration dieses Vorgangs finden wir im Sammelband von H. Grunebaum und J. Christ.[44] Hier führt Avodah Offit im Beitrag ‹*Therapy of Sexual Dysfunctions*› aus, wie die Anpassung der Frau an die sexuellen Normen und Wünsche des Mannes am effizientesten zu erreichen ist. Die Wünsche der Männer werden unreflektiert als Ausgangspunkt, als «rohe Fakten» genommen, die Einstellungen und Wünsche der Frau als therapierbare Abnormalität. Eine «Dysfunktionalität» tritt dann ein, wenn die Frau nicht tun will, was der Mann verlangt. Der angestrebte Erfolg ist dementsprechend die weibliche Anpassung; die daraus erfolgenden oder damit einhergehenden psychischen Belastungen der Frau sind bedauerliche, aber eben unvermeidbare Nebenerscheinungen. Folgender «Fall» wird zum Beispiel von Offit als Illustration einer geglückten Therapie angeführt:

«Endlich war der Mann so weit, daß er seine Frau auffordern konnte, morgens Geschlechtsverkehr zu haben. Sie lehnte ab mit der Begründung, daß sie morgens nicht könnte, weil sie keine Lust verspüre und nicht erregt sei. Wir (die Therapeuten) konnten sie dennoch überreden (einzuwilligen) . . . und so konnte das Ehepaar ein abwechslungsreicheres Sexualleben erzielen. Allerdings . . . verfiel die Frau zunehmend in Depressionen wegen ihrer Unzulänglichkeiten und begab sich schließlich in psychologische Behandlung.»[45]

Wo die Therapie hingegen zu einer Stärkung der Frau und zur Stellung von Forderungen gegenüber dem Mann führt, wird ihr Wert relativiert, der Kritik unterzogen. Ackerman zitiert zum Beispiel als Abschreckung den Fall eines gewissen Ehepaares Roberts.[46] Die Ehe dieses Paares war neun Jahre lang glücklich – nach Ansicht des Mannes, der von Ackerman als herrschsüchtig und unsicher beschrieben wird. Die Frau allerdings litt an psychosomatischen Beschwerden und begab sich deshalb in Psychoanalyse. Im vierten Jahr der Analyse veränderte sich die Frau. Ihre Symptome und Beschwerden (Magengeschwüre, Kolitis) verschwanden, dafür aber wurde aus der «stillen, unterwürfigen Gattin» eine konfliktbereite Frau. Sie lehnte es ab, sich weiterhin dem vom Mann dekretierten Lebensstil zu unterordnen und verweigerte sich auch sexuellen Praktiken, die sie früher als Pflicht betrachtet hatte. Sie «provozierte», heißt das bei Ackerman. Der Mann reagierte gewalttätig und schlug und mißhandelte die Frau; er «fühlte sich entmannt», meint Ackerman voll Mitgefühl. «Diese Frau», schreibt er mißbilligend, «hat ihre Psychoanalyse als emotionale Waffe gegen ihren Mann verwendet.»

(Seine Enttäuschung ist verständlich, wenn man die sonst üblichen Beiträge der Psychoanalyse zur Unterordnung und Anpassung der Frauen in eine der These ihres Masochismus entsprechende Unterdrückung bedenkt.)

Immerhin ist dieser Text von Ackerman einer der wenigen dieser Zeit, in dem Gewalttätigkeit in der Ehe überhaupt erwähnt wird. Steinmetz/Straus weisen darauf hin, daß Gewalt in der Ehe zwischen 1939 und 1969 im *Journal of Marriage and the Family* kein einziges Mal Thema eines Beitrags war.[47] Wo überhaupt Bezug darauf genommen ist, wurde das Problem zugleich aus dem bürgerlichen Bereich verbannt. So erklärte zum Beispiel Phyllis Hallenbeck 1966 definitiv, wenn auch ohne Angabe irgendwelcher Belege: «In den niederen Klassen mag körperliche Mißhandlung ein entscheidender Faktor sein (in der Machtverteilung innerhalb der Ehe).»[48]

Aber die Tabuisierung oder Entthematisierung der Gewalt ist nicht auf ältere Untersuchungen beschränkt. In einem typischen Reader zur Soziologie der Familie aus dem Jahre 1977[49] finden wir zum Beispiel im Sach- und Stichwortregister Themen wie «Kindsgeburt aus der Retorte» und «Science-fiction», das einzige Beispiel für Gewalt, nämlich körperliche Züchtigung von Kindern, wird taktvoll unter dem Schlagwort «Autorität» geführt.

Selbst wo Vorkommnisse von Gewalt angedeutet werden, wird durch das Vokabular verhindert, daß irgendeine relevante Aussage über Realitäten des Alltags getroffen werden muß. Das liest sich dann etwa so:

«Die Diskrepanz zwischen schichtspezifischem patriarchalischem Familienbild mit entsprechenden Geschlechtsrollenstereotypen einerseits und realem, die Stellung der Mutter begünstigendem Familienleben andererseits fördert eheliche Aggressionsprozesse, die die innerfamilialen Erziehungshandlungen überlagern und Kinder (aber auch Eltern) immer wieder zum Rückzug auf außerfamiliale Kontaktgruppen (*peer-groups*) veranlassen.»[50]

Werden gewaltförmige Interaktionsbeziehungen in der Ehe überhaupt wahrgenommen, dann meist nur in den Bereichen, die das bürgerliche Selbstverständnis nicht in Frage stellen: Gewalt in der Familie wird an den «richtigen Ort» verwiesen, in Unterschicht und Randgruppen. Diese Bewahrung der bürgerlichen Realität vor störenden Tatsachen ist charakteristisch für Autoren der Gruppe drei: systemimmanente Gewalttätigkeit gegen Frauen würde ihren Fortschrittserwartungen widersprechen. Autoren der Gruppe II jedoch, die Ungleichheitsverhältnisse mehr oder weniger offen befürworten, übergehen die Gewalt nicht mit einem peinlich berührten Schweigen, sondern führen sie als naturgemäße Basis des Geschlechterverhältnisses an. Dabei schrecken sie nicht davor zurück, ihre eigene unzulängliche Argumentation mit fachfremden Inhalten anzureichern. Der Psychoanalytiker Anthony Storr zum Beispiel sieht sich in der Lage, auf Graugans-Daten der Tierforschung zurückzugreifen. Sein Kapitel zu «Aggression zwischen den Geschlechtern»[51] kann als repräsentativ für Art und Niveau der Beweisführung dieser Schule gelten. Die Abhandlung beginnt bereits mit schlagkräftigen wissenschaftlichen Beweisen:

«Jeder kennt die Witzblattfiguren des Neandertal-Mannes mit dem Stock, der eine ohnmächtige Frau bei den Haaren schleift, und andererseits der imposant wirkenden, dominanten Frau, die einen schmächtig aussehenden kleinen Mann herumkommandiert oder tyrannisiert . . . Es gibt einen biologisch bestimmten Unterschied in der Quantität und der Qualität von männlicher und weiblicher Aggressivität . . . Daraus erklärt sich die spontane Unterschiedlichkeit unserer Reaktionen auf diese Witzblattfiguren. Wir spüren instinktiv, daß der Neandertal-Mann mit dem Stock ein richtiges Bild ist, oder zumindest nichts Negatives darstellt; während das Bild der großen Frau, die den kleinen Mann dominiert, beide, Mann und Frau, in ein schlechtes und beschämendes Licht wirft.»

Auf dieser soliden wissenschaftlichen Grundlage fällt es Storr dann auch nicht schwer, unwiderlegbar die intellektuelle und schöpferische Minderwertigkeit der Frau zu beweisen. Und da hierarchische Gesellschaftsordnungen für alle Beteiligten die bestmöglichen sind und die Sklaven beim Baumwollpflücken stets singen, sollen sich auch Frauen im Universum Storrs wegen ihrer geistigen Beschränktheit (die sich logischerweise aus der muskelmäßigen Überlegenheit des Neandertal-Mannes über die Neandertal-Frau ableiten läßt) nicht kränken, denn ihr Beitrag zum Fortbestand der Rasse ist ja auch wichtig, nicht wahr.

«Ohne Zweifel ist die Weltraumfahrt wichtig, und es ist wichtig, daß Männer die Sixtinische Kapelle bemalen und neunte Symphonien komponieren. Aber ebenso wichtig ist es, daß wir versorgt und gefüttert werden und daß wir uns reproduzieren. Frauen müssen mit Männern nicht konkurrieren, denn ihre Leistung ist die lebensnotwendigere. Liebe, das Gebären von Kindern und die Gestaltung eines Heims sind Tätigkeiten, ohne die wir aussterben würden.»

Aber es wird noch komplizierter. Denn nun stellt sich heraus, daß die hegende, pflegende, friedlich passiv liebende und versorgende, gebärende und ernährende, Geborgenheit ausstrahlende Frau zugleich – und ebenso naturgemäß – das Objekt gewalttätiger und sadistischer männlicher Handlungen und Phantasien ist. Männliche Sexualität, unterrichtet uns Storr, ist tendenziell aggressiv und sadistisch; korrespondierend dazu muß die Frau natürlich – denn in der Herrschaftsordnung sind ja alle glücklich – masochistisch sein, müssen Unterordnung und Dominierung für sie lustvoll sein. (Letzteres beweist Storr durch den Hinweis auf die Popularität des Kinofilms King-Kong.)

Die «Komplementarität» des Wesens der Geschlechter beweist in Storrs Ausführungen die Notwendigkeit der Ehe. Allein lebende Personen nehmen die Persönlichkeitszüge des anderen Geschlechts an, um den Mangel zu kompensieren. Storrs Beschreibung des Resultats dieser Aneignung fremder Charakteristiken ist vielsagend; der Junggeselle wird nämlich «kleinlich, weichlich und zimperlich», während die alleinstehende Frau «eine pseudomännliche Effizienz, eine willensstarke praktische Kompetenz» aufweist . . . (S. 90)

Auch Abweichlerinnen können mühelos in Storrs Modell eingeordnet werden. Es stellt sich nämlich heraus, daß «emanzipierte» Frauen nur deshalb Kompetenz, Konkurrenzbereitschaft und Aggressivität demonstrieren, um Männer zu einer «männlichen», dominierenden Reaktion zu provozieren. «Ihre Aggressivität hat den Zweck, Dominanz herauszufordern» (S. 95).

Und Frauen in leitenden Positionen befinden sich nur deshalb in diesen Funktionen, weil sie nicht in der Lage waren, einen richtigen Mann zu gewinnen, und dadurch «dogmatisch und durchsetzungsgewillt wurden» (S. 94); sie sind neurotisch, abnormal und von «minderer Qualität» (Storr), und daher ist es auch ganz verständlich, daß Männer weibliche Chefs irritierend und unerträglich finden; dieses Verhältnis männlicher Unterordnung unter eine Frau ist widernatürlich. Diese Exzerpte genügen, um einen ausreichenden Eindruck der Theorien der Neandertal-Männer zu vermitteln; Theorien, die nicht nur von Psychoanalytikern wie Storr, sondern auch von Soziologen und selbstverständlich von Biologen vertreten werden.

Allen Ansätzen dieser Richtung ist eines gemeinsam: das Grundpostulat eines weiblichen Masochismus. Mit diesem Grundpostulat steht und fällt die Theorie, denn es allein macht den Unterschied zwischen Gewaltherrschaft und Naturordnung aus.

Das jahrelange Dulden von Unterordnung und Gewalttätigkeit wird damit erklärt, daß Frauen eine masochistische Persönlichkeitsstruktur hätten und sich mit diesen Zuständen nicht nur arrangieren, sondern ihre Bedürfnisse darin befriedigt finden und diese Situation insgesamt lustvoll erleben. Elizabeth Janeway kommentiert diesen Ansatz:

«Es gibt eine Schule der Psychoanalyse, die auf die Frage, warum sich Frauen masochistisch verhalten, mit schlichter Eleganz antwortet, Frauen *sind* masochistisch. Das Verhalten von Frauen, Unterdrückung zu ertragen und eine untergeordnete Rolle zu akzeptieren, kann durch die Regeln der Psychologie nicht erklärt werden. Statt einer Erklärung erhält das Verhalten daher nur ein Etikett . . . Unter anderen Umständen würden wir darin erkennen, daß wir uns in einem tabuisierten Bereich befinden! Diese Weigerung, eine tatsächliche Erklärung zu suchen, ist ein Indiz dafür, daß wir einen empfindlichen Punkt treffen und damit einen signifikanten.»[52]

Untersuchungen über geschlagene Frauen in England zeigen beispielhaft die Funktion dieser Ideologien, in denen eine Psychologisierung und damit Entpolitisierung der Mißstände unternommen wird, eine Erklärungsrichtung, die Mary Metzger als *«What did you do to provote him»*-Ansatz beschreibt.

Die National Women's Aid Federation, der Dachverband der über hundert britischen Häuser für geschlagene Frauen, stellte fest, daß «die Regierung Untersuchungen über geschlagene Frauen ablehnt, die von sozialen Problemen ausgehen und solche fördert, die sich auf das Verhalten von einzelnen konzentrieren und zwischen ‹abnormalen›, ‹schlechten› Familien und zwischen ‹guten, normalen und glücklichen› Familien unterscheidet»[53].

Ein typisches Beispiel ist die vielpublizierte Untersuchung von Dr. Jasper Gayford. 1976 veröffentlichte er in einer Sozialarbeit (Zeitschrift *The Welfare Officer*) die Ergebnisse seiner Untersuchung von 100 «Fällen» im Frauenrefuge Chiswick. Er unterschied zwischen neun «Typen» oder Kategorien von geschlagenen Frauen, die er mit Ausdrücken wie «Violent Violet», «Go-go Gloria» und «Fanny the Flirt» versah, und beschrieb, wie die Frauen die Gewalt und ihre Situation selbst herbeigeführt hatten. Seine Schilderung dieser Kategorien stützt lediglich die stereotypen Frauenbilder vulgär-patriarchalischer Vorstellung. So schreibt er zum Beispiel: «Fanny the Flirt . . . lernte schon sehr früh, Leute zu manipulieren und sich selbst in den Mittelpunkt der Aufmerksamkeit zu bringen. Leider lernte sie nie, die Konsequenzen ihrer Spiele zu bewältigen. Die Schwangerschaft zwang sie nicht zu heiraten, denn sogar während sie schwanger war, fand sie einen anderen Mann, aufregender als der Vater ihres Kindes . . . Wahrscheinlich fand sie ihn dort, wo sie auch ihre anderen Männer fand, nämlich im Pub. Im Laufe der Jahre hat Fanny eine Reihe von Beziehungen und Kindern, von denen einige bei ihr bleiben und andere zurückgelassen werden.»

Gayford gab im *Daily Telegraph* (London, 26. 9. 1975) eindeutig zu verstehen, daß Frauen nur durch eigene Verantwortungslosigkeit der Wohlfahrt zur Last fallen, als er schrieb:

«Die Meinung ist weit verbreitet, daß Frauen das Recht haben, ohne Ehemann und finanziellen Rückhalt schwanger zu werden und sich vom Staat erhalten zu lassen. Diese Meinung teile ich nicht.»

Diese Art von oberflächlicher Vorurteilsreproduktion reflektiert den Doppelstandard und den Frauenhaß, der in vielen gängigen Studien zu finden ist. Denn Forschung über Frauen ist politisch gesehen tendenziell Forschung gegen Frauen.

Charakteristisch an Gayfords Untersuchung ist, daß er bei den Frauen nach den Ursachen der Gewalt sucht. Grundsätzlich gilt in unserer Gesellschaft das Verhalten von Frauen, wenn es den Vorstellungen von Tugend und Schicklichkeit nicht entspricht, als ausreichende Erklärung und Rechtfertigung für aggressive Akte, die gegen sie verübt werden.

Die Masochismus-Theorie bietet eine Möglichkeit, systemkritische Fragen zu vermeiden, soziale Erscheinungen dadurch zu bewältigen, daß man ihnen ein Etikett gibt. Die Feststellung, daß ein Land der Dritten Welt «unterentwickelt» ist, sagt nichts aus über die Ursachen und Dimensionen der Ausbeutung und Unterdrückung. Ebenso ist es keine Erklärung, wenn bestimmte Verhaltensformen einer Bevölkerungsgruppe als «masochistisch» bezeichnet werden.

Ausgehend von ähnlichen Überlegungen stellt Karen Horney die Frage, unter welchen sozialen oder kulturellen Bedingungen masochistische Tendenzen bei Frauen häufiger als bei Männern auftreten. Sie machte den Versuch, individuelle Verhaltensweisen von Frauen in ihren soziokulturellen Zusammenhang zu stellen und führt die Faktoren, die das Erscheinen des weiblichen Masochismus begünstigen, an.

In kulturellen Situationen, in denen Frauen keine oder nur beschränkte Chancen haben, befriedigenden Beschäftigungen nachzugehen, ihre sexuellen Bedürfnisse zu entfalten, soziale Anerkennung zu erfahren, ökonomisch unabhängig zu sein oder der Einengung ihrer Lebensbereiche zu entkommen, werden Verhaltensweisen produziert, die zu Abhängigkeiten und emotionalen Fixierungen führen. In dieser Situation der Einschätzung von Frauen als wesentlich minderwertig gegenüber Männern und der Erzeugung psychischer und materieller Abhängigkeit kann es, wie Karen Horney in ihrer Arbeit ‹*Das Problem des weiblichen Masochismus*› ausführt, «zur Entstehung von Ideologien betreffend dem ‹Wesen der Frau› kommen; so zum Beispiel die Doktrinen, daß die Frau von Natur aus schwach, emotional, abhängig, von begrenzter Fähigkeit für unabhängige Arbeit und autonomes Denken ist. Man ist versucht, auch den psychoanalytischen Glauben in die masochistische Natur der Frau dieser Kategorie zuzurechnen. Es ist offenkundig, daß solche Ideologien den Zweck haben, Frauen nicht nur mit ihrer untergeordneten Rolle zu versöhnen, indem sie als unausweichlich dargestellt wird, sondern diese Rolle auch noch als anzustrebendes Ideal und als ersehnte Erfüllung der Frau darzustellen.»[54] Kein ernst zu nehmender Sozialtheoretiker würde behaupten, daß Kolonialvölker vor dem Unabhängigkeitskrieg mit den Zustand von Armut und Unterdrückung «glücklich» waren. Arbeitern, die sich mit ihrer Lage arrangieren, konzediert man «falsches Bewußtsein», Völkern der «Dritten Welt» oder rassischen «Minderheiten», die keinen Widerstand leisten, schreibt man Schädigungen durch den Kulturimperialismus zu. Bei Frauen jedoch nehmen die männlichen Theoretiker das Fehlen aktiven Protests erleichtert zur Kenntnis und schließen daraus, daß die eigene Überlegenheit unabänderlich ist.

Mirra Komarovsky gehört zu den ersten Soziologinnen, die in ihrer empirischen Untersuchung ‹*Blue collar Marriage*› die Frage der Gewalt als innerfamiliäres Konfliktmittel miteinbezog. Um männliche Dominanz zu erklären, führt sie folgende Faktoren an:

Die patriarchalische Ideologie, die von beiden Ehepartnern verinnerlicht wird und dazu führt, daß den Männern legitime Autorität und Privilegien zugestanden werden; die Androhung physischer Gewalt, die das Selbstbewußtsein, die Konfliktbereitschaft und die Möglichkeit der Frauen, Forderungen zu stellen, einschränkt und die unmittelbarste Sanktion darstellt; persönliche Fähigkeiten und Kompetenz wie Ausbildungsgrad, manipulatives Können und Kontakte zur «Außenwelt»; sozialer Status und damit verbundene Wertschätzung; die relative Bedeutung der ehelichen Beziehung für die Partner und die Abhängigkeit vom Funktionieren der Ehe.[55]

Das subjektive Wahrnehmen der Situation muß mit der Möglichkeit, sie erkennen zu können und aus dieser Erkenntnis Konsequenzen abzuleiten, verknüpft werden.

Der Zwang, sich mit Zuständen arrangieren zu müssen, die als gegeben erscheinen, färbt auch das subjektive Empfinden. Darum können die Aussagen der Betroffenen nur im Zusammenhang mit ihrer objektiven Situation und der eigenen Einschätzung ihrer Handlungsmöglichkeiten verstanden werden.

Eine Reihe von Autoren hat zur Entwicklung des Ressourcen-Theorie-Ansatzes beigetragen. Dieser Ansatz geht davon aus, daß die familialen Macht- und Entscheidungsstrukturen von der Verfügungsgewalt über eine Anzahl von Faktoren bestimmt sind; dazu gehören in der Regel: Status, Ausbildung, Besitz, Einkommen, Kompetenz, auch effektive Ressourcen wie zwischenmenschliche Qualitäten. Je nach Orientierung des Forschers wird die Begründung für die Verteilung dieser Ressourcen innerhalb der Beziehung eher in dem Verhältnis und der Persönlichkeit der Beteiligten oder in den gesellschaftlichen Strukturen gesucht. Untersuchungen auf der Grundlage dieser Theorieansätze konzentrieren sich auf die Erforschung von Komponenten, die die Machtverhältnisse zwischen den Ehepartnern beeinflussen (wie zum Beispiel Berufstätigkeit der Frau, Beteiligung des Mannes an der Hausarbeit) und versuchen, die geschlechtsspezifischen Entscheidungsbereiche zu analysieren. Boyd Rollins und Stephen Bahr, zwei Vertreter dieser Richtung, gehen davon aus, daß folgende fünf Kategorien grundlegend für die Analyse ehelicher Beziehungsmuster sind: Autorität, Ressourcen, Macht, Kontrollansprüche und Kontrolle. Auf der Grundlage dieser Begriffe stellen die Autoren vier Hypothesen auf[56]:

1. Nicht das Ausmaß der individuellen Macht, sondern die relative Macht der beiden Partner ist zu untersuchen.

2. Relative Autorität, Ressourcen und Macht sind auch subjektiv bestimmt, das heißt, sie sind in der Beziehung nur dann real, wenn sie den Betroffenen bewußt sind.

3. Macht und Kontrolle sind nur dann relevante Begriffe in der Ehe, wenn es zu einem Konflikt zwischen den Interessen und Zielen der Ehepartner kommt.

4. Relative Macht und relative Kontrolle können in den verschiedenen Bereichen des ehelichen Zusammenlebens verschieden verteilt sein.

Während diese Überlegungen zum Teil sehr brauchbar sind und einen Ausgangspunkt für die Analyse von Beziehungsmustern darstellen, beziehen sie die gesellschaftlichen Zusammenhänge und deren Einwirkung in «private» Beziehungen nur ungenügend ein. So läßt die dritte Hypothese die Tatsache unberücksichtigt, daß geschlechtsspezifische Sozialisation und Erwartungen die Interessen und Ziele der Ehepartner bereits vorbestimmen: ein Effekt, der als strukturelle Gewalt zu kategorisieren ist. Macht und Kontrolle sind auch dann vorhanden, wenn der Glaube an die Macht und Sanktionsgewalt des Mannes, die Überzeugung in die Richtigkeit seiner Ansprüche, Anordnungen und Privilegien so fest ist, daß es nie zu einer Infragestellung seiner Wünsche und damit nie zu Konflikt kommt.

Wir gehen davon aus, daß die Auswahl von Untersuchungsbereichen durch die Wissenschaften der Gesellschaft nicht nach dem Zufallsprinzip erfolgt. Wenn sich herausstellt – und das war vielleicht das eindeutigste Ergebnis unserer Untersuchung –, daß Menschen konsistent nach den Richtlinien und Prinzipien einer Denkkategorie handeln und entscheiden, die keinen konkreten Inhalt hat, sondern aus Sammlungen von Befürchtungen und Hoffnungen besteht: der Denkkategorie «Liebe», und daß diese ihre Handlungen und Bewertungen addiert ein Schema von Macht ergeben und zu Konflikt und Gewalttätigkeit führen und daß die Sozialwissenschaften unentwegt damit beschäftigt sind, neue Bereiche ihren analytischen Zugriffen zu erschließen, aber nicht diesen, dann stellt sich vordringlich die Frage nach den Gründen und Konsequenzen dieser Auslassung.

Die Vorstellung von «Liebe» zog sich konstant durch die Lebenserklärungen und Realitätsbilder der Menschen, mit denen wir im Laufe unserer Untersuchung sprachen. «Die Liebe» wurde als Ressource eingesetzt, um den anderen zu bestimmten Handlungsweisen zu veranlassen («wenn du mich liebst, dann wirst du . . .»), aber sie scheint in den Ressourcenlisten der Theoretiker nicht auf; sie diente als Sanktion, als Leitlinie und als endgültige Erklärung für Verhaltensweisen, die sonst schwer erklärbar wären; sie galt als Währung, für geleistete Arbeit als Lohn und als Motivation, als Sinnerfüllung. Es hieß von ihr, daß sie und Gewalt sich gegenseitig ausschlössen, aber sie schienen sich im Gegenteil oft zu verzahnen und zu bedingen: die Weigerung der Beteiligten, die Koexistenz dieser beiden, doch jeweils einander ausschließenden, Zustände als real zu akzeptieren, ließ die Betroffenen oft jahre- und jahrzehntelang die Wirklichkeit ihrer Situation in der Suche nach illusionären Änderungen ertragen.

Kapitel III

Wir sind anders
Grundprämissen und Vorgangsweise

Der Prozeß der wissenschaftlichen Bearbeitung eines Themas ist ein Prozeß der Läuterung * Das Individuelle muß zugunsten des Charakteristischen entfernt werden * Daraus soll sich ein repräsentatives Bild ergeben * Gereinigt von allen Zufälligkeiten, Widersprüchlichkeiten und persönlichen Eigenarten * Manchmal ist es für alle Beteiligten – Untersuchte und Untersuchende – schwer, sich in den Ergebnissen wiederzuerkennen * Weil die meisten Menschen aus Zufälligkeiten, Widersprüchlichkeiten und persönlichen Eigenarten bestehen * Vielleicht könnte man versuchen, einfach Situationen und Konstellationen von Ereignissen zu schildern * Eindrücke und Darstellungen zu vermitteln * Und die sozialwissenschaftlichen Methoden als Disziplinierung von Wahrnehmung zu begreifen * Das vorliegende Buch soll ein Versuch in dieser Richtung sein * Am Beispiel der Untersuchung zum Problem «Gewalt in der Ehe» lassen sich einige Schwierigkeiten dieses Zugangs aufzeigen * Unsere Kollegen dürfen dies als Einladung verstehen, sich am Versuch zu beteiligen. * (Unbeabsichtigte Anstiftung zum Methoden-Anarchismus leistete Paul Feyerabend)

Wir gehen in unseren Überlegungen nicht davon aus, daß Ungleichheit und das Streben nach Herrschaft natürliche Zustände zwischen den Geschlechtern sind, sondern wollen vielmehr die Komponenten und die Qualität zwischengeschlechtlicher Beziehungen in einer bestimmten gesellschaftlichen und historischen Situation erfassen.

Ausgangspunkt für die vorliegenden theoretischen und empirischen Aussagen ist unsere Studie über ‹*Entstehungsbedingungen und Auswirkungen von Gewalt gegen Frauen in der Ehe*›. Die Fragestellungen der Studie beziehen sich auf die Ursachen und das Ausmaß dieses Phänomens in Hinblick auf Beziehungsstrukturen zwischen den Geschlechtern.

Unsere Untersuchung ist keine Arbeit über «geschlagene Frauen». Diese Hervorhebung des Opfers als Gegenstand der Forschung liegt in der Tradition sozialwissenschaftlicher Problemerfassung und gewährleistet die Reduktion des Problems auf «Fälle» und Personenkategorien («die Armen», «die Alten», «die Gastarbeiter» usw.). Diese Reduktion verfehlt den Ort des Problems, aber auch seiner Lösung und ist eine weitere Manifestierung der Gewalt gegen sozial schwächere Gruppen. Geschlagen zu werden ist nicht das Merkmal der Frauen, sondern einer Gesellschaft, die es duldet, in der es möglich ist.

Die inquisitorische Behandlung, der sich geschlagene oder vergewaltigte Frauen in unserer Gesellschaft unterziehen müssen, ist eine Barriere gegen die Inanspruchnahme rechtlichen Schutzes und ein Bestandteil der sozialen Kontrolle durch ihre Funktion der Einschüchterung und Isolierung. Im Gegensatz zu Opfern anderer Verbrechen (Diebstahl etc.) müssen die weiblichen Opfer männlicher Gewalt beweisen, daß sie die Tat nicht herausforderten und auch nicht lustvoll erlebten. Die in der Gesellschaft vorherrschenden Stereotypen bedingen, daß Frauen immer der Verführung, Provokation und Komplicenschaft verdächtigt werden.

Um die Realität der einzelnen innerhalb von Ehe und Familie zu verstehen, muß der Doppelcharakter dieser Institution als Gewalt- und Schutzverhältnis erkannt werden. Frauen sind tatsächlich oft in der Situation zu verführen, zu provozieren, Komplicinnen ihrer Unterdrükkung zu sein. Ihre Verhaltensformen sind Reaktionen auf ihre Lebensumstände und können nicht vom «natürlichen Wesen der Frau» abgeleitet werden.

In Ermangelung anderer Alternativen müssen sich Frauen arrangieren, die Institution der Ehe kann als historischer Kompromiß bezeichnet werden. In den extrem ungleichgewichtigen Machtverhältnissen zwischen den Geschlechtern gibt es Mechanismen, die es den Frauen gestatten, durch rituale Unterwerfung bestimmte Vorteile und Einflußmöglichkeiten zu erzielen.

In ihrer Arbeit über «Sexualität als Ware» führt die Soziologin Constantina Safilios-Rothschild aus, daß der Einsatz sexueller Leistungen tatsächlich oft der einzige Weg für Frauen ist, Zugang zu finanzieller und sozialer Sicherheit zu gewinnen.[57] Unter dem Vorwand der Befreiung von Repression werden Frauen gegenwärtig dieser Ressourcen beraubt, ohne daß sie alternative Handlungsmöglichkeiten erhalten und ohne daß sich die materiellen und sozialpsychologischen Verhältnisse der Ungleichheit und Abhängigkeit ändern würden. (Diese Tatsache erklärt den Widerstand vieler Frauen gegen das «neue Rollenbild», das von ihnen die Aufgabe verfügbarer Strategien verlangt, ohne ihnen einen glaubwürdigen Ersatz anzubieten.) Die «sexuelle Revolution» der sechziger Jahre ist ein Beispiel dafür, wie unter dem Deckmantel emanzipatorischer Bestrebungen die permanente Verfügbarkeit der weiblichen Sexualität medizinisch (durch die Pille) und ideologisch gesichert wurde. Herbert Marcuse, der diese «Revolution» sehr richtig als «repressive Entsublimierung» bezeichnete, erkannte dennoch die speziellen Konsequenzen für Frauen nicht.

Selbst Reformmaßnahmen, wie die zur Zeit zur Österreich in Diskussion stehende Ehescheidungsreform, die den Status der Frauen im Namen der Gleichberechtigung aufwerten wollen, müssen unter den gegenwärtigen sozio-ökonomischen Umständen das Gegenteil bewirken; Änderungen sollten an den Strukturen der Ungleichheit ansetzen (Sozialisation, Ausbildung, Zugangschancen, soziale Einrichtungen für Kinderaufzucht und Altersversorgung usf.) und nicht bei den kümmerlichen Schutzmaßnahmen.

Es gibt Themen, die nicht distanziert abgehandelt werden können, weil sie jeden einzelnen unmittelbar und existentiell betreffen; dazu gehören Diskussionen über Ehe, Familie und Sexualität. Unabhängig von ihrer Weltanschauung erhitzen sich marxistische, klerikale, feministische und liberale Gruppen gleichermaßen über Themen wie «Tod der Familie» oder «Krise der Ehe». Die Emotionalität dieses Diskurses erklärt sich daraus, daß die Ehe für die einzelnen mit sehr intensiven Erwartungen und einschneidenden Lebensentscheidungen verbunden ist und die grundlegende Organisationsform der Gesellschaft darstellt. Der Privathaushalt ist die Grundeinheit für das System der Arbeit und der Schule, des Wohnens und des Konsums. Eine Bedrohung dieses Systems stellt eine potentielle Verunsicherung in allen elementaren Bereichen dar, die sowohl das Individuum als auch die Gesamtgesellschaft treffen kann.

Die Resistenz gegen Kritik kommt daher, daß aus der Anerkennung ihrer Berechtigung eine Infragestellung der eigenen Lebensweise folgen müßte. Eine fünfzigjährige Frau, die Beruf und Ausbildung zurückstellte, um sich der Kindererziehung, dem Haushalt und der Karriere ihres Mannes zu widmen, hat einsichtige Widerstände gegen eine solche Infragestellung, aus der sich der Sinn-Verlust ihrer Existenz ableiten würde.

Umgekehrt wehrt sich auch jede gesellschaftlich bevorteilte Gruppe gegen den Verlust ihrer tatsächlichen oder vermeintlichen Privilegien; so auch die Männer, die durch eine Kritik an den Machtverhältnissen eine Reihe von Dienstleistungen, Konkurrenz- und Statusvorteilen zu verlieren haben.

Die Familie stellt den Anspruch, eine Reihe realer, elementarer menschlicher Bedürfnisse zu befriedigen: das Verlangen nach Liebe, Geborgenheit, Sicherheit und Vertrauen. Sie soll einen verläßlichen Orientierungspunkt in einer feindseligen Umwelt, einen solidarischen Bereich in einer Konkurrenzgesellschaft darstellen. Gemessen an der Realität können diese Erwartungen nur in Form eines gedanklichen Konstrukts, der imaginären Vorstellung, erhalten bleiben. Die Verwirklichung dieses idealtypischen Modells ist unter den gegebenen Umständen einer konkurrenzorientierten patriarchalischen Gesellschaft unmöglich.

«Die Anpassung der Familie an eine Gesellschaft der Unterdrückung und Aggressivität provoziert notwendigerweise regressive Reaktionen der Verteidigung: Aggressivität, Konformismus, Furcht, Unsicherheit, Egoismus, Besitzanspruch auf die Partner.»[58]

Den gesellschaftlichen Ursprung privater Probleme zu erkennen müßte weitgreifende Konsequenzen haben. Die Alternative ist das Festhalten an den Vorstellungen des Familienideals.

Die gesellschaftliche Abwehr auf das als sehr bedrohlich wahrgenommene Problem ehelicher Gewalttätigkeit besteht aus einer taktischen Reaktionskette:

- Nichtwahrnehmung,
- Tabuisierung,
- Etikettierung als deviant,
- Forschung und Diagnose,
- Therapie und Versorgung (zum Beispiel durch Sozialarbeit).

Die Bestimmung eines sozialen Problems ist ein politischer Vorgang, weil ohne das Vorhandensein einer Problemkategorie die Einzelfälle nicht wahrgenommen und artikuliert werden können. Weder die betroffenen Frauen selbst noch die Sozialarbeiter und Psychiater hatten eine entsprechende Problemkategorie parat.

Die Gewalttätigkeit wurde – wenn überhaupt – als zusätzliches Symptom innerhalb der Kategorie «gestörte Ehe» erkannt. Bezeichnenderweise wird Gewalt nur dort als eigenständiges Problem registriert, wo es legitimer Bestandteil einer Situation ist, relevant für Gerichtsverfahren und Scheidungsverhandlungen.

Falls das Problem trotzdem öffentlich wird, tritt der Mechanismus der Tabuisierung in Kraft, was die extrem hohen Dunkelziffern bedingt. Charakteristisch für Gewalttätigkeiten in der Ehe ist, daß sie mit Peinlichkeit behaftet sind: im Gegensatz zu anderen Verbrechen schämt sich das Opfer und wird zusätzlich mit sozialer Abwertung bestraft. Die Betroffenen werden für deviant erklärt, die Gewalttätigkeit als privates Problem definiert. Damit wird erreicht, daß man sich mit der gesellschaftlichen Verursachung und den sozialen Konsequenzen des Problems nicht auseinandersetzen muß. Die Betroffenen können durch diese Strategie der Individualisierung dazu gebracht werden, die Schuld bei sich selbst zu suchen und keine Forderungen zu stellen.

Die Sozialwissenschaften als gesellschaftliches Teilsystem beteiligen sich an diesem Ausschließungsprozeß durch die Art der Diagnose und Forschung, indem der Bereich der häuslichen Gewalt aus dem gesellschaftlichen Kontext gehoben wird. Mit dem Etikett «sozialer Problemfall» versehen werden die betroffenen Individuen schließlich von der Wohlfahrtsmaschinerie erfaßt. Die Funktion dieses Reaktionsablaufs ist die Abschirmung der sozialen Realität und Ordnung gegen Infragestellungen, Widersprüchlichkeiten und substantielle Konflikte.

Gesellschaftliche Vorstellungen über Ehe und Familie weisen eine Reihe von Widersprüchlichkeiten auf. Einerseits heißt es, daß der Privatbereich vor Eingriffen des Staates und der Öffentlichkeit geschützt werden muß. Zugleich jedoch wird gerade dieser Bereich in all seinen Details durch juristische, medizinische und pädagogische Vorschriften und Maßnahmen reglementiert. Abweichungen von allgemeinen Erwartungen und Normen gerade im «Privatbereich» werden massiv bestraft: die Verwaltung der Sexualität, Kindererziehung und interpersonellen Beziehungen ist nahezu lückenlos und allem, was in diesem Bereich stattfindet, wird die größte Bedeutung für den Fortbestand der Gesellschaft beigemessen. Fast scheint es, als würde die Definition der Familie als privat die öffentlichen Zugriffe nicht verhindern, sondern erleichtern:

«Die Familie reproduziert sowenig die Gesellschaft wie umgekehrt diese jene imitiert. Vielmehr konnte das Familiendispositiv gerade durch seine inselhafte Absetzung von den anderen Machtmechanismen zum Stützpunkt für die großen ‹Manöver› werden: für die malthusianische Geburtenkontrolle, für die bevölkerungspolitischen Anreize, für die Medizinierung des Sexes und die Psychiatrisierung seiner nicht-genitalen Formen.»[59]

Während die Familie als harmonischer Regenerationsbereich gilt und damit das gängigste Projektionsobjekt für die Hoffnungen, Ängste und Erwartungen einzelner bezüglich Kreativität, Kommunikation und Sinnerfüllung ist, zeigt sich in der Realität, daß sie alle gesellschaftlichen Probleme und Verhältnisse in konzentrierter Form enthält: Abhängigkeit, Konkurrenz, Machtgefälle und Ausbeutung.

Diesen Widerspruch bewältigt die Gesellschaft durch den Mythos, daß die ungleiche Ressourcenverteilung zwischen den Geschlechtern durch die Liebe aufgehoben wird.

Im Laufe unserer Forschungen waren wir ständig mit Forderungen nach statistischen Aussagen konfrontiert: wir sollten quantitativ ausdrückbare «Tatsachen» liefern. «Wie viele Frauen werden denn nun wirklich geschlagen» und «Welcher Prozentsatz österreichischer Ehemänner ist denn nun gewalttätig?» wollte man immer wieder von uns wissen; in ungeduldig forderndem Ton unterbrach man unsere Problemdarstellungen immer wieder, um uns anzudeuten, daß das Fehlen unmißverständlicher, eindeutiger und gültiger Statistiken sowohl die Existenz eines ernsthaften sozialen Problems als auch unsere eigene wissenschaftliche Kompetenz sehr zweifelhaft erscheinen lassen mußte.

Genauso wie es für eine technologische Industriezivilisation unvorstellbar ist, daß es Probleme gibt, die technisch nicht lösbar sind, wenn man nur genügend Zeit und Forschungsgelder bereitstellt, so ist es für sie absolut unakzeptabel, daß es gesellschaftliche Probleme gibt, die der Soziologe nicht sauber und übersichtlich sortieren und in tabellarisch aufbereiteter Ordnung präsentieren kann.

Unsere Skepsis gegenüber statistischen Aussagen war eine Form der methodischen Selbstverweigerung, die uns in sehr dubiosem und subversivem Licht erscheinen ließ: eine Untersuchung ohne abschließende

Zahlen ist nicht nur unseriös, sondern beinahe unanständig. Sie verweigert dem Leser, der Öffentlichkeit die Möglichkeit, eine nunmehr als abgeschlossen betrachtbare Problematik in ihren Wissensbestand einordnen zu können: 5, 10, 15 Prozent österreichischer Männer schlagen x Komma y mal pro Woche/Monat/Jahr ihre Frauen, und die Gesellschaft benötigt zwölf Sozialarbeiter und ein weiteres Forschungsprojekt, um dieses Problem zu bewältigen.

Es ist natürlich nicht «unmöglich», quantitative Aussagen über den Problembereich zu treffen: wenn man das Problemverständnis genügend verzerrt, wichtige Fragestellungen in ausreichendem Ausmaß ausklammert, und den Kreis der Ermittlungen willkürlich genug einschränkt, kann jedes Problem «empirisch erhoben» und statistisch ausgedrückt werden. Wir waren gelegentlich in starker Versuchung, das Problem auf diese Weise zu «operationalisieren», um «der Sache» nicht zu schaden. Schließlich faßten wir mannhaft, wenn uns diese Beanspruchung fremder Tugenden gestattet ist, den Entschluß, uns an der ritualen Affirmation «der Methode» nicht mehr zu beteiligen; anders formuliert: wo immer wir zur Überzeugung gelangten, daß eine quantitative Aussage nicht nur keinen Beitrag zur Erhellung des Problemverständnisses leisten konnte, sondern sogar kontraproduktiv war, waren wir nicht gewillt, am methodischen Sakralakt der Transformation menschlicher Probleme in Statistik teilzuhaben. Wir beschlossen, kurz gesagt, die Statistik als Hilfsinstrument zu betrachten und nicht als Sakrament, statistische Aussagen in der Beschränktheit ihres Wertes klarzustellen und an der Eucharastie nicht teilzunehmen.

Dem Sozialwissenschaftler stehen als Material, als Feld für quantitative Erhebungen, diverse Möglichkeiten zur Verfügung: man kann mittels Fragebogen oder Interviews an Hand einer Zufallsstichprobe der Gesamtpopulation oder einer ausgewählten «Grundgesamtheit», also Bevölkerungsgruppe, versuchen, die Meinungen, Einstellungen oder Verhaltensweisen dieser Gruppe zu beleuchten.

Da die Ehe als Privatbereich gilt und Gewalt in der Ehe ein extrem tabuisiertes und heikles Thema ist, bedeutet das, daß man die Befragten mittels verklausulierter Formulierungen und «Fangfragen» dazu bewegen muß, Fragen zu beantworten oder sie ehrlicher zu beantworten, als sie es «normalerweise» und «freiwillig» tun würden. Man kann nicht fragen: «Schlagen Sie Ihre Frau?» oder «Werden Sie von Ihrem Mann geschlagen?», und auch nicht «Finden Sie es in Ordnung, daß Ehemänner ihre Frauen schlagen?», weil man dann lediglich das zu hören bekommt, was der jeweilige Befragte für die «passende», «sich gehörende» Antwort hält.

Der Sozialwissenschaftler verfügt über diverse Tricks und Formulierungspraktiken, um seinen Opfern gegen ihren Willen eine «ehrliche» Antwort abzuringen. Diese Mittel führen jedoch dazu – einmal abgesehen von dem dahinterstehenden Menschenbild –, daß der Fragebogen zu einer Art Mischung aus Intelligenztest (wer ist klüger: der Wissenschaftler oder sein stichgeprobtes Objekt?) und Rätsel wird (die Eindeutigkeit der Antworten auf die verklausulierten Fragen entspricht ungefähr der Präzision von Traumdeutung). Dieser Zugang ist unserer Ansicht nach sowohl methodisch als auch politisch abzulehnen.

Eine weitere Möglichkeit besteht darin, vorhandenes Datenmaterial aufzuarbeiten: in unserem Fall zum Beispiel Scheidungsakten, Polizeiprotokolle oder Unterlagen von Beratungsstellen und festzustellen, mit welcher Häufigkeit Gewalt gegen Frauen in diesen Unterlagen vorkommt. Diese Vorgangsweise kann sehr nützlich und sinnvoll sein, nur birgt sie in sich die Gefahr einer Verselbständigung: die Aussagen entgleiten der Kontrolle. So weiß man zum Beispiel, daß Gewalt (bzw. «Gattenmißhandlung») bei Scheidungsprozessen häufig nicht eingebracht wird, vor allem bei der oberen Mittelschicht. Die statistische Aussage: «Gattenmißhandlung seitens des Ehemannes wird in x % aller Scheidungsfälle in Wien als Scheidungsgrund angeführt» ist eine sehr andere Aussage als der Satz: «In x % aller Scheidungsfälle in Wien ist Gattenmißhandlung ein wichtiger Grund für die Zerrüttung der Ehe», aber dieser Unterschied geht häufig verloren. Wir wissen, wenn wir die Aussage auf ihren tatsächlichen Wert beschränkt halten, sehr wenig über die Häufigkeit, Ursachen, Reaktionen und Bedeutung von Gewalttätigkeit in der Ehe.

Um ein anderes Beispiel zu nehmen: wir untersuchten die Beratungsprotokolle der Familien- und Individualfürsorge der Stadt Wien für den Zeitraum der letzten fünf Jahre. Die dort tätigen Fürsorgerinnen und die Leiterin der Stelle sagten uns, daß Gewalttätigkeit in der Regel nicht in das Protokoll aufgenommen wird, weil keine Problemkategorie dafür existiert; daß Gewalt nur dann schriftlich festgehalten wird, wenn die Betroffene eine Scheidung einreichen will und Gattenmißhandlung als Scheidungsgrund angeführt werden soll oder als Berechtigung für das Verlassen der ehelichen Wohnung bewiesen werden muß. In den anderen Fällen wurde die Gewalttätigkeit des Mannes nicht explizit erwähnt, sondern maximal angedeutet («Der Mann ist jähzornig, die Frau und die Kinder fürchten sich vor ihm»; «der Mann verliert die Beherrschung»; «der Mann randaliert» usw.). Trotzdem wurde das Schlagen der Ehefrau durch den Mann, also unmittelbare, wiederholte Gewalt in etwas mehr als 10 Prozent der Protokolle direkt angeführt. Wie häufig kommt es vor und wird nicht registriert? Die Beraterinnen konnten es uns nicht sagen: «oft». Ist es als Gewalt zu definieren, wenn der Mann die Frau noch nie geschlagen hat, aber für sie glaubhaft damit droht? Wenn er Haushaltsgegenstände, Kinderspielzeug und Möbel zerschlägt oder die Kleider der Frau zerschneidet? Wenn er das Telefon abmontiert, damit sie in seiner Abwesenheit von der Außenwelt abgeschnitten ist? Wenn er droht,

Kinder oder Haustiere umzubringen? Sobald man sich auf eine prozentuale Aussage festnageln läßt, verselbständigt sich die Ziffer tendenziell gegenüber dem Problem. Kaum wird mehr erörtert, von welcher Definition, von welchen Kriterien, von welchen Variablen die Aussage ausgeht; befriedigt registrieren alle: 10 Prozent.

Eine dritte häufige Form des empirischen Zugangs sind Untersuchungen über «geschlagene Frauen». Eine Gruppe von betroffenen Frauen wird erforscht: ihre Kindheit, Verlauf der Ehe, typische Konflikte und Probleme. Am Ende stehen Aussagen wie: x % der Frauen waren mit Alkoholikern verheiratet; y % der Frauen wurden bereits im ersten Ehejahr geschlagen; z % der Frauen kommen aus Familien, in denen der Vater auch schon die Mutter schlug. Auch diese Angaben verselbständigen sich. Sehr bald ist dann in Zeitungen nachzulesen, daß die Ursache für Gewalt gegen Frauen nach Professor B. im Alkoholismus zu suchen ist, daß mißhandelte Frauen aus gestörtem Elternhaus kommen und ähnliches, ohne Bezug darauf, daß die untersuchten Frauen erstens eine sehr selektive Auswahl darstellen und daß zweitens der Forscher nur die Zusammenhänge finden wird, die er sucht. Aus diesem zweiten Grund sagen die Forschungsergebnisse häufig mehr über den verantwortlichen Wissenschaftler aus als über die Objekte seiner Untersuchung. So veranlaßt zum Beispiel der Fragebogen des englischen Soziologen Gayford schon zu einiger Nachdenklichkeit über die Einstellungen und das Sexualitätsbild dieses Herrn. In Gayfords Fragebogen, den die Frauen sofort nach ihrer Ankunft im Frauenhaus Chiswick (London) ausfüllen müssen, werden sie nach ihrer ehelichen Treue, nach möglicher Provokation und nach sonstigen Hinweisen auf ein mögliches Selbstverschulden ihrer Situation befragt. Den ausführlichen Fragen nach den Details ihres Sexuallebens liegt das Erklärungskonzept sadomasochistischer Beziehungen zugrunde. So fragt Gayford zum Beispiel:

«Wurden Ihnen Kleidungsstücke ausgezogen, bevor Sie geschlagen wurden?»

«Haben Sie Hinweise, daß Ihr Mann irgendwelche Formen von Grausamkeit benutzt, um sich sexuelles Vergnügen zu beschaffen? Beschreiben Sie ausführlich.»

«Haben Sie jemals mit Sex Geld verdient? Beschreiben Sie ausführlich.»

Gayford konnte seine Hypothesen über masochistische Tendenzen bei Frauen durch seine Untersuchungsergebnisse nicht bestätigen; anzurechnen ist ihm, daß er das zugibt. Sozialwissenschaftliche Experimente dieser Art sind jedoch als Fortsetzung der Gewalt und der Abhängigkeit zu begreifen. Denn in der unmittelbaren Krisensituation besitzen die Frauen, die im Frauenhaus Chiswick Zuflucht suchen, nicht die Stabilität, freiwillig über das Ausmaß ihrer Bereitschaft zu einem solchen Gespräch zu entscheiden; vor allem dann nicht, wenn der Fragebogen quasi als «Aufnahmebedingung» von der Direktion des Hauses überreicht wird.

Michel Foucault stellt in ‹*Überwachen und Strafen*›[60] die Hypothese auf, daß die Methoden der modernen Sozialwissenschaften ihre Herkunft in Inquisition und Strafvollzug haben und führt als Illustration dessen das Geständnis an, das in seinen Grundzügen dem Zugang sozialwissenschaftlicher Forschung analog erscheint:

«Nun ist das Geständnis ein Diskursritual . . . und zugleich ist es ein Ritual, das sich innerhalb eines Machtverhältnisses entfaltet. Denn niemand leistet sein Geständnis ohne die wenigstens virtuelle Gegenwart eines Partners, der nicht einfach Gesprächspartner, sondern Instanz ist, die das Geständnis fordert, erzwingt, abschätzt und einschreitet, um zu richten, zu strafen, zu vergeben, zu trösten oder zu versöhnen.»[61]

Die Methoden der empirischen Sozialforschung setzen dieses Machtverhältnis mit Fragebogen und Interview fort; der distanziert und anonym seinem Objekt gegenübertretende Forscher leitet seine Autorität von der Wissenschaft ab, als deren Vertreter er legitimiert ist, seinen Untersuchungsgegenständen ein Geständnis über ihre Meinungen, Erfahrungen, Vorurteile und Verhaltensweisen abzuverlangen. Fortschrittliche Wissenschaftler versuchen dieses Ungleichheitsverhältnis zu mildern und postulieren die Transparenz ihrer Motivation, Methoden und Ergebnisse; in der Überzeugung, eine Einsicht zu besitzen, die sie weitervermitteln können, verlangen sie trotzdem von ihren Untersuchungssubjekten, für die Analyse verfügbar zu sein, «sagen zu müssen, was man ist, was man getan hat, wessen man sich erinnert und was man vergessen hat, was man verbirgt und was sich verbirgt, woran man nicht denkt und was man nicht zu denken denkt. Ein ungeheures Werkt, zu dem das Abendland Generationen gebeugt hat, während andere Formen von Arbeit und Akkumulation des Kapitals bewerkstelligten: die Subjektivierung der Menschen, das heißt ihre Konstituierung als Untertanen/Subjekte.»[62]

Es gibt zwei Arten von sozialwissenschaftlichen Daten: «harte» und «weiche», quantitative und qualitative. In einer Gesellschaft, die durch Konkurrenz und das Streben nach Herrschaft geprägt ist, sind «harte» Daten besser als «weiche».

Unsere Untersuchung konzentriert sich auf weiche Daten.

Die Atmosphäre, in der Männer und Frauen ihre Beziehungen erleben und eine Selbstwahrnehmung bilden, gestaltet sich aus einer Vielzahl diffuser Faktoren und Quellen. Die Gestaltung gesellschaftlicher Realität und die Bestätigung sozialer Normen und Werte muß auf der «trivialen» Ebene alltäglicher Situationen erfaßt werden und nicht erst auf der Ebene der Institutionalisierung in gesellschaftlichen Makrostrukturen. Das Nichtwahrnehmen der Machtaspekte in zwischenmenschlichen Beziehungen erfordert eine Reihe individueller und kollektiver Abwehrmechanismen, die im Ablauf alltäglicher Interaktion bereits enthalten sind.

«Alltagsbewußtsein», schreibt Leithäuser, «ist der Modus des Bewußtseins der Individuen, der ihre Bewußtlosigkeit von den gesellschaftlichen Verhältnissen und deren Entstehungsgeschichte ausdrückt . . . So entschärft das Alltagsbewußtsein Widersprüche zu Konflikten, die nicht aufhebbar, aber auflösbar, harmonisierbar und auch schlicht vergeßbar sind . . . Damit blockiert sich Alltagsbewußtsein prinzipiell gegen kritische Reflexion und kommt gerade mit der Welt zurecht, weil es deren Ecken und Kanten nicht spürt; es ebnen sich ihm die Konturen der Erfahrung ein.»[63]

Eheliche Gewalt ist eine extreme Erscheinungsform der Macht- und Ungleichverhältnisse, sie wird als Ausnahme bzw. als Abweichung gewertet; doch ein Extrem ist lediglich die Steigerung systemimmanenter Zustände. Extremfälle sind eben extreme Erscheinungsformen schon vorhandener Qualitäten und Eigenschaften. Die «Bevölkerungspolitik» einiger Kulturen (Eskimos, Araber vor dem Islam, China) sah das Töten von unerwünschten neugeborenen Mädchen vor. Es wurde nicht jedes Mädchen getötet, aber jedes war auf Grund seines Geschlechts potentiell in Gefahr.

Gewalttätigkeit, die eine spezifische Gruppe auf Grund ihrer gemeinsamen Merkmale – Rasse, Geschlecht, Religionszugehörigkeit – trifft, ist ein Strukturmerkmal der Gesellschaft, unabhängig von Häufigkeit und Grad der Mißhandlung oder Bedrohung. Sexistische und rassistische Gesellschaften haben diese Mechanismen der Herrschaft und Benachteiligung in ihren Strukturen verankert, das heißt, die Gewalt tritt sowohl in physischer als auch struktureller Form auf. Die strukturellen Aspekte der Gewalt sind so vollständig in das normale Funktionieren des Denkens und des Alltags integriert, daß sie schwer identifizierbar und meßbar werden.

Vor hundert Jahren schrieb John Stewart Mill:

«Bei jeder Institution, die verteidigt werden soll, ob es die Sklaverei, der politische Absolutismus oder der Absolutismus des Familienoberhaupts ist, erwartet man, daß man ihr bestes Beispiel herausgreift und sie danach beurteilt.»[64]

Methodisch ist daher umgekehrt vorzugehen, also zu untersuchen, aus welchen Eigenschaften der Institution der Ehe und der Liebe sich die negativen Aspekte und der Herrschaftscharakter ableiten.

Prinzipieller politischer Widerstand setzt oft nicht an den Organisationsformen der Gesellschaft an, sondern an den Punkten, an denen sie versagen; nicht bei der Macht, sondern bei ihren Randerscheinungen. Wie John Steward Mill schreibt, ist es ein «politisches Naturgesetz, daß Menschen, die unter einer endlosen Herrschaft stehen, niemals damit beginnen, sich über die Herrschaft selbst zu beklagen, sondern nur über ihren exzessiven Mißbrauch»[65].

Am Extremfall ehelicher Gewalt lassen sich die Erwartungen und die

Muster, die sonst in der Normalität des gesellschaftlichen Alltags unartikuliert und kaum wahrnehmbar dem bewußten Denken entzogen bleiben, deutlicher erkennen: Realität und ihre Wahrnehmung widersprechen sich am eindeutigsten dort, wo der Doppelcharakter gesellschaftlicher Ordnung und Integration in seinen zwei Bestandteilen der Macht und der Kohäsion, der Gewalt und der Liebe offen ersichtlich wird. Die Art, in der die Individuen und die Gesellschaft mit diesem Widerspruch fertigwerden, gestattet die Wahrnehmung der Ideologie.

In der Protokollierung der Gespräche mit den betroffenen Frauen folgten wir keinem Schema, sondern konzentrierten uns darauf, ihre Situation in der eigenen Darstellung zu erfassen und nachzuempfinden. Der Aufbau des empirischen Teils unserer Untersuchung umfaßt die Beschreibung der Lebensumstände von Frauen, die der Situation ehelicher Gewalt ausgesetzt sind oder waren. Um die weitverbreitete Vorstellung von schichtspezifischer Gewalttätigkeit zu überprüfen, wählten wir sowohl Stadtrandsilos als auch vornehmere Wohngegenden und sprachen mit Frauen aus allen Schichten und Einkommensgruppen. Durch Interviews mit Trägern und Mitarbeiterinnen sozialer Einrichtungen (Jugendämter, Krisenintervention, Psychiatrie, Bahnhofssozialdienst) konnten wir uns einen Überblick über den institutionellen Zugang und den Handlungsraum organisierter Sozialarbeit verschaffen.

Durch die Bearbeitung der Protokolle der größten Ehe- und Familienberatungsstelle Wiens für die letzten fünf Jahre sollte einer möglichen doppelten Einseitigkeit entgegengewirkt werden:

- der Selektivität, die sich daraus ergab, daß wir nur mit Frauen sprachen, die bereit waren, uns ihre Lage zu schildern und
- als Korrektiv zu unseren durch Fragestellung und Motivation geprägten Wahrnehmungen und Interpretationen.

In diesen Akten waren wir mit den Informationen, die die Betroffenen den verschiedenen Mitarbeiterinnen der Beratungsstelle gaben, konfrontiert und konnten unsere Einschätzung der Problematik mit der der Beraterinnen vergleichen.

In den letzten Jahren hat sich die internationale Frauenbewegung zunehmend mit Gewaltverbrechen gegen Frauen beschäftigt, um das Schweigen, das Bestandteil struktureller Ungleichheit ist, zu durchbrechen.

«Die Unterdrückten ohne Hoffnung sind merkwürdig still. Wenn die Möglichkeit von Widerstand die Grenzen des Denkbaren überschreitet, gibt es keine Worte, die Unzufriedenheit zu artikulieren, so daß es so aussieht, als gäbe es sie nicht ... Erst das Durchbrechen des Schweigens läßt uns verstehen, was wir vorher nicht verstehen konnten. Aber die Tatsache, daß wir nichts hörten, beweist noch nicht, daß kein Schmerz erfahren wurde. Revolutionäre müssen auf die Sprache des Schweigens hören. Das ist für Frauen besonders wichtig, weil wir aus einem so langen Schweigen kommen.»[66]

Kapitel IV

Zur Entstehungsgeschichte objektiver Forschungsergebnisse
Auszüge aus dem Tagebuch

In vielen europäischen Städten gibt es mittlerweile Häuser oder Wohnungen für Frauen, die auf Grund von Bedrohung oder Mißhandlung ihre eigene Wohnung verlassen müssen * Dabei ist nicht nur die Existenz einer solchen Einrichtung wichtig, sondern auch die Art, in der sie organisiert ist * Trotz fester gegenteiliger Überzeugungen diverser Wiener Instanzen vermuteten die Autorinnen, daß selbst in Österreich gelegentlich soziale Mißstände eintreten können, vielleicht sogar Gewalttätigkeit in der Ehe? * Sie beschlossen daher, die Möglichkeit solcher Vorkommnisse in Wien und die Anwendbarkeit des Modells «Frauenhaus» zu überprüfen * Bei diesem Vorhaben stießen sie auf viele Probleme * Manche Leute zum Beispiel wollten über solche Sachen gar nicht einmal sprechen * Sie fanden das unanständig * Wo bleibt denn da die Achtung vor dem Privatbereich * Andererseits aber erhielten sie von vielen Seiten unerwartete Hilfe * Zum Beispiel arrangierte die UNO für sie ein Programm, in dem sie soziale Einrichtungen in diesem Problembereich in London und Amsterdam besuchen konnten * Schilderung einiger Aspekte unserer Ermittlungen im Problembereich «Gewalt gegen Frauen in der Ehe»

London, 19. März 1977
Die UNO hat für uns im Rahmen ihres *study-visit*-Programms eine Studienreise nach England und Holland arrangiert, damit wir soziale Einrichtungen des Problembereichs «Gewalt gegen Frauen» besichtigen können. Unser offizielles Programm beginnt mit einem Besuch im Sozialministerium, wir werden von Büro zu Büro eskortiert, überall gibt man uns bunte Broschüren. Ein sehr freundlicher und nervöser junger Mann erklärt uns, daß es Gewalt in der Ehe in England seit fünf Jahren gibt – die Realität hängt hier offensichtlich von ihrer offiziellen Bestätigung durch Her Majesty's Government ab. Die Ministerialbeamten schildern in ihrem unnachahmlichen britischen Stil die Zustände der englischen Wohlfahrt – über die vielleicht drastischste Wirtschaftskrise der englischen Geschichte meinen sie zum Beispiel: «*We're going through a bit of a bad patch.*»

Abschließend zieht uns der Leiter der Abteilung väterlich zur Seite und gibt uns einen guten Rat: wenn wir uns die Frauenhäuser unbedingt anschauen müssen, werden wir diese seltsamen militanten Personen von der Frauenbewegung kennenlernen, und wir sind doch solch nette Mädchen, also, er an unserer Stelle würde ihnen lieber fernbleiben.

Am Nachmittag unterhalten wir uns mit einigen dieser militanten Frauen. Eine von ihnen, Kathy, lädt uns ein, bei ihr zu wohnen. Sie lebt mit drei anderen Frauen und ihren beiden Kindern in einem großen Haus in einem Randbezirk. Das Haus ist feucht und kalt, in jedem Zimmer ist ein offener Kamin, geheizt ist aber nur die Küche; dort sitzen alle um einen großen Holztisch versammelt. Wir spielen mit Kathys zwei Jungen ein Puzzle-Spiel, und die Frauen erzählen uns von der englischen Frauenhausbewegung. Die vier Frauen wirken müde und überarbeitet, aber sie sind voll von Plänen und Optimismus; man hat ein Gefühl der Harmonie und Solidarität. Wir denken an die Warnung des Ministerialbeamten – die Frauen sind blaß, sprechen leise, wirken eher schüchtern, bedrohliche Amazonen haben wir uns anders vorgestellt, wovor hat er Angst?

London, 20. März
Am Wochenende findet ein Kongreß der National Women's Aid Federation (NWAF) statt – Vertreterinnen der über hundert Frauenhausgruppen, die in diesem nationalen Dachverband organisiert sind, sind aus ganz England angereist, um die hauptsächlichen Probleme und die politische Bedeutung ihrer Bewegung zu besprechen. Wir fahren mit Kathy hin. Mehr als zweihundert Frauen nehmen teil, es gibt Büchertische, Plakate, Diskussionsgruppen – die Männer der Bewegung haben einen Kindergarten organisiert. Wir nehmen an verschiedenen Arbeitsgruppen und Plenardiskussionen teil; viele der Frauen, die das Problem am besten darstellen, am einprägsamsten artikulieren, sind ehemalige «Opfer», die als Hilfesuchende in die Häuser kamen und als Mitarbeiterinnen blieben. Sie wirken selbstbewußt, kompetent und einfühlsam.

Abends gibt es bei den vier Frauen Marmeladebrote; sie haben wenig Geld. Ein befreundetes Ehepaar kommt zu Besuch. Der Mann will diskutieren: hat die Frauenbewegung irgendeine politische Berechtigung oder muß nicht vielmehr der Klassenkampf uneingeschränkten Vorrang haben. Die Frauen reden sehr wenig, der Mann, Karl, legt seine Position mit großer Eloquenz und einem riesigen Aufgebot an Zitaten dar. Kathy und Anne haben den ganzen Tag praktische politische Probleme diskutiert, sie sind offensichtlich müde. Wir haben diese Diskussion schon so unendlich oft gehört. Wir sitzen auf dem Teppich, trinken Rotwein, hören eine Joan Armatrading-Platte; Carl steigert sich in eine immer größere Begeisterung über seine Argumente, schließlich hat er sich restlos von der Richtigkeit seiner Thesen überzeugt und geht befriedigt nach Hause. Nachdem er gegangen ist, sehen wir uns schweigend an.

Anne stochert im Kamin herum und sagt gedankenverloren, «von den Männern kommt anscheinend nichts Neues mehr».

London, 21. März
Unser offizielles Programm setzt sich fort. Wir treffen wohltätige Damen und Herren, Akademiker, Politiker: alle haben eine Theorie über eheliche Gewalt, und all die Theorien widersprechen sich. Wir versuchen, die Erklärungsansätze vorerst nur zu sammeln, uns erst später ein Urteil zu bilden. Es gelingt uns nicht immer. In einer großen englischen Wohltätigkeitsstiftung erwartet uns eine strenge ältere Dame. Ihre schwarze Perücke lockt sich in riesigen Rollen um ihr Gesicht, sie erinnert uns an die Königin in ‹*Alice im Wunderland*›. Sie hat sich uns älter vorgestellt, sagt sie mißbilligend, warum hat ihr keiner gesagt, daß es sich um zwei junge Damen handelt? Wir müssen viermal unsere Namen sagen, und auch dann sieht sie uns sehr skeptisch und prüfend an – sind wir nicht doch nur die Sekretärinnen der angemeldeten UNO-Experten? In Erwartung unseres Besuchs hat sie einen Ordner mit unseren Namen darauf angelegt, den sie schließlich mit einer sehr endgültigen Handbewegung von sich schiebt. Resigniert seufzend beginnt sie mit ihren Ausführungen. Also Frauen werden geschlagen, weil sie verbal kompetenter sind als Männer; die Männer können auf dieser Ebene nicht standhalten und sind gezwungen, sich mit ihrer Muskelkraft zu wehren. Es ist sinnlos, den Frauen helfen zu wollen, denn die betroffenen Frauen und Männer sind krank und werden immer wieder in neurotischer Weise zueinander finden. Wir sitzen vor ihr und wissen nicht, was uns mehr fasziniert, ihre Frisur oder ihre Theorie. Da wir uns vorgenommen haben, nicht zu debattieren, sondern nur die Ansichten der Fachleute zu sammeln, unterbrechen wir ihre Ausführungen nicht, aber Mrs. M. sieht uns unsere Reaktion offensichtlich an. Sie sagt scharf: «Ihr seht mich ganz hypnotisiert an.» Nun, wenden wir behutsam ein, sicherlich gibt es eine Art neurotischer Abhängigkeit, aber ob man so verallgemeinern sollte . . . viele der Frauen, die in die Häuser der National Women's Aid Federation gegangen sind, konnten doch zum Beispiel tatsächlich ein neues Leben für sich und ihre Kinder beginnen. Mrs. M. ist entrüstet zu hören, daß wir Kontakt zur Frauenhausbewegung haben, und das Gespräch nimmt ein jähes Ende. Wir verabschieden uns.

Wir eilen zum nächsten Termin, in der London School of Economics. Es regnet in Strömen, wir steigen bei der falschen U-Bahn-Station aus und kommen mit triefenden Haaren in der Universität an. Distinguierte männliche Scholaren wenden peinlich berührt ihre Blicke ab, während wir durch die Hallen laufen. Die Soziologie-Professorin, mit der wir verabredet sind, überreicht uns wortlos Papiertaschentücher und setzt sich mit uns in die Cafeteria. Professor Jalna Hanmer ist um die vierzig Jahre alt, sympathisch und dynamisch. Sie ist Mitglied der National

Women's Aid Federation und Feministin, wir unterhalten uns lange über die Situation in England, die Frauenbewegung, soziologische Gewalttheorien und die Situation der Frauen in den Sozialwissenschaften.

Abends sind wir erschöpft. Wir haben drei Programme einzuhalten. Das offizielle Regierungsprogramm, das Programm, das uns von den Kolleginnen im NWAF zusammengestellt wurde und schließlich noch das Damenprogramm, denn wir haben nicht immer die Charakterstärke, an all den Buchläden, Boutiquen und Woolworths vorüberzugehen. Nach dem Abendessen sitzen wir in der Badewanne – man muß eine Münze einwerfen, um heißes Wasser zu bekommen. Wir parodieren die Schreckgestalten unseres Tages, um sie zu exorzieren. Eine von uns spielt Mrs. M., die andere den würdevollen, erwarteten UNO-Experten. Wir denken über unsere Lage nach und erkennen: Anatomie ist Schicksal. Wären wir zwei männliche Sozialwissenschaftler und hätten wir uns auf einen ernsten und gewichtigen Forschungsbereich wie zum Beispiel Sportsoziologie spezialisiert statt auf Frauen, dann säßen wir jetzt statt in einer ausgeschlagenen Emailwanne in einem teuren Kongreßhotel und würden ernst genommen. Nach geleisteter Arbeit würden wir uns in Nachtklubs entspannen, nicht bei Puzzle-Spielen mit Kindern. Wir würden Roast Beef vom Buffet essen und nicht Marmeladebrote vom Küchentisch.

London, 22. März
Wir fahren nach Chiswick, um das erste Frauenhaus, von Erin Pizzey gegründet, zu besuchen. Als einziges englisches Frauenhaus ist es nicht dem NWAF eingegliedert. Die Gründe, erzählt man uns vage, sind «politisch». Erin Pizzey ist antifeministisch, wohltätig, eine dynamische Einzelgängerin.

Eine junge Frau läßt uns herein, hört sich unser Anliegen an und schickt uns in den Gemeinschaftsraum. Wir sitzen in einem unwahrscheinlich schmutzigen Zimmer auf zerrissenen Sofas. Neben uns unterhält sich ein großer, bärtiger Mann mit zwei Frauen, andere Frauen sitzen teilnahmslos herum und schauen in die Luft, reden nicht, Kinder spielen am Fußboden, Babies weinen leise vor sich hin, es riecht nach Windeln und Suppe und ist trostlos. Schließlich kommt schwungvoll die «Hausmutter», Cynthia, herein, eine sehr resolute Frau mit schriller Stimme, die sich an eine viereckige Handtasche aus weißem Plastik klammert und uns sofort verwaltet: wir gehen jetzt mit ihr auf Visite. Flankiert ist sie von zwei Freiwilligen – der Frau von vorhin und einer eleganten jungen Frau in einer weiten Seidenbluse, mit riesigen Ringen auf fast jedem Finger. Cynthia und die elegante Frau nennen sich gegenseitig, und die Frauen im Haus *«sweet one»*, *«darling»* und *«my lovely one»*. Der junge Mann, der sich als Mitarbeiter entpuppt, nennt die Frauen, die im Haus leben, *«our mums»*, unsere Muttis. Sie reagieren auf keine der beiden Formen der Anrede mit mehr als apathischer Gleichgültigkeit. Die Stimmung der drei Mitarbeiter ist heiter, gezwungen schwungvoll. Wir gehen noch schnell durch das Haus, Cynthia hält einer Inderin, die mit ihren fünf Kindern im Keller in einem Eck sitzt und verängstigt dreinschaut, eine lange Predigt, weil sie das Geschirr nicht richtig abgewaschen hat. «Diese Inder sind doch wirklich . . .» meint Cynthia leise zu ihrer Assistentin.

Dauernd eilen Frauen zu Cynthia, flüstern ihr Beschwerden und Bitten zu, fordern sie auf, Streite zu schlichten, andere Frauen zu tadeln oder zu ermahnen. Schließlich ziehen wir los, um die Wohngemeinschaften, die mit dem Haupthaus assoziiert sind, zu besuchen. Es ist, wie sich bald herausstellt, die wöchentliche Inspektionsreise. Cynthia marschiert ein, verhört die Frauen, läßt sich alle Streitfragen der letzten Woche berichten, erteilt Anordnungen und marschiert schließlich wieder ab. Ihre Helferin umarmt ein paar Kinder, funkelt mit ihren Ringen, verstreut Mildtätigkeit und folgt ihrer Meisterin zum nächsten Haus. «Das System ist sehr günstig», erklärt Cynthia uns zufrieden, «wenn eine der Muttis sich nicht richtig benimmt, weiß ich es sofort – eine der anderen Frauen ruft mich an und erzählt es mir.» Im zweiten Haus erklärt sie uns in der dritten Person die Lebensgeschichte der anwesenden Frauen, die apathisch auf den Sofagarnituren sitzen und zuhören. «Das ist Barbara. Sie hatte einen schrecklichen Mann, ist das nicht richtig, Barbara, mein liebster Schatz, jetzt ist er im Gefängnis, und Barbara geht es schon viel besser, eine Weile hat sie sich richtig gehenlassen, sie hat zwei ganz entzückende kleine Goldstückchen, wo sind sie denn, Barbara, du wirst sie doch nicht etwa allein im Garten spielen lassen?»

Eine andere Frau, erzählt sie uns, hat einen Posten gefunden und will ausziehen. «Aber es tut dir doch leid, nicht wahr, Carrie, uns zu verlassen? Sie leben alle so gern da.» Carrie sagt mit einem Anflug von Widerstandsgeist, «ich kann's kaum erwarten, endlich eine eigene Wohnung zu haben und tun zu können, was ich will.» Cynthia lacht nervös, wir fahren zum nächsten Haus.

Später, wieder im Haupthaus angelangt, unterhalten wir uns mit George, dem bärtigen Mann. Ob es nicht schwierig für ihn ist, im Frauenhaus zu arbeiten, fragen wir ihn. Nein, er findet es sehr interessant. Seine Motivation? Nun, er war gerade arbeitslos, und da erzählte ihm irgendwer vom Chiswick-Haus. Ein ca. siebzehnjähriges Mädchen, hübsch und sehr stark geschminkt, setzt sich auf die Armlehne seines Sessels und bittet ihn um Zigaretten. «Nein, Schatz», sagt er kokett, «die bekommst du von mir nicht.» Sie bittet ihn, er flirtet mit ihr, läßt sie bitten, hält ihr eine Zigarette hin und zieht sie schnell wieder zurück, gibt ihr einen Klaps und verschwindet schließlich ins Büro.

Am Abend sitzen wir mit Kathy und Anne in der Küche und erzählen ihnen unsere Eindrücke. Sie sehen sich an, schließlich sagt Kathy: «Wir wollten euch nicht beeinflussen, ihr müßt eure eigene Meinung bilden, aber wir haben andere Vorstellungen von einem Frauenhaus als Erin, obwohl sie wirklich wichtige Arbeit geleistet hat und man es ihr sehr schwergemacht hat. Nur ist es eben problematisch, wenn man die Frauen so in Unmündigkeit hält.»

London, 23. März

Wir besuchen zwei Häuser der NWAF. Während im Chiswick-Haupthaus ungefähr sechzig Frauen leben, wohnen hier jeweils acht bis zehn Frauen mit ihren Kindern in Einfamilienhäusern. Die Atmosphäre ist ganz anders, wirklich wie in einer Wohnung. Die Möbel sind einfach und zum Teil schäbig, aber die Zimmer tragen die Prägung der Persönlichkeiten, die darin leben. Wenn man den Gemeinschaftsraum betritt, weiß man anders, als in Chiswick, nicht sofort, welche Frauen die Bewohnerinnen sind und welche die Sozial- und Mitarbeiterinnen. Die Kinder sind lebhaft, selbstbewußt und attraktiv; sie klammern sich nicht an ihre Mütter, sondern werden von den Frauen versorgt, die gerade Lust dazu haben.

Ins zweite Haus kommen wir um halb sieben, die Sozialarbeiterin ist schon heimgegangen. Wir setzen uns mit den Frauen ins Wohnzimmer. Sie erzählen uns, daß sie sich schon öfter Gedanken über die Ursachen der Gewalttätigkeit ihrer Männer gemacht haben. Alkoholismus und eine schlechte Kindheit können nicht die einzigen Gründe sein, meinen sie, denn sie haben sich ausführlich über ihre Erfahrungen unterhalten und nur ein Mann war Alkoholiker, nur ein anderer kam aus einem gewalttätigen Elternhaus. «Es gibt sicherlich keine allgemeingültige Erklärung», sagt die 32jährige geschiedene Frau eines Beamten, und wir denken an all die Experten der letzten Tage, die uns ihre monokausalen Hypothesen mit solcher Überzeugung vermitteln wollten.

Amsterdam, 24. März

Wir sind am frühen Nachmittag angekommen, gingen sofort zur Zimmervermietungsstelle. In mittleren Preisklassen gibt es nach Auskunft der Informationsstelle nichts für Frauen – die junge Frau im Büro denkt nach, blättert in ihrer Liste und schüttelt den Kopf: das ist ein nettes Hotel, aber nein, da werden wir sicherlich belästigt, über jene Pension haben sich Frauen schon des öfteren beschwert, in dieser Herberge ist es zu gefährlich für junge Frauen, schade, sie wäre sehr zentral gelegen . . . Schließlich schickt sie uns in einen Stadtteil, in dem es viele kleinere Pensionen geben soll; wir finden tatsächlich ein Zimmer. Die Häuser hier sind eigenartig; sehr schmal, in jedem Stockwerk nur drei Zimmer, die Treppen eng und steil wie eine Leiter. Wir stellen unser Gepäck ab und machen uns auf den Weg ins Frauenzentrum. Dazu müssen wir durch den Bezirk um den Bahnhof gehen. In jeder Gasse gibt es kleine Kaffeehäuser mit Teppichen auf den Tischen statt Tischtüchern, Fischstände und endlos: Pornokinos, Pornoläden. Schon beim raschen Vorübergehen bekommt man genug mit, daß einem jedes erotische Gefühl für mindestens drei Monate vergeht. Die anwesenden Männer scheinen andere ästhetische Kriterien zu haben, sie wirken nicht nur angeregt durch diese Umgebung, sondern fast hysterisch. Nirgends werden wir so oft angepöbelt, angesprochen, belästigt, wie in Amsterdam. Später sprechen wir mit den Frauen im Frauenzentrum, sie bestätigen unseren Verdacht, daß Freizügigkeit gegenüber Pornographie nicht schon unbedingt zu einer freien Einstellung zur Sexualität führen muß, sondern ebenso aggressionsfördernd wirken kann.

Amsterdam, 25. März

Am Vormittag fuhren wir nach Den Haag, wo wir im Ministerium einen Termin hatten. Die holländische Regierung scheint sich in bezug auf «Frauenfragen» einige Gedanken gemacht zu haben. Es gibt zum Beispiel eine Kommission, die alle Entwicklungshilfeprojekte der Regierung daraufhin überprüft, ob sie die Interessen der Frauen in den betreffenden Ländern ausreichend berücksichtigen. Die Regierung subventioniert auch mehrere Projekte der Frauenbewegung, ohne sie parteipolitisch aufzuschlucken: «In dieser Phase der gesellschaftlichen Entwicklung», erklärt man uns, «sind radikalfeministische Ansätze manchmal notwendig. Wir haben dafür Verständnis.» Die Frauenbewegung als Kinderkrankheit einer neuen Gesellschaft zu betrachten, ist zwar eine etwas dubiose politische Haltung, aber immerhin . . .

Am Nachmittag sind wir wieder in Amsterdam, besuchen die staatlich subventionierte Organisation «Frauen gegen Vergewaltigung». Die Stelle besteht aus einem Telefondienst und mehreren Versammlungsräumen. Vergewaltigte Frauen erhalten rechtliche Unterstützung, moralischen Rückhalt, solidarische Hilfe von Sozialarbeiterinnen und freiwilligen Mitarbeiterinnen. Wir sprechen mit den Frauen, nach ihrer Beschreibung entspricht die Situation den Verhältnissen in anderen Ländern: die Einstellung der Polizei, der Gerichte, der öffentlichen Meinung, die Tabuisierung der Problematik, die Einschüchterung der betroffenen Frauen sind anscheinend überall gleich. Sie erzählen uns: oft rufen nach einer Informationssendung im Radio Frauen an, die vor fünf, zehn, fünfzehn Jahren vergewaltigt wurden, niemandem etwas davon erzählten und das Erlebnis bis heute nicht verkraftet haben.

Amsterdam, 26. März

Wir verbringen den Tag im Frauenhaus. Das Haus ist eine große Villa mit Garten, jedes Zimmer ist überbelegt, auch der unbeheizbare Dachboden wird gebraucht, Frauen schlafen im Gang, in Etagenbetten. Trotzdem ist die Atmosphäre angenehm, wir unterhalten uns mit den Frauen und den Mitarbeiterinnen. Im Keller ist ein Spielzimmer für die Kinder eingerichtet, ein sympathischer junger Mann betreut sie, die Kinder klettern auf ihm herum.

Im Haus leben zirka sechzig Frauen und ungefähr siebzig Kinder, durchschnittlich. Sie bleiben zwischen einem und drei Monaten dort. Früher gingen zirka 20 Prozent von ihnen zu ihren Männern zurück; jetzt, seit der Wirtschaftskrise, sind es um die 40 Prozent: die Frauen finden keine Arbeit, können keine Wohnungen mieten, müssen wieder nach Hause gehen.

Am späten Nachmittag gehen wir ins Triangel, eine familientherapeutische Einrichtung. In einem großen Haus wohnen ganze Familien, in Gruppen, von jeweils vier bis sechs Personen eingeteilt, ein halbes Jahr lang. Indem sie von ihrer üblichen Nachbarschaft und Umgebung entfernt werden, sollen sie die Möglichkeit haben, ihr Verhalten, ihre Konfliktmuster, ihre Probleme zu durchdenken. Wir sprechen mit einer jungen Sozialarbeiterin, die eine der Familiengruppen betreut. Jeweils zwei Ehepaare mit ihren Kindern wohnen in einem Zimmer, erklärt sie uns. Der Tagesablauf soll so normal wie möglich sein. Die Frauen werden ermutigt, im Haushalt mitzuarbeiten, zu kochen, zu waschen, die Kinder zu betreuen. Die Männer werden angeregt, ins Kaffeehaus zu gehen, denn «das wäre ja sonst so langweilig für sie, den ganzen Tag nur bei den Frauen und Kindern im Haus zu bleiben». Ob es für die Frauen nicht langweilig ist, den ganzen Tag mit kleinen Kindern im Haushalt eingeschlossen zu sein, fragen wir, und die Frau sieht uns überrascht an: der Gedanke ist ihr neu. «Ich bin nicht verheiratet», sagt sie. «Doch, ich denke schon.»

Gestern vormittag hatte man uns im Ministerium Resolutionen und Regierungsbeschlüsse überreicht, in denen der Vorsatz der Regierung, die althergebrachten Geschlechterrollen zu verändern, proklamiert wird. Die Zuständigkeit für den Haushalt hat nach Ansicht der Regierung nicht länger bei der Frau zu liegen, Männer und Frauen haben im Haushalt und bei der Kindererziehung gleiche Pflichten zu erfüllen, und dieses neue Rollenbild sei von den Regierungsstellen zu fördern. Aber im Triangel, einer staatlich subventionierten Einrichtung, ist davon nichts zu merken. «Haushaltsarbeit», heißt es im Programm des Instituts, «kann für die Frauen therapeutisch wertvoll sein.» Wir fragen, was die hauptsächlichen Probleme sind, deretwegen Familien hierhergeschickt werden. Die Sozialarbeiterin erklärt uns: Arbeitslosigkeit, Geldprobleme, Alkoholismus. Ob diese Probleme individuell therapierbar seien, fragen wir sie. Sie lächelt, zuckt mit den Schultern.

Wir denken über die holländische Regierung nach: sie subventioniert radikalfeministische Projekte und Therapieinstitute mit traditionellem Rollenbild; sie finanziert Institute für vergewaltigte Frauen und toleriert harte, sadistische Pornographie: der moderne Pluralismus blüht in Holland ebenso bunt wie die Tulpen.

Abends kommen wir um elf Uhr ins Hotel. Der Hauswirt erwartet uns am Empfang; er ist betrunken, versucht, uns zu umarmen, lacht, versperrt uns den Weg zur Treppe. Schließlich läutet das Telefon, er geht hin, wir laufen ins Zimmer hinauf und sperren die Tür ab, wir überlegen. Es ist zu spät, um ein anderes Zimmer zu suchen. Wir kommen zum Schluß, daß uns ja eigentlich nichts passieren kann. Eine halbe Stunde später steht der Hauswirt vor der Tür, jetzt hat er den Hauptschlüssel, das Schloß dreht sich. Wir rücken die Möbel gegen die Tür: den Kasten, die zwei Metallbetten. Uns fällt ein, daß wir in drei Tagen in Wien bei einer Politologentagung ein Referat über Gewalt gegen Frauen halten werden – die Schizophrenie unserer Situation wird uns bewußt. Wie sollen wir unsere Erfahrung sozialwissenschaftlich ausdrücken? Wir sitzen auf den Betten, essen holländische Lakritzen, fürchten uns, der Hauswirt trommelt gegen die Tür, wir lachen unwillkürlich über die Vorstellung, daß wir in drei Tagen würdevoll in einem Saal sitzen und Gewalttheorien in möglichst abstraktem Vokabular verlesen werden und daß unsere Kollegen verächtlich lächelnd die Thematik in ihrer üblichen Weise totdiskutieren werden. Wir stellen uns vor, wie peinlich berührt sie wären, wenn wir unser persönliches Erlebnis dort anführen würden; unsere Realität hat auf Tagungen nichts zu suchen.

Wien, 15. Sept. 1977

Wir gehen zur Polizei, um eine Bewilligung für Interviews mit den Wachebeamten in den Bezirken und zur Einsicht in die Einsatzprotokolle der Streifenwagen zu bekommen, denn ausländische Untersuchungen haben gezeigt, daß «eheliche Streitigkeiten» der Polizei schwer zu schaffen machen. Die Polizeizentrale ist eine Männerfestung, in der wir sehr auffallen, wie es scheint. Grinsende Beamte komplimentieren uns in den Empfangsraum hinein, in dem man gegen Abgabe eines Personalausweises einen Passierschein bekommt. Der diensthabende Beamte legt ein Kreuzworträtselheft mit einer nackten Frau als Titelbild beiseite und mustert uns streng. Unsere Dokumente scheinen ihn zu faszinieren und zu erheitern. «Soso, eine Frau Doktor!» murmelt er vor sich hin. «Aha, und Edit heißt sie. Cheryl, was ist denn das für ein Name? Na, wo woll ma denn hin?» Das Ausstellen des Passierscheins wird zu einem komplizierten Ritual, schließlich überreicht er uns den Schein mit einer feierlichen Handbewegung. Die Polizisten beim Eingang reißen uns mit Verbeugungen die Türen auf: «Meine Damen . . .» Im vierten Stock warten bereits drei Beamte auf uns – verlegen kichernd sitzen sie auf einer Sofagarnitur und flüstern etwas; sie verstummen bei unserem Eintreten. Das Grinsen, das uns überall begegnet, entnervt uns etwas. Wir setzen uns steif und sachlich hin. Das Gespräch ist kurz und allgemein, wir erklären unser Vorhaben, und einer der anwesenden Beamten wird angewiesen, sich um uns zu kümmern. Als er mit uns in sein Büro geht, fangen die anderen beiden wieder an zu kichern.

Herr M. setzt uns in sein Büro, richtet sich auf und beginnt einen Monolog, der eine dreiviertel Stunde dauert. In dieser Ansprache geht es hauptsächlich um die diversen dramatischen Einsätze und gruseligen Kriminalfälle in Herrn M.s Polizeikarriere. Gelegentlich machen wir den Versuch, an unser eigentliches Thema zu erinnern, aber Herr M. ist nicht zu bremsen. Als wir unruhig werden, macht er mitten in der Jagd nach einem Massenmörder eine Pause und sagt bedeutungsvoll: «Also, ich werde Ihnen helfen, keine Angst. Denn wenn Sie beide in eine Wache gehen und sagen (hier imitiert er einen weiblichen Sopran) – wir möchten Auskünfte über geschlagene Ehefrauen, also ... Herr M. lacht hilflos bei der Vorstellung an diese Szene, «die werden Sie nicht ernst nehmen. Aber wenn ich mitgehe ...»

Zurechtgewiesen setzen wir uns zurück und hören gefügig zu. Das erweist sich als Fehler, denn nun ist Herr M. erst richtig in Schwung, und er kommt auf sein zweites Vortragsthema, Sexualdelikte. Nach einer weiteren halben Stunde müssen wir noch die Dienstpistole des Herrn M. bewundern, dann werden wir entlassen. Als wir aus dem Gebäude gehen, fragen die grinsenden Polizisten am Eingang: «Na, Damenkränzchen schon beendet?» Wir eilen in die Universität, um den letzten Überresten unserer sozialwissenschaftlichen Würde zu einer Regeneration zu verhelfen.

16. Oktober
Das Projekt läuft mit verschiedenen erwarteten und unerwarteten Schwierigkeiten. Es ist bedrückend zu sehen, wie viele Personen auf Grund ihrer Arbeitssituation erst Genehmigungen einholen müssen, bevor sie sprechen dürfen. Unzählige männliche Dienststellenleiter prüfen uns mit durchdringenden Blicken, bevor sie uns die dort tätigen Frauen zur Befragung anvertrauen.

Diverse interessierte und sehr unterschiedlich motivierte Gruppen melden Bedürfnisse, Bedenken und Kooperationsangebote an. Besitzansprüche an unseren Erhebungen kommen vor allem von seiten der Frauen einer großen österreichischen Partei (die, weil wir weiterhin in Österreich leben wollen, ungenannt bleiben soll). Die Damen der Frauensektion vertrauen uns ihre Sorgen an: wenn sie sich in der Partei behaupten wollen, müssen sie sichtbare Beiträge zur Wählergewinnung leisten. Das «Frauenhaus» könnte ja eventuell ein für die bevorstehenden Wahlen geeignetes Objekt demonstrativer sozialer Fürsorge sein, nur darf die Einrichtung natürlich nicht so heißen (die Parteikollegen, mit denen sie darüber erst vorsichtige Gespräche führten, dachten dabei nämlich alle an «Freudenhaus» und lösten die Diskussion damit in Lachstürmen auf). Sie denken eher an eine Bezeichnung neutraler Art, zum

Beispiel «Weißer Ring». Selbst bei vorsichtigen Formulierungen jedoch befürchten sie, in der Partei auf große Schwierigkeiten zu stoßen. Sie haben uns daher folgende Aufgabe zugedacht: wir sollen ihnen die Namen und Adressen von fünfzig geschlagenen Frauen zukommen lassen, mit dieser Liste als Beweis marschieren sie dann zu den verantwortlichen Herren, die sich an Hand dessen ja überzeugen können, ob das Problem in Österreich existiert oder nicht. Die Vision, daß die betroffenen Frauen – die unter der Zusicherung der Anonymität und Verschwiegenheit mit uns sprechen – kurz darauf einen amtlichen Brief von der Stadt Wien erhalten, in dem sie gefragt werden, ob sie tatsächlich geschlagen werden, erscheint uns nicht sehr erfreulich.

Die Sozialämter weisen alle eine vergleichbare Verhaltensstruktur auf. Das ursprüngliche Mißtrauen – sind wir Spitzel, die etwaige Mängel und Ineffizienzen des Amts aufspüren wollen? – schlägt bald in hilfreiches Interesse seitens der Fürsorgerinnen um. Bei den in der Wohlfahrt tätigen Personen handelt es sich fast ausschließlich um Frauen, die unter der Aufsicht eines männlichen Leiters arbeiten. Seine Funktion scheint es hauptsächlich zu sein, Würde und Autorität auszustrahlen; über die Probleme, mit denen seine Stelle betraut ist, scheint er oft nur einen allgemeinen Eindruck zu haben. In manchen Ämtern gibt es ein richtiggehendes Programm, um ihn in seiner Autoritätsstellung zu erhalten: mit konspiratorischem Augenzwinkern bitten uns die Fürsorgerinnen, am Ende der Gespräche noch einmal in sein Büro zu gehen und uns zu verabschieden, damit er seines Amtes walten kann.

Beeindruckt sind wir dagegen von dem guten Verhältnis, das viele Fürsorgerinnen zu ihren «Klientinnen» haben.

Unsere Politik und unsere Personen ließen sich ebensowenig von der Arbeit und den Ergebnissen abtrennen wie unsere Erfahrungen im Laufe der Untersuchung, die subtilen und handfesten Formen geschlechtsspezifischer Denk- und Verhaltensweisen, mit denen wir täglich konfrontiert waren. Unser Geschlecht, unsere Ausbildung, unser Repertoire an Rollen und Reaktionen, unsere Gefühle beeinflußten die Weise, in der wir den Problembereich definierten, die Leute uns begegneten und wir ihre Verhaltensweisen und Antworten wahrnahmen. Von vielen Seiten wurden wir mit einer perfekten Abschirmung des Themas konfrontiert, und wir machten ähnliche Erfahrungen, wie Susan Brownmiller sie bezüglich ihrer Untersuchung zur Vergewaltigung beschreibt. Bei Amtspersonen zeigte sich oft eine defensive Betroffenheit, die sie dazu veranlaßte, eine ihnen (und manchmal uns) peinlichen Situation mit Witzen zu überspielen, die Existenz eines Problems «Gewalt gegen Frauen» feindselig zu leugnen oder hinter der Barrikade ihrer Amtlichkeit zu verschwinden. Zahlreiche Männer versicherten uns im Laufe unserer Untersuchung unaufgefordert ihre Gewaltlosigkeit. Viele der Interviewten sahen sich genötigt, sich nach dem Gespräch von ihrer eigenen Aussage, von der Meinung ihres Chefs, von der öffentlichen Meinung, von ihrem Geschlecht usw. zu distanzieren. Die Abwehrreaktionen waren häufig aufschlußreicher als die sorgfältig durchdachten und vorsichtig formulierten Antworten auf unsere Fragen. Auch unsere eigenen Reaktionen und Verhaltensformen sind untrennbarer Bestandteil der Ergebnisse. Im Laufe der Interviews waren wir mitunter empört, schokkiert und wütend. Wir haben mit Polizisten geflirtet, über dumme Männerwitze gelacht, zu selbsteingenommenen Beamten andächtig aufgeblickt, arrogante Leerformeln aufmerksam notiert: wir haben durch Einsatz «weiblichen» Verhaltens Informationen gekauft. Wir haben Beleidigungen, herablassende Bemerkungen und massive Äußerungen von Aggression gegenüber Frauen allgemein und/oder uns spezifisch hingenommen, um Personen nicht zu verärgern, die über den Zugang zu Informationen verfügten. Wenn diese Amtspersonen ihre Macht uns gegenüber mißbrauchten, dann setzten auch wir gelegentlich die uns zur Verfügung stehende Amtlichkeit ein: dabei spielten wir die Rolle «Sozialwissenschaftler» gelegentlich so stereotyp und gesichtslos, daß unser Verhalten bereits eine Parodie, eine Karikatur darstellte; keiner schien das zu merken. Wir fühlten uns durch Einnahme der uns zur Verfügung stehenden Rollen erheitert, verärgert, manchmal auch erniedrigt.

Wir beteiligten uns an zahlreichen «So-sind-die-Männer-halt»- und «Die-Frauen-sind-ja-selbst-schuld»-Gesprächen mit den Frauen unserer Untersuchung.

In den Ämtern begegnete man uns väterlich-hilfreich, konspiratorisch-informativ oder spöttisch-zweifelnd (ihr seids die Soziologen, aha); man beantwortete unsere Fragen zweideutig, grinsend, formell nichtssagend und überhaupt nicht.

In einem Bezirk weigerte sich der Beamte auf der Wache überhaupt, mit uns zu sprechen, auch die Bewilligung der Zentrale genügte ihm nicht, wir bräuchten ein Fernschreiben, meinte er, denn einen Brief mit Amtsstempel könnte ja jeder fälschen. Die Art, in der Leute uns gegenübertraten, sagte sehr viel aus über das Frauenbild und das Sozialwissenschaftlerbild der Gesellschaft: diese unsere beiden Rollen standen in ständigem Widerspruch zueinander, verflossen miteinander. Die Art, in der wir den Leuten gegenübertraten, sagte sehr viel aus über die Weise, in der Frauen sozialisiert und Sozialwissenschaftler ausgebildet werden: die verschiedenen Instrumentarien, die uns in unserer Eigenschaft als Frauen und als Sozialwissenschaftler von der Gesellschaft zur Bewältigung des Alltags und der Umwelt gegeben werden, gingen in unsere Bemühungen, das Untersuchungsproblem in den Griff zu bekommen, notgedrungen ein. Sozialwissenschaftliche Privilegien, geschlechtsspezifisches Verhalten, Theorieansätze, Vokabular – unsere Grundausrüstung setzte sich aus sehr verschiedenen Werkzeugen zusammen, und viele der Barrieren, die wir überkommen mußten, hatten weniger mit «Forschungsproblemen» zu tun als mit den Geschlechterrollen in der Gesellschaft. Die «Operationalisierung» des Problems konnte nie situationsextern sein, sie fand innerhalb des Rahmens statt und hatte die Färbung, in der die Gesellschaft Frauen sieht, ihre Bewegungen definiert und ihre Realität eingrenzt.

Unparteilich, distanziert und wertfrei zu forschen wäre uns nicht möglich gewesen, selbst wenn wir es gewollt hätten. Die «Statusinkonsistenz», das heißt, der Widerspruch zwischen unserer Mitgliedschaft in dem Teilsystem Wissenschaft und unserer Zugehörigkeit zur Statuskategorie «Frau» wurde uns besonders bei einem solchen Thema dauernd bewußt gemacht.

Kapitel V

Im sicheren Hafen der Ehe

Die Bedeutung der Ehe im Leben von Frauen wird untersucht * Dabei werden Protokolle der größten Wiener Beratungsstelle für die letzten fünf Jahre ausgewertet * In diesen Protokollen versuchen Frauen in Krisen- oder Spannungssituationen, sich über ihre Situation und ihre Erwartungen klarzuwerden * Diese Überlegungen zeigen, von welchem Ehe- und Frauenbild ihre Entscheidungen geprägt sind * Die hauptsächlichen Ehekonflikte haben weniger mit den konkreten beteiligten Personen zu tun als mit abstrakten Wünschen, Ängsten und Ansprüchen * Diese Wünsche, Ängste und Ansprüche lassen sich häufig schwer vereinbaren * Auf der Strecke bleiben dabei die Beziehungen * Frauen sind von der Beziehung häufig abhängiger als ihre Männer * Daraus folgt, daß auch die Frauen häufig auf der Strecke bleiben * Von der Liebe bleibt für alle Betroffenen dabei nicht mehr sehr viel übrig * Die Beratungsstelle kann meist nur mehr die Überreste zu Protokoll bringen * Die Autorinnen vertreten die Ansicht, daß sich aus dieser Ansammlung alltäglichen Unglücks, gescheiterter Hoffnungen und bescheiden unauffälligen Leidens ein Mißstand größten Ausmaßes ergibt * Quantitativ vielleicht größer und bedeutender als Weltkriege, wenngleich es mehr Überlebende gibt * Und daß eine Beschäftigung hiermit von großer Dringlichkeit ist * Ein Aufruf, der noch in späteren Kapiteln mit zunehmender Heftigkeit wiederholt werden wird.

«Frau D., 27, Mann 30, Mittelschullehrer, sechs Jahre verheiratet, ein Kind.

Frau D. ist bereit, in allem auf ihren Mann einzugehen, will die Ehe unbedingt aufrechterhalten. Er verhält sich abweisend. Die Frau wirkt sehr verständnisvoll, läßt sich in die Position der Schuldigen drängen und ist durch ihren Willen, die Ehe aufrechthalten zu wollen, die Schwächere.»

«Frau L., 48, bis zur Ehe berufstätig als Sozialhelferin, Mann 53, Dipl.-Ing., vierzehn Jahre verheiratet, zwei Kinder.

Frau L. erklärt, daß sie verschiedene Interessen haben, daß sie aber absolut bereit wäre, sich ihm anzupassen. Der Mann will sein Leben genießen, sich aber nicht scheiden lassen. Er meint, sie solle weiterhin den Haushalt führen, und in der Freizeit geht jeder seiner Wege.»

«Frau B., 45, Haushalt, Mann 45, Angestellter, vier Kinder, 22 Jahre verheiratet.

Der Mann vernachlässigt seine Frau völlig. Ihre Mutter hat ihr immer geraten, ein eigenes Leben zu führen. Frau B. wüßte aber gar nicht, was sie nach so langer Ehezeit allein anfangen sollte und ist nun völlig ratlos.»[67]

Die Stellung der Ehepartner ist nicht nur durch die individuelle Beziehung zwischen den beiden bestimmt, sondern leitet sich von der relativen Bedeutung der Ehe für Männer und Frauen ab. Die gesellschaftlichen Vorstellungen über Normalität implizieren, daß Frauen ihr Leben in erster Linie an Ehe und Familie orientieren. Die Zuweisung der Hauptverantwortung für Haushalt und Kindererziehung auf die Frau bleibt selbst bei voller Berufstätigkeit unverändert. Die Leichtigkeit, mit der dieser Zustand euphemistisch als «Doppelbelastung» bezeichnet und als Tatsache hingenommen wird, zeigt schon die Selbstverständlichkeit, mit der Männer einzeln und kollektiv über die Kapazität und Zeit von Frauen verfügen. Martin Meissner vertritt dementsprechend die These, daß nicht so sehr der Inhalt der Arbeitsteilung und Kompetenzzuweisung, sondern ihr Zustandekommen und die Bestimmungsmacht darüber, den gesellschaftlichen Machtverhältnissen Ausdruck geben.[68]

Frauen sind nach wie vor in der Situation, 1. die Arbeitsteilung, die von den Männern im öffentlichen wie im privaten Bereich diktiert wird, akzeptieren zu müssen, 2. dadurch in eine Konfliktsituation zwischen den Anforderungen von Familie und Karriere zu kommen, 3. in der Karriere unter größerem Leistungs- und Bewährungsdruck zu stehen als Männer, dafür 4. weniger finanzielle und soziale Anerkennung zu erhalten, 5. viel schneller an Grenzen und Barrieren zu stoßen und 6. mit einer als Doppelbelastung bezeichneten Überbelastung fertig werden zu müssen.

Diese Umstände bilden den Rahmen für das Selbst- und Ehebild der Männer und Frauen; ein Bild, das in individuell unterschiedlichen Proportionen aus realistischen Einschätzungen der gesellschaftlichen Verhältnisse, sozialisierten Vorurteilen und Ängsten und persönlichen Reaktionsformen auf diese beiden Komponenten besteht.

Soziale und emotionale Bedeutung der Ehe für Frauen

Im Rahmen unserer Untersuchung stellte sich vordringlich die Frage, warum sich Frauen häufig nicht aus unerträglichen Beziehungen lösen können. Ökonomische und objektive Abhängigkeiten (zum Beispiel Kinder) waren eine wesentliche, aber in vielen Fällen keine hinreichende Erklärung. Zentrales Erklärungsmuster der Frauen selbst war vielmehr die Angst, den Partner zu verlieren und keinen neuen mehr zu finden. Die Häufigkeit dieser extremen Angst vor möglichem Partnerverlust, die häufig schon die Dimensionen eines «Traumas der Mannlosigkeit» annahm und meist nicht an die spezifische Person gebunden war, führte zur Frage nach dem Stellenwert der Ehe im Selbstbild und in der Realitätsgestaltung von Frauen.

Die Identität der Frau leitet sich in starkem Maß von Familien- und Partnerbeziehungen ab. Gesellschaftlicher Status und Lebensgestaltung orientieren sich primär am tatsächlich vorhandenen oder nur figurenhaft in Zukunft oder Vergangenheit existierenden Mann: die Tatsache zum Beispiel, daß die Berufs- und Ausbildungsvorstellungen von Frauen bis zum siebzehnten Lebensjahr zunehmend konkreter, danach aber immer diffuser werden, während bei Männern das Gegenteil zutrifft, illustriert die Erkenntnis dieser Frauen, daß sich ihre Lebensplanung nicht in erster Linie nach den eigenen Ambitionen und Bedürfnissen richten wird, sondern daß sie sich für die Anpassung an einen noch unbekannten Mann flexibel halten müssen.[69] Die Erziehung der Frau vollzieht sich in Etappen, die sie immer mehr in ihrer Entwicklungsfähigkeit einschränken, zugleich aber in Form positiver Vorstellungen erscheinen. Die Ehe erscheint als Befreiung von der Bevormundung der Eltern, die Geburt von Kindern als Schaffung eines echt weiblichen Wirkungskreises, das Erwachsenwerden dieser Kinder wiederum bringt die Hoffnung auf mehr Freizeit usw. Die Möglichkeiten liegen immer in der Zukunft, nie in der Gegenwart; sie bestehen nicht aus Alternativen, die zu verfolgen sind, sondern aus Gelegenheiten, die eine Eigendynamik besitzen und passiv herbeigehofft werden müssen (Frauen warten auf «den Richtigen», sie «erwarten ein Kind» etc.). Die Hoffnungen sind so übersteigert, daß Enttäuschungen gewiß sind; diese werden jedoch auf individuelles Versagen zurückgeführt. Manchmal gestehen sich die Frauen das Ausmaß ihrer Enttäuschung selbst nicht ein und bemühen sich, ihrem Leben wenigstens den Anschein von Erfolg zu geben. In den Interviews betonten sie oft, «nach außen eine gut funktionierende Familie» zu sein. In anderen Fällen ist die Divergenz zwischen den Erwartungen und der Realität so kraß, daß sie gar nicht in das Realitätsbild integriert werden kann. Selbst Frauen, die jahrelang und regelmäßig von ihren Männern geschlagen werden, sind davon überzeugt, daß es sich um eine vorübergehende, an außergewöhnliche und außerhalb der Beziehung liegende Umständegebundene Ausnahmeerscheinungen handelt; wäre er «er selbst», könnte ihr Mann sie niemals schlagen, und ihr Verständnis dieser Tatsache wird schließlich durch seine Veränderung und den Einzug der Liebe belohnt werden.

Die Ideologie der Liebe und der Zwang, den Normen häuslichen Glücks gerecht zu werden, hindern Frauen oft daran, ihre Situation nach den eigenen Empfindungen statt nach den Erwartungen der Außenwelt zu beurteilen. Frauen stehen unter emotionalem Leistungszwang; sie sind verantwortlich für das Funktionieren des Privatbereichs. Oft haben sie dieses Gefühl der Zuständigkeit für das emotionale Wohlergehen der Familienmitglieder so weit verinnerlicht, daß sie die Aggressivität des Ehemannes als Zeichen für sein seelisches Leid nehmen und sich dafür schuldig fühlen. Sie führen seine Gewalttätigkeit auf Ursachen wie unglückliche Kindheit, Heimerziehung, schlechten Umgang oder berufliche Schwierigkeiten zurück und haben, wenn sich die Gewalttätigkeit gegen sie richtet, das Gefühl, daß sie gescheitert sind, weil sie dem Mann nicht darüber hinweghelfen konnten.

Die 27jährige Fabrikarbeiterin Steffi denkt noch zwei Jahre nach ihrer Scheidung darüber nach, warum ihr Mann sie geschlagen haben könnte, denn sie hatte Verständnis für seine Probleme und hatte sich wirklich Mühe gegeben. Zweifel an dieser ganzen Orientierung an den Bedürfnissen und Problemen des Mannes kommen den Frauen, wenn überhaupt, dann oft erst nach langen Jahren der Ehe.

Eine 40jährige Hausfrau, seit siebzehn Jahren verheiratet mit einem Angestellten und Mutter von zwei Kindern, sprach stellvertretend für viele, als sie der Eheberaterin ihre Situation erklärte:

«Sie sagt, sie sei mit völlig falschen Vorstellungen in die Ehe gegangen, habe ihre eigenen Ansprüche ans Leben völlig ins Hintertreffen gestellt und sich nach ihren Möglichkeiten bemüht, ihrem Mann eine gute Frau zu sein. Jedoch ist sie nicht imstande, ihrem Mann das Gefühl der Geborgenheit zu geben, im Gegenteil, sie umgibt sich mit Unnahbarkeit, nur um ihre eigenen Gefühle und Bedürfnisse verbergen zu können. Auch die Sexualität bedeute ihr kaum etwas, sie hat nur ihrem Mann zuliebe daran teilgenommen. Sie weiß nicht, ob sie bei ihm bleiben soll oder nicht. Er bedeutet für sie Sicherheit, und sie kann sich nicht vorstellen, ohne ihn zu sein.»

Die Ehe als verselbständigtes Konstrukt von Erwartungen, Zwängen und Ängsten entfremdet die beteiligten Menschen voneinander und von sich selbst. Die Entfremdung ist für Frauen in gewisser Hinsicht größer und schädlicher, weil für den Mann wenigstens (wenngleich in destruktiver und verzerrter Form) Bedürfnisbefriedigung vorgesehen ist und weil es für ihn noch andere Kanäle und Äußerungsformen gibt. Die gesellschaftlich geforderte Weiblichkeit jedoch impliziert ein am Mann orientiertes Dasein. Für die Artikulation der eigenen Wünsche und Vorstellungen gibt es für Frauen keine direkten Formen; um den Schäden einer entfremdeten Situation zu entgehen, verschließen sich diese Frauen und entziehen sich mittels Verhaltensformen, die als Unnahbarkeit oder Frigidität erscheinen.

Die Fixierung der Weiblichkeit als Opferhaltung und permanente Verfügbarkeit für die Ansprüche anderer hat eine lange Tradition und erfolgte mittels Religion, Philosophie und Medizin. In den Texten der

Propagandisten des Patriarchats wie Paulus, Schopenhauer, Kant oder Rousseau sind die ideologischen Ausdrucksformen dieser Fixierung nachzulesen.[70] Rousseau (derselbe, der im ‹*Gesellschaftsvertrag*› ausführlich erörtert hatte, daß Menschen, die in die Unterdrückung geboren und als Sklaven erzogen werden, dann eine entsprechende «Natur» zu haben scheinen, daß also Akzeptierung der Unterordnung nie natürlich ist, sondern überall auf Gewalt und Zwang zurückzuführen ist), erklärte in seinem Pamphlet über die Erziehung der Frauen («Sophie», ein Unterkapitel in ‹*Emile*›), diese seien «geschaffen, einem so unvollständigen Wesen wie dem Mann zu gehorchen»:

«Ihm zu gefallen, seine Liebe und Achtung zu gewinnen, ihn als Kind zu pflegen und als Erwachsenen zu versorgen, zu trösten und unterstützen, sein Leben angenehm und glücklich zu machen, dies sind die Pflichten der Frau für alle Zeiten, und das muß man sie von Kindheit an lehren.»[71]

Rousseaus Schriftstück ist aus zwei Gründen an dieser Stelle relevant. Erstens ist er ein klassisches Beispiel für die Fähigkeit von Männern, die krassesten Widersprüche im eigenen Denken tolerieren zu können, wenn dieses Nichtwahrnehmen zum eigenen Vorteil gereicht. Diese Fähigkeit besaß Rousseau (wie möglicherweise Philosophen überhaupt) in besonders ausgeprägter Form; sonst ist es kaum zu verstehen, wie derselbe Mann die eigenen Kinder ins Waisenheim stecken und gleichzeitig in rührenden Worten Werke über Kindheit und Kindererziehung verfassen kann.

Dasselbe Talent jedoch konnten sozialwissenschaftliche Untersuchungen bei College-Studenten in den USA registrieren, und wir trafen es im Laufe unserer Untersuchung häufig an. Es verträgt sich durchaus, in der Öffentlichkeit den Weltfrieden, die antiautoritäre Gesellschaft und die allgemeine Emanzipation zu verkünden und zu Hause eine beispiellose Gewaltherrschaft zu führen, ohne das als Widerspruch zu empfinden. Die Soziologin Mirra Komarovsky untersuchte dieses Phänomen am Beispiel amerikanischer Studenten und stellte fest, daß ein Drittel ihrer Zufallsstichprobe (62 Männer an einer sehr angesehenen amerikanischen Universität) zwar einerseits an die intellektuelle Gleichheit der Geschlechter glaubte und beruflich Gleichberechtigung befürwortete, andererseits aber von den eigenen Freundinnen intellektuelle Unterlegenheit forderte und von der zukünftigen Ehefrau ein totales Zurückstellen der eigenen Ambitionen, Arbeit und Ansprüche erwartete. Komarovsky meinte zu diesem Ergebnis:

«Die Schlußfolgerung drängt sich auf, daß Menschen einen sehr hohen Grad von Inkonsistenz, Widersprüchlichkeit und kognitiver Dissonanz ertragen können, solange es ihren eigenen Interessen dient.»[72]

Rousseau ist noch aus einem zweiten Grund interessant. Denn obgleich er die Unterordnung und den Gehorsam der Frauen als «natürlich» postuliert, führt er sehr deutlich aus, daß die Basis dieser natürlichen Ordnung die Gewalt oder ihre Androhung ist. Er schreibt:

«Die erste und wichtigste Eigenschaft der Frau ist die Sanftmut. Geschaffen, einem so unvollkommenen Wesen wie dem Mann zu gehorchen, der oftmals lasterhaft, immer aber mit Fehlern behaftet ist, muß sie frühzeitig lernen, selbst Unrecht zu erleiden und Fehler des Ehemannes zu ertragen, ohne sich zu beklagen. Nicht seinetwegen, sondern ihrer selbst wegen soll sie sanftmütig sein; denn Verstimmtheit und Halsstarrigkeit der Frauen vermehren immer nur ihre Übel und das schlechte Betragen der Ehemänner.»[73]

Die jahrelange Indoktrinierung hat ihre Wirkung auf das Selbstbild der Frauen nicht verfehlt; da die Männer die Positionen der Macht und Wissenschaft, der Theologie und des Rechts besetzt hielten (und im wesentlichen noch halten), war es den Frauen unmöglich, eine gegenteilige Darstellung von Realität und Gesellschaft zu schaffen oder vom herrschenden Bild abweichende Verhaltensformen einzunehmen.

Luce Irigaray schreibt:

«Die gesellschaftliche Unterlegenheit der Frauen verstärkt und kompliziert sich auf Grund der Tatsache, daß die Frau keinen Zugang zur Sprache hat, außer durch Rekurs auf ‹männliche› Repräsentationssysteme, die sie ihrer Beziehung zu sich selbst und zu anderen Frauen enteignen. Das ‹Weibliche› bestimmte sich niemals anders als durch und für das Männliche . . . Außerdem mußte die Frau auf dem Markt des Austauschs – insbesondere oder exemplarisch auf dem sexuellen – das bewahren und unterhalten, was man die ‹Weiblichkeit› nennt . . . In dieser Maskerade der Weiblichkeit verliert sich die Frau, und sie verliert sich darin, gerade weil sie die Weiblichkeit spielt.»[74]

Diese Notwendigkeit zeigt sich in den Interviews und Beratungen durch die immer wiederkehrenden Worte, mit denen Frauen ihre Aufgabe charakterisieren: «Ihm eine gute Frau sein.» Die Daseinsberechtigung der Frauen leitet sich von ihrer Fähigkeit ab, die vom Mann und der Gesellschaft definierte Weiblichkeit in ihren essentiellen Bestandteilen zu erfassen und zu imitieren. Das setzt voraus, daß sie die Erwartungen der anderen richtig verstehen.

Die Empathie vieler Frauen ist daher auch so ausgeprägt, daß sie ohne Rücksicht auf die Konsequenzen für sich selbst und bis zum Punkt der Selbstaufgabe um das Wohl der anderen besorgt sind; die Fähigkeit zum Mitleid schaltet dann häufig das Wahrnehmen des eigenen Leidens aus.

Frau E., 43, seit 23 Jahren verheiratet mit einem 46jährigen Ingenieur, kinderlos und berufstätig, ist hierfür ein Beispiel.

«Die Frau findet das Zusammenleben zermürbend, ist jetzt so weit, an Scheidung zu denken. Sie hätte sich früher nie getraut, an so etwas zu denken, da sie wußte, daß sie bei ihren Eltern keine Unterstützung gefunden hätte und auch nicht bei ihnen hätte wohnen können . . . Frau

E. glaubt, daß sie in vielen Jahren der Ehe so weit gereift sei, daß sie nicht mehr willens ist, das Verhalten des Mannes zu ertragen. Sie macht sich aber Sorgen, ob er allein leben kann. Sie glaubt, er würde es psychisch nicht verkraften. Sie hat daher die Idee, den Gatten zum Psychiater zu bringen, indem sie sich als Kranke präsentiert.»

Grund für eine solche Haltung ist weniger eine biologische Neigung zur Selbstaufopferung, sondern vielmehr die Tatsache, daß Frauen ihre Existenz und ihre Identität stellvertretend durch den Mann erleben und sich über die Jahre bis zur Selbstauslöschung mit ihm, seiner Karriere, seinem Bekanntenkreis, seinen Problemen identifizieren. Tatsächlich endet mit dem Tod des Mannes häufig die soziale Existenz der Frau.[75]

Das Zurücktreten, die Abwertung der Frau werden im Laufe von Kindheit, Jugend und Ehe so weit verfestigt, daß sich die Frauen selbst kaum mehr Rechte zugestehen.

Frauen, insbesondere Hausfrauen, akzeptieren den Mann in der Regel als Vermittler zur Öffentlichkeit und damit als Stellvertreter der gesellschaftlichen Autorität. Auch in der Beziehung neigen sie dazu, die vom Mann aufgestellten Regeln und Normen kritiklos zu akzeptieren. Manchmal dauert es Jahre, bis ihnen ihre Unmündigkeit unerträglich wird.

Die 24jährige Hausfrau Susanne, seit fünf Jahren mit einem 32jährigen Beamten verheiratet, schildert ihre Situation:

«Der Mann behandelt sie wie ein Kind. Er erzieht sie dauernd, sagt ihr, wann sie grüßen muß und was sie anziehen soll. Wenn sie weggeht, muß sie um Erlaubnis fragen. Deshalb gibt es ständig Streit. Seit einem Jahr mißhandelt er sie auch. Als er sie zuletzt schlug, rief sie die Funkstreife. Sie erträgt die Situation nicht mehr und will trotz des dreijährigen Kindes die Scheidung.»

Viele Frauen in dieser Situation geben an, daß sie in erster Linie geheiratet hätten, um den Zwängen des Elternhauses zu entkommen. Die Loslösung vom Elternhaus erfolgt durch einen Regimewechsel. Durch einen personellen Austausch tritt der Ehemann an die Stelle der elterlichen Autorität. Der Veränderungsprozeß der Frau kann aber selbst durch die Ehe nicht ganz aufgehalten werden, und der zunehmende Versuch der Frau, Eigenständigkeit zu erreichen, führt zu Krisen.

Frau H. zum Beispiel «heiratete früh, um der Situation im Elternhaus zu entkommen. Der Mann behandelt sie wie ein Kind; auch bezüglich der Haushaltsführung gibt er ihr dauernd Anweisungen. Jetzt will sie diese Situation ändern, sie lernt Stenotypie, will wegziehen, die Kinder bei den Großeltern lassen und endlich selbst erwachsen werden.»

Diese Spätentwicklungen verlaufen selten unproblematisch. Frau H. ist jetzt 32 und weiß nicht, wie sie ihre Pflichten gegenüber den Kindern, ihre eigenen Entwicklungsbedürfnisse, ihre verbleibenden Loyalitätsgefühle gegenüber ihrem Mann und ihre persönlichen Wünsche vereinbaren soll.

«Frau H. belastet es, daß ihr Mann ihre Absichten einer Trennung nicht akzeptieren will. Momentan befindet er sich auf einer längeren Dienstreise, und er schreibt fast täglich liebevolle Briefe, in denen er ihr verspricht, ihr die Freiheit zu lassen – neben ihm. Sie hat jedoch Pläne, ihr Leben völlig zu ändern, ‹solange sie noch jung genug ist›. Sie bedauert, für ihren Mann keine Liebe mehr aufbringen zu können. Zusätzlich fürchtet sie sich vor Explosionsausbrüchen; im Zorn hat ihr Mann den Sohn einmal grün und blau geprügelt wegen Fehlern bei der Schulaufgabe. Auch ihr hat er öfters gedroht, und sie glaubt, daß er statt ihr manchmal die Kinder schlägt. Diesen Zustand glaubt sie nicht mehr aushalten zu können.»

Die «Emanzipationsversuche» verheirateter Frauen haben häufig einen zufälligen «spontanen» Charakter; die Frauen sehen keine konkreten Alternativen, wollen aber ihrer Situation auf jeden Fall ein Ende setzen.

Der 34jährige Herr R. kommt in die Beratungsstelle, weil er wissen möchte, wie er sich verhalten soll:

«Die dreißigjährige Frau ist ausgezogen und wohnt in einer kleinen Wohnung im selben Haus. Die Kinder hat sie bei ihm gelassen, und er weiß nicht, wie er sie versorgen soll, da er voll berufstätig ist. Er hat versucht, mit ihr zu sprechen, aber sie sagte nur, daß sie endlich ein erwachsener Mensch werden muß. Die Frau hat die Vorstellung, daß sie sich von den Fesseln der Ehe befreien muß und nimmt sich Jane Fonda zum Vorbild.»

In dieser Situation versuchen viele Männer, die gewohnten Verhältnisse mit Gewalt wiederherzustellen. In weniger extremem Ausmaß akzeptieren viele Frauen die ehemännliche Autorität so weit, daß die Ehe einer gewissen Entmündigung gleichkommt.

Die Beratungsstelle wird regelmäßig von Frauen aufgesucht, die wissen wollen, ob sie «allein einen Ausflug machen dürfen», ob ihnen der Mann verbieten darf, aus dem eigenen Gehalt eine Zeitschrift zu abonnieren, ob sie ohne Einwilligung des Mannes ihre Enkelkinder oder Eltern besuchen oder mit einer Freundin in ein Kaffeehaus gehen dürfen. Die Protokolle der Beratungsstelle geben lapidar die Anfragen dieser Frauen wieder; Anfragen, die in der Bescheidenheit der (offenbar gescheiterten) Forderungen die Schlagworte über Emanzipation und rechtliche Gleichstellung absurd erscheinen lassen:

«Frau H., 65, will wissen, ob sie Verwandte, besonders Enkelkinder, besuchen darf, oder ob das eine Eheverfehlung wäre.»

«Frau B., 23, erkundigt sich auf sehr kindliche Weise, ob sie ebenso wie ihr Gatte weggehen darf, oder ob sie sich strafbar macht.»

«Die 54jährige Gattin eines Ministerialbeamten fragt, ob sie den Mann immer um Erlaubnis bitten muß, wenn sie etwas kaufen will und ob er ihr verbieten kann, zur Mutter zu fahren. Die Frau will keine rechtlichen

Ansprüche durchsetzen. (Anmerkung des Juristen.) Sie braucht die Rechtsinformation offenbar zur Stärkung ihrer Position in der Ehe.»

Eine andere Frau bedankt sich für die Beratung und berichtet den Erfolg: «Sie bekam erstmals während ihrer vierzehnjährigen Ehe die Erlaubnis, mit ihrer Freundin wegzufahren.»

Die Anerkennung männlicher Autorität leitet sich von einer Reihe von Ressourcen ab: der tatsächlichen oder vermeintlichen institutionalisierten Rechte des Ehemannes, das Wissen, der Zugang zu Informationen, der Beruf.

Die Arbeit des Mannes verleiht ihm in der Beziehung Status und Ansprüche auf Rücksichtnahme und Besserstellung; oft identifizieren sich Frauen so stark mit dem Beruf der Männer, daß sie deshalb auf Schutz und Rechte verzichten. Dieser Verzicht ist durchaus rational, da eine Beeinträchtigung der Karriere des Mannes schließlich auch die Frau und die Familie trifft. In diesem Sinn kann man sagen, daß die Frau für die Verbrechen des Mannes mithaftet, selbst wenn diese Verbrechen gegen sie selbst verübt werden. Geldstrafen für Gattenmißhandlung werden letzten Endes vom Familieneinkommen abgezogen, Funkstreifeneinsätze schaden dem sozialen Ansehen der ganzen Familie, Status und Lebensstandard auch der Frau hängen vom beruflichen Fortkommen des Mannes ab. Die Möglichkeit eines Rekurses auf ihre formalen Rechte ist der Frau daher in vielen Fällen effektiv versperrt. So ist es zu erklären, daß zum Beispiel die 44jährige Frau Sch. trotz schwerer Mißhandlungen «von einer Anzeige immer Abstand genommen hat. Ihr Mann ist Gemeindeangestellter, und eine Anzeige wäre für ihn von Nachteil.»

Ebenso denkt Frau I., 35, an ihre vier schulpflichtigen Kinder und «zieht die Anzeige wegen Mißhandlung zurück, um dem Mann, der Beamter ist, beruflich nicht zu schaden».

In ihren Bemühungen, ihre Autoritätsstellung zu verteidigen, erhalten Männer von verschiedener Seite explizit und implizit Unterstützung. Die Erwartungen der Männer bleiben häufig unhinterfragt; in Erscheinung tritt nur der Konflikt, der als «Störung» behoben werden muß.

Den Vorstellungen über Ehe, die ein 43jähriger Polizist hat, ist mit gesellschaftlich vorgesehenen Mitteln nicht beizukommen; wohl aber den Beschwerden, die seine Vorstellungen seiner Frau verursachen:

«Er will der Herr sein, auf dessen Kommando die ganze Familie springt. Er beschimpft und bedroht seine Frau, sie kann ihm nichts recht machen, aber er will sie auch nicht gehen lassen. Sie bekommt Valium und Tryptizol.»

Die medizinische Beruhigung der Frau ersetzt die Beschäftigung mit den Ursachen ihrer Destruktion und ist, wie auch Sarah Haffner ausführt[76], gerade bei diesem Problembereich sehr charakteristisch. Die Probleme werden auf der Ebene der Symptome erfaßt, die Frauen mit

Valium betäubt. Die Neurotisierung von Frauen ist in unserer Gesellschaft so weit verbreitet, daß ganze Zweige der pharmazeutischen Industrie davon abhängen.

Frau M., eine 27jährige Lehrerin mit zwei kleinen Söhnen, bekommt von ihrem Mann, einem 34jährigen Arzt, Valium verschrieben. Der Mann «bezeichnet sich selbst als streitsüchtig und cholerisch, und würde sich eine anpassungsfähigere Partnerin wünschen, die auf ihn mehr eingehen kann».

Wo die medikamentöse Behandlung zur Herstellung von Anpassungsfähigkeit nicht ausreicht, kann die Psychiatrie als Institution eingeschaltet werden.

Phyllis Chesler schreibt: «Was wir ‹Geisteskrankheit› nennen, sei es bei Männern oder Frauen, ist entweder das Ausagieren der abgewerteten weiblichen Rolle oder die totale oder teilweise Auflehnung gegen das Rollenstereotyp, Frauen, die voll die konditionierte weibliche Rolle ausleben, werden klinisch als ‹neurotisch› oder ‹psychopathisch› eingestuft. Falls sie in eine kleine Anstalt eingewiesen werden, dann ist es auf Grund vorwiegend ‹weiblicher› Syndrome wie ‹Depressionen›, ‹Suizidversuche›, ‹Angstneurosen›, ‹Paranoia› oder ‹Promiskuität›. Frauen, die die weibliche Rolle ablehnen oder sich ambivalent verhalten, verunsichern die Umwelt und sich selbst so sehr, daß ihre Disqualifizierung und Selbstzerstörung wahrscheinlich sehr früh einsetzen. Solchen Frauen ist ebenso ein psychiatrisches Etikett sicher» (Frauen – das verrückte Geschlecht?, Reinbek 1974, S. 55).

Störungserscheinungen bei den Frauen sind respektable, gesellschaftlich erwartete Phänomene; die Beratungsstellen achten darauf und registrieren sie ohne Erstaunen. Während Gewalttätigkeit des Ehemannes weit häufiger in den Protokollen vorkommt als zum Beispiel Selbstmordversuche der Frauen, gibt es für ersteres keine Kategorie. Der Berater formuliert das Problem oder hält es in Stichworten fest oder vermerkt es nebenbei oder schreibt es – wie uns in der Beratungsstelle mitgeteilt wurde – gar nicht auf. Das zweite jedoch entspricht den Erwartungen und kann eingeordnet werden; in den Protokollen steht es dann in standardisierter Bezeichenbarkeit: «vor drei Jahren erstmals SMV», «nach Ehestreit SMV der Frau», usw. Verheiratete Frauen sind für psychische Störungen besonders anfällig, wie für die USA, die Bundesrepublik, die Schweiz und auch Österreich[77] festgestellt werden kann. Jessie Bernard erklärt das damit, daß die Diskontinuitäten und Einschränkungen im Leben von Frauen, die aus der Ehe resultieren, eine schwere psychische Belastung sind. Aus dem Vorgehen der Psychiatrie bei Ehekrisen läßt sich jedoch noch ein zusätzliches Erklärungsmuster erkennen: die Tendenz, einen der Betroffenen aus der Beziehung herauszuheben und mit einer therapierbaren Diagnose zu versehen. (Dieses Vorgehen ist der Familienpsychologie als neurotisches Muster, als Sündenbock-Syndrom bekannt; Psychologie und Psychiatrie sind offenbar nur imstande, es bei ihren Untersuchungsobjekten zu erkennen, nicht bei sich selbst.)

Als Beispiel mag ein junges Studentenehepaar dienen. Seit die 21jährige Frau S. im Studium erfolgreicher ist als ihr Mann, gibt es dauernd Konflikte, die sich auch im Sexualbereich manifestieren: «Seit zwei Monaten ist sie frigid.» Ihre besseren Leistungen werden von ihrem Mann wie auch von der Beratungsstelle als «dominierendes Verhalten» bezeichnet; «normal» wäre es schließlich umgekehrt. Daher auch die Lösung: «Es wird ihr zur psychoanalytischen Behandlung geraten.»

Adler, Laing und andere kritische Psychiater haben aufgezeigt, wie diese Wissenschaft zur Angleichung und Versöhnung der einzelnen mit den Machtstrukturen dient. Die Häufigkeit, mit der Frauen sich als krank oder gestört bezeichnen lassen, läßt sich daraus erklären, daß sie mittels einer solchen Bezeichnung Hilfe und Aufmerksamkeit erhalten können; würden sie ihre Probleme in Form von Forderungen vorbringen, erhielten sie dafür eine Bestrafung. Unterdrückte Gruppen können nur dann Unterstützung erwarten, wenn sie keine Forderungen stellen und sich gegen ihre Situation nicht auflehnen, sondern die Ursachen für die Probleme bei sich selbst angeben: zum Beispiel durch das Etikett «krank».

Die 62jährige Hausfrau Frau M. kommt zur Beratung, weil ihr 65jähriger Mann, mit dem sie vierzig Jahre verheiratet ist, sie seit seiner Pensionierung tyrannisiert:

«Der Mann behandelt seine Frau brutal, beschimpft sie bei jeder Kleinigkeit. Sie zittert bereits, wenn er bei der Tür hereinkommt, und wird von ihm vollständig unterdrückt und beherrscht. Wie er früher mit seinen Arbeitern brüllte, so schreit er jetzt mit der Frau herum. Er verbietet ihr, mit den anderen Parteien zu reden. Die Frau glaubt, daß ihr vielleicht ein Psychiater helfen kann, damit sie nicht jedes Mal solches Herzklopfen bekommt, sobald ihr Gatte zur Tür hereinkommt.»

Frauen versuchen, sich mit den verfügbaren Mitteln innerlich einer Situation zu entziehen, der sie physisch nicht entkommen können und die unabänderbar erscheint. Formale Rechte helfen den Frauen wenig, wenn sie ihnen nicht bekannt sind, wenn sie ihnen keine Alternativen für die Zeit nach der «Befreiung» bieten oder wenn die Rechtspraxis anders aussieht als die Theorie. In diesen Situationen wird die Frau behandelt, damit sie es durchsteht. Frau A., eine 49jährige Hausfrau mit vier Kindern, hat die Scheidung eingereicht und wartet auf die Gerichtsverhandlung. Da der Mann ständig die Familie bedroht und die Frau schlägt, beantragte ihr Rechtsanwalt Hausverbot für den Mann. Der Richter gab diesem Antrag nicht statt. «Die Frau nimmt Tryptizol» und wartet auf die Scheidung.

Männer erkennen in den Psychiatern potentielle Komplicen und betreiben mitunter bewußt die Neurotisierung ihrer Frauen. Kritische

Instanzen durchschauen das oft; wo die Sympathien des Beobachters jedoch beim Mann liegen, kann dieser Versuch gelingen. Über den fünfzigjährigen Buchhalter Herrn L. ist im Protokoll vermerkt:

«Der Mann kommt nur ihr zuliebe mit, weil sie ‹krank› ist. Er versucht, den Interviewer auf seine Seite zu bringen und gemeinsam mit ihm die Frau für ‹krank› zu deklarieren.»

Über den 36jährigen medizinischen Assistenten Herrn G. schreibt die Beratungsstelle:

«Er scheint ein kühler Rechner zu sein, der es darauf absieht, seine Frau so lange zu reizen, bis sie psychisch zusammenbricht und auf Steinhof (Wiener Anstalt) aufgenommen werden kann, damit er die Wohnung und das Geld allein hat.»

Es ist unmöglich festzustellen, wie viele Männer es geschickter und überzeugender anstellen. In solchen Fällen befinden sich die Frauen mitunter in einer sehr ungleichgewichtigen Situation. Die gesellschaftlich gestatteten Reaktionsformen von Frauen in Stress-Situationen (Depression, Demonstrationen von Verzweiflung, Einnahme von Sedativa, emotionale Ausbrüche usw.) wirken im Zweifelsfall tendentiell neurotisch. Die Isolierung im Haushalt schränkt ihre Möglichkeit, das eigene Realitätsbild von anderen bestätigen zu lassen, häufig drastisch ein, so daß der Mann, der mit der «Außenwelt» in viel intensiverem Kontakt steht, seinen Einschätzungen und Werturteilen die Normalität bescheinigen kann. Er ist in der Lage, der Frau selbst Zweifel an der Richtigkeit ihrer Wahrnehmungs-, Interpretations-, Verhaltens- und Reaktionsformen einzuflößen, wenn ihre sozialen Kontakte begrenzt genug sind, daß sie keine Korrektur- und Vergleichsmöglichkeiten hat.

Während in einigen Fällen – wie angeführt – die Berater den Anbiederungsversuchen der Ehemänner skeptisch gegenüberstehen, gehen andere schon von vornherein davon aus, daß die Probleme der hilfesuchenden Frauen ihrer neurotischen Phantasie entstammen; Mißhandlungen und Untreue des Ehemannes sind Manifestationen von Paranoia, Schüchternheit ist eine Provokation. Während sie den Männern gelegentlich Mißtrauen entgegenbringen, treten die Psychologen und Psychiater den Frauen mitunter mit echten Aggressionen entgegen. So findet man zum Beispiel die folgende haßerfüllte Beschreibung einer Frau, die sich vertrauensvoll in psychiatrische Beratung begab:

«Typus ‹ambitionierte Ziege›, die sich richtig hineinsteigert. Klagt ununterbrochen, bemitleidet sich . . . um sich gleich darauf dem Berater seelenvoll und leicht kokett anzuvertrauen.»

Bei dieser Einstellung ist es nicht mehr sehr erstaunlich, daß mehr Frauen als Männer von den «Experten» für krank erklärt und eingewiesen werden.

Auffallend war bei der Mehrzahl der Protokolle und Interviews, daß die Ehe für Frauen einen viel höheren Stellenwert hat als für Männer. Die

Männer stellen mitunter sehr hohe emotionale Ansprüche, sehen diese aber einseitig nicht als symmetrische Beziehung, sondern als Leistungen der Frau. Der 26jährige Bankangestellte Herr F. zum Beispiel «hat sich die Ehe als völlige Harmonie vorgestellt. Seine Frau, so dachte er, solle ihn ganz verstehen, auf ihn eingehen und für ihn leben.»

Die Erwartungen der Männer an ihre Frauen sind häufig allumfassend und leiten sich von abstrakten Weiblichkeitsidealen ab, denen die individuelle Frau dann genüge tun soll. In Aussehen, Verhalten, Wissen sieht sich die Frau mit Standards konfrontiert, die ihr Gefühle der Unzulänglichkeit und Unsicherheit einflößen müssen; Gefühle, die durch Werbung und populäre Leitbilder verstärkt werden. Die Erwartungen der Männer an Frauen ergeben, wenn man ihre Angaben gegenüber der Beratungsstelle sammelt und daraus ein Profil erstellt, eine unerreichbare Kompositgestalt aus mütterlicher Fürsorge, töchterlicher Fügsamkeit und Lernwilligkeit und sexueller Attraktivität nach Zeitschriftenmodell. Die Erwartungen betreffen nicht nur die Leistungen der Frau, sondern ihre Person, ihre Gefühle, ihre Emotionen. Den Freunden des Mannes gegenüber soll sie klug und gewandt wirken; dem Mann gegenüber soll sie von bewundernder Unwissenheit sein. Ihr Aussehen soll die Bewunderung der Umgebung erregen, aber nicht ihr Interesse, denn die Eifersucht liegt dicht unter der Oberfläche. Angesichts dieser Anforderungen brechen viele Frauen zusammen:

«Frau N., seit acht Jahren mit einem Juristen verheiratet, ist nervlich am Ende. Ihr Mann kommt nächtelang nicht nach Hause und droht ihr ständig, daß er sie verlassen wird, wenn sie sich nicht ändert. Die Frau weiß nicht, wie sie sich seinen Erwartungen anpassen kann. Er hat von Anfang an versucht, sie herabzusetzen, ihr gesagt, sie sei häßlich, dick und dumm. Sie fühlt sich ihm in jeder Weise unterlegen. Er wirft ihr dauernd ihre mangelnde Bildung vor. Die Beziehung wird immer ärger, weil er nicht sagt, was er genau will, sondern nur an ihrer Figur und ihrer Intelligenz nörgelt.»

Frau D., mit einem Steuerbeamten verheiratet und Mutter von zwei Kindern, «hat Minderwertigkeitsgefühle wegen eines nicht sehr entwickelten Busens. Ihr Mann hat ein Verhältnis und sagt, er will bei ihr bleiben, braucht aber nebenbei seine Freundin, weil sie ihm optisch mehr gibt. Der Gatte hebt die körperlichen Vorteile der Freundin gegenüber seiner Frau immer hervor.

Die Frau hebt hervor, daß sie den Haushalt perfekt führt und immer versucht, ihrem Mann das Leben so angenehm wie möglich zu machen und ihm alle unnötigen Probleme fernzuhalten.»

Die Definition der Männlichkeit beschränkt sich in der Ehe häufig auf finanziellen oder beruflichen Erfolg. Für Kinder, Emotionen, Familienbeziehungen, sexuelle Erwartungen des Mannes und Kontinuität ehelicher Harmonie ist die Frau zuständig; der Mann verdient inzwischen.

Selbst das Gefühl der finanziellen Zuständigkeit existiert häufig nur, solange die Beziehung aufrecht ist. Frauen hingegen, für den emotionalen Bereich zuständig, können ihre Involvierung mit der anderen Person mit der Scheidung oft schwer abbrechen. Die 40jährige Buchhalterin Frau G. wird von ihrem 51jährigen Mann, der in letzter Zeit seine beruflichen Probleme mit Alkohol verdrängen will, geschlagen. Sie ist absolut entschlossen, sich scheiden zu lassen, «will ihn aber vorher heilen».

Frau H., 35, ist seit vier Jahren wegen Mißhandlung geschieden. Seither besucht ihr Mann sie in unregelmäßigen Abständen, wenn er Probleme hat. Auf Grund der Umstände, die zur Scheidung führten, ist es der Frau nicht angenehm, ihn wiederzusehen, aber aus Mitleid mit ihm («Er hat niemand, mit dem er ehrlich reden könnte») hört sie sich seine Sorgen an.

George Bernard Shaw schreibt über gewalttätige Ehemänner: «Wenn solche Menschen ihre häuslichen Manieren in die Gesellschaft mitbrächten, so fänden sie sich sehr bald ohne einen Freund oder auch nur Bekannten auf der Welt.» Genau das tritt gelegentlich ein; übrig bleibt dann oft immer noch die Frau.[78]

Selbst wenn jeder Kontakt zwischen den ehemaligen Ehepartnern abgebrochen ist, wollen diese Frauen den Männern noch helfen. Die 27jährige Kosmetikerin Frau R. schrieb nach der Scheidung einen Brief an die Fürsorgerin, die das Ehepaar vor der Scheidung beraten hatte:

«Ich möchte mich für alles bedanken, was Sie für uns getan haben. Ich möchte Sie um eins bitten, helfen Sie meinem Mann, so gut Sie können, ich bin nicht so wichtig . . . Er ist sich der Probleme nicht so bewußt, deshalb kann ich ihm auch nicht böse sein.»

Wenn man davon ausgeht, daß Frauen nicht als Märtyrerinnen geboren, sondern dazu gemacht werden, muß man nach den Ursachen solcher Einstellungen fragen. Eine Erklärung ist sicherlich das weibliche Gegenstück zur Erwartung der Männer, daß die Frauen «nur für sie leben» werden. Das Gedeihen des Mannes kann dann für die Frau die Bestätigung der Berechtigung ihrer Existenz bedeuten.

Für viele Frauen kommt der Fortbestand der Ehe dem Absitzen einer Haftstrafe gleich; sie rechnen sich aus, innerhalb welcher Zeitspanne sie die eingegangenen Verpflichtungen – vor allem gegenüber den Kindern – einlösen können. Sie bleiben aus Pflichtgefühl oder aus Mangel an Alternativen in einer Beziehung, die für sie befristet ist:

«Frau S., 45, ist Postbeamtin. Seit zwanzig Jahren ist sie mit einem um drei Jahre älteren Angestellten verheiratet. Die Ehe ist für alle praktische Zwecke nicht mehr existent; die beiden Beteiligten haben sich nichts zu sagen. Vor zehn Jahren hat der Mann den ehelichen Verkehr abgebrochen. Die Frau liebt ihren Beruf, fühlt sich aber durch die häusliche

Situation sehr zermürbt. Sie will bei ihrem Mann bleiben, bis der dreizehnjährige Sohn erwachsen ist, und dann ihre Erfüllung im Beruf finden, sich ein eigenes Leben schaffen, eine Wohnung kaufen, ihren Freundeskreis ausbauen usw.»

Die Beratungsstelle wird häufig von Frauen aufgesucht, die wissen wollen, ob sie eine Trennung von ihrem Mann riskieren können; oft wird ihnen dann gesagt, daß sie auf Grund des Krankenkassenanspruchs, vor allem aber wegen der minderjährigen Kinder, lieber «durchhalten» sollen – wenigstens ein paar Jahre noch.

Dieses Durchhalten bedeutet nicht selten auch das Tolerieren gelegentlicher Gewalttätigkeiten, die durch die spannungsreiche Situation einer künstlich aufrechterhaltenen Ehe noch gefördert werden. In anderen Fällen nehmen Frauen die Gewalttätigkeit als etwas hin, was der Mann zu seiner Daseinsbewältigung braucht, und stellen sich gewissermaßen als Aggressionsobjekt zur Verfügung. Dieselbe Bereitschaft, nicht ganz einsichtige männliche Bedürfnisse zu erfüllen, zeigt sich auch in ihrer Akzeptierung der Rolle eines Sexualobjekts.

Das Ehepaar K. zum Beispiel kommt in die Beratung, weil die Frau «frigid» ist. Sie wußten das zwar schon vor der Ehe, und der Mann sagte, daß er «auf ihre aktive Beteiligung verzichten könne». Da er aber nie zärtlich ist, hält die Frau diese Situation nicht mehr aus. Ihre Ablehnung der von ihm erwarteten Haltung führt zur Ehekrise. Sehr oft akzeptieren Frauen es als legitimes Recht des Ehemannes, besonders auch im sexuellen Bereich, die Kriterien für Normalität zu bestimmen. Der Begriff der «ehelichen Pflicht» wird von ihnen mit vagen Vorstellungen eines umfassenden rechtlichen und moralischen Verfügungsrechts des Mannes über sie verbunden.

Frau T., die nach zwölfjähriger Ehe jetzt von ihrem Mann getrennt lebt, kommt in die Beratung, weil er sie seit kurzem öfters besucht und dann mit sexuellen Forderungen bedrängt. Im Protokoll der Beratungen steht:

«Die Klientin fragt nochmals, ob sie ihrem Mann zuwillen sein muß, obwohl ihr bei der juristischen Beratung schon gesagt wurde, sie müsse es nicht. Ich gewinne den Eindruck, daß sich die Klientin eine Bestätigung für die Richtigkeit ihrer Weigerung holen möchte. Sie möchte sich ihre Normalität bestätigen lassen.»

Materielle Bedeutung der Ehe für Frauen

«Wenn eine Frau so hochmütig ist, daß sie lieber verhungert als sich zu unterwerfen, dann soll sie ihren Willen haben . . . Wenn eine Frau, die sich nicht selbst erhalten kann, lieber ihren Mann verläßt als sich ihm zu unterordnen, dann laßt sie von der Wohlfahrt leben oder verhungern im

Namen Gottes; denn in diesen Fällen sagt das Gesetz, sie hat es ihrer Eigenwilligkeit zu verschreiben.»

Gerichtsverhandlung
England, 17. Jahrhundert

«Frau M. ist seit zwanzig Jahren mit einem Notar verheiratet und war immer im Haushalt. Ihr Mann ist sehr streitsüchtig und brutal. Sie ist am Rand eines Nervenzusammenbruchs, hat aber Angst vor der Scheidung, weil sie sich keine neue Existenz mehr aufbauen kann. Es wird ihr geraten, ihrem Mann so gut wie möglich aus dem Weg zu gehen und vorsichtig mit ihm umzugehen.»

Beratungsprotokoll
Wien, 1978

Die materielle und soziale Sicherheit der Frau ist nach wie vor an ihren Mann gebunden. Dadurch, daß Frauen in der Regel auf den engen Bereich des Haushalts beschränkt sind und – würden sie gemäß ihrer eigenen Berufstätigkeit oder Ausbildung eingestuft – meist einer niedrigeren Statuskategorie zugeordnet wären als der ihres Mannes, werden sie durch den sozialen Aufstieg des Mannes häufig zurückgelassen.

Frau D., die 42jährige Frau eines Fernsehintendanten, «lebte mit ihm unter sehr armen Umständen, während der Mann studierte, und zog im Laufe der achtzehnjährigen Ehe drei Kinder auf. Jetzt will ihr Mann ‹seine Freiheit›.

Die Frau hat große Minderwertigkeitsgefühle. Sie fühlt sich ihrem Mann unterlegen, traut sich in seiner Gesellschaft und der Gesellschaft seiner Freunde kaum etwas zu sagen, keine Meinung zu äußern. Er sagt ihr immer, sie soll nicht wie so ein Hausmütterchen herumsitzen, aber sie weiß nicht, wie sie sich anders verhalten könnte.»

Wo die Ehe als «komplementärer» Tausch von Verantwortungen und Leistungen betrachtet wurde, kann die Frau – deren Entwicklungsfeld dadurch sehr eingeschränkt ist – in späteren Jahren «überflüssig» werden. Die gewissenhafte Erfüllung ihrer Pflichten führt nur dazu, daß sie von den Entwicklungen des Mannes überholt und zurückgelassen wird. Das war zum Beispiel das Schicksal der 54jährigen Frau R.:

«Frau R., Gattin eines Schriftstellers, kommt in die Beratung. Sie spricht leise und monoton, redet von Angstgefühlen, vom Alleingelassenwerden und vom ‹unnütz sein›. Ihr Mann hat sie immer viel allein gelassen, auf seinen Reisen nahm er sie nie mit, wegen der Kinder; er verlangte, daß sie sich ‹ganz ihnen widme›. Das hat sie auch getan; sie war nie berufstätig. Jetzt sind die Kinder erwachsen, und sie hat das Gefühl, ihren Lebensinhalt verloren zu haben. Die Abwesenheit des Mannes fällt ihr jetzt verstärkt auf, sie fühlt sich völlig allein gelassen. Zum Beispiel war er im Sommer zwei Monate weg, um ‹Urlaub von der

Familie› zu machen und ‹neue Ideen und Anregungen zu bekommen›. Die Frau ist depressiv, sie war beim Nervenarzt und bekam dort leichte Medikamente verschrieben. Sie weiß, daß das Problem kein medizinisches ist, sondern daß sie ihr eigenes Leben leben muß. Sie möchte eigene Aktivitäten haben, schafft das aber nicht. Es werden ihr einige Vorschläge karitativer Organisationen, in denen sie sich betätigen könnte, gemacht. Sie stimmt diesem Vorschlag zu, scheint aber nicht sehr motiviert. Sie hofft, mit ihrem Mann gemeinsam etwas unternehmen zu können.»

Der Beitrag der Frau zum Fortkommen des Mannes, ihre unabdinglichen Leistungen in Heim und Familie, die häufig noch durch unbezahlte Hilfen für die Karriere begleitet sind, werden nicht anerkannt. Die Arbeit der Frau, die eine notwendige Voraussetzung für den Erfolg des Mannes war, kann später zu ihrer Abwertung und Überflüssigkeit führen. Zusätzlich werden die Ressourcen und Kompetenzen, die der Mann sich mit ihrer Hilfe und Unterstützung angeeignet hat, häufig noch gegen die Frau eingesetzt.

Frau U. zum Beispiel war damit beschäftigt, vier Kinder und einen Haushalt zu versorgen, während ihr Mann seine Karriere als Jurist aufbaute. Jetzt, nach 33 Jahren Ehe, ist sie 53 Jahre alt und «der Mann findet, daß die Frau seinem derzeitigen Niveau nicht mehr entspricht und möchte daher eine andere. Es kam zu einer tätlichen Auseinandersetzung, bei der er Frau U. schlug, um sie zu zwingen, die eheliche Wohnung zu verlassen. Vorher wollte er sie noch veranlassen, ein Schriftstück zu unterzeichnen, in dem sie auf alle rechtlichen und finanziellen Ansprüche verzichtet.»

Die Aggression der Männer richtet sich sowohl dann gegen ihre Frauen, wenn diese ihren sich verändernden Standards nicht gerecht bleiben können, als auch dann, wenn die Frauen in irgendeiner Weise überlegen wirken.

Frau M. zum Beispiel hatte ständige Konflikte mit ihrem Mann, da sie ein eigenes Geschäft hatte und er sich dort als Angestellter fühlte. Schließlich brachte er sie so weit, daß sie, nur um den ständigen Auseinandersetzungen zu entkommen, das Geschäft auf ihn überschreiben ließ und selbst bei einer fremden Firma als Verkäuferin arbeiten ging.

Frauen, die auf Grund irgendwelcher Eigenschaften oder Ressourcen den Mann in seiner Autoritätsposition verunsichern, haben manchmal ein gewisses Schuldgefühl; sie verstoßen gegen die gesellschaftlich implizit geforderte Machtverteilung und können unter Druck gesetzt werden, diese Ressourcen um der Beziehung und des Wohlbefindens der Männer willen aufzugeben. Die Schritte dieses Zermürbungsprozesses zeigen sich in ihren Umrissen am Beispiel einer dreißigjährigen Schneiderin. Sie kam gemeinsam mit ihrem vierzigjährigen Mann, Mittelschullehrer, weil ihre erst ein Jahr alte Ehe schon gefährdet war:

«Die Frau ist völlig verunsichert, weil der Mann immer nörgelt. Sie führt das Modegeschäft ihres Vaters, das er ihr übergeben will und hängt sehr an der Arbeit. Der Mann verlangt, daß sie ihren Beruf aufgibt. Die Frau will das auf keinen Fall tun, sie hat das Gefühl, daß ihre Selbständigkeit daran hängt und braucht die menschlichen Kontakte, die ihr ihre Arbeit gibt. Der Mann meint, er brauche mehr Zuwendung.»

Der Mann bringt ständig seine Enttäuschung über ihr selbstsüchtiges Verhalten zum Ausdruck; wie ist es möglich, daß sie ihre Arbeit und ihre Selbständigkeit seinem Glück vorzieht? Schließlich erklärt sich die Frau bereit, auf das Geschäft zu verzichten und es auf ihren Bruder überschreiben zu lassen. Daraufhin erlaubt ihr der Mann generös, weiterhin – allerdings halbtags – dort zu arbeiten.

Ähnlichen Ablauf nahm die Ehe der 29jährigen Hausfrau Frau W. Sie ist seit neun Jahren mit einem leitenden Angestellten verheiratet, hat während der Ehe ein Studium begonnen, dieses dann auf sein Drängen abgebrochen und bis vor zwei Jahren als Stenotypistin gearbeitet. «Seit sie mit dem Studium aufgehört hat und auch nicht mehr berufstätig ist, gibt es keine Rivalitätskämpfe zwischen ihnen», vermerkt die Beratungsstelle abschließend.

Diese Beispiele zeigen, daß Frauen sich häufig um der Beziehung willen «freiwillig» aus der Konkurrenzsituation zurückziehen, sich in die Abhängigkeit vom Mann begeben, um Vertrauen und Hingabe zu demonstrieren. Der Erfolg ist damit allerdings nicht gewährleistet, weil es sehr schwierig ist, den erforderlichen Abstand von Unterlegenheit präzise abzuschätzen und einzuhalten. Ist er zu gering, fühlt sich der Mann in seinem Selbstbewußtsein gefährdet; ist er zu groß, entspricht die Frau nicht mehr seinen Qualitätsanforderungen und läuft Gefahr, ersetzt zu werden.

Dem 39jährigen Universitätsdozenten Dr. P. ist seine Frau, mit der er seit sechzehn Jahren verheiratet ist und drei Kinder hat, für den Haushalt noch gut genug.

«Der Mann verträgt neben sich kaum Widerspruch, er gibt zu, ein ‹Despot› zu sein. Er hat immer Freundinnen, die im Gegenteil zur Frau selbstsicher sind, ‹man kann sich mit ihnen sehen lassen, sich mit ihnen unterhalten, das braucht man› (Herr P.). Er ist zufrieden mit der Situation.»

Dieser letzte Satz findet sich in den Protokollen der Beratungsstelle immer wieder. Häufig weigern sich die Männer trotz wiederholter Bitte, mit ihren Frauen in die Beratung zu kommen, mit der Begründung, *sie* hätten ja kein Problem.

Für Frauen ist die Ehe oft der zentrale Orientierungspunkt ihrer Lebensgestaltung.

Für manche Frauen war die materielle Abhängigkeit vom Mann jahrelang, auch jahrzehntelang so selbstverständlich, daß sie sich nicht vorstellen können, ohne seine Unterstützung überleben zu können. In dieser Situation befindet sich die 48jährige Frau R. Nach 27 Jahren Ehe ist sie zu ihrer Mutter gezogen, weil sie Angst vor ihrem Mann hat; er hat gedroht, sie umzubringen. Die Beraterin notiert:

«Frau R. macht einen netten, aber etwas unsicheren Eindruck. Sie hat nicht viel Hoffnung, daß ihr Mann sich ändern wird, würde aber die Ehe lieber unter halbwegs erträglichen Bedingungen aufrechterhalten als nachher mit allen Sorgen und wahrscheinlich ohne Unterhaltszahlungen für sich selbst allein zu sein. Der Gedanke, eine Wohnung und vielleicht eine Arbeit suchen zu müssen, erscheint ihr unerträglich. Da sie für die Drohungen des Gatten keine Zeugen hat, fürchtet sie jetzt, schuldig geschieden zu werden, denn ihr Ausziehen ist ein Scheidungsgrund.»

Die Ungleichheit in der Bedeutung der Ehe und die ungleichgewichtige Abhängigkeit vom Fortbestand der Beziehung weist den Frauen von vornherein die schwächere Position zu und führt paradoxerweise zur Gefährdung der Ehe, weil die Interessen und Erwartungen, die mit ihr verbunden sind, sich potentiell widersprechen. Wenn nämlich die Ehe einerseits allgemein als Liebesbeziehung definiert wird, andererseits aber aus einforderbaren Dienstleistungen und Pflichten besteht, ist ihre tatsächliche Bedeutung für die einzelnen (auch für diese selbst) nie völlig klar. Die Existenz möglicher Sanktionen seitens des Mannes und das Fehlen echter Alternativen für die Frau bringen sie in eine «Verhandlungs»-Situation, in der sie notgedrungen auf die ihnen zur Verfügung stehenden Mittel zurückgreifen: Interaktionsformen, die zu Mißtrauen und Entfremdung führen.

Die stereotypen Verhaltensformen und die gegenseitigen Ängste können zur Folge haben, daß Beziehungen an Mißverständnissen und Kleinigkeiten scheitern. Ein 32jähriger Techniker kommt in die Beratung, weil seine Frau, eine 27jährige Kindergärtnerin, ihn im siebten Monat ihrer Schwangerschaft verlassen und die Scheidung eingereicht hat.

«Der Klient sieht die Hauptursache der Eheschwierigkeiten in seinem eigenen autoritären Verhalten. Er habe, erklärt er, während der zwei Ehejahre keine Ahnung gehabt, daß seine Gattin unter seinem manchmal barschen und autoritären Verhalten so stark gelitten habe, da sie kein Wort gesagt hätte.

Er leidet in den letzten Monaten sehr stark unter beruflichem Stress und führt die ehelichen Konflikte und seine eigene Reizbarkeit darauf zurück.»

Auch Herr T., Angestellter, kommt, weil er hofft, daß die Beratungsstelle seine Frau zurückgewinnen wird. Seine 25jährige Gattin hat ihn nach einem heftigen Streit verlassen.

«Der Mann sagt, er hat bei einem Streit über das Ziel hinausgeschossen; es kam zu Tätlichkeiten. Seine Frau meldete sich daraufhin aus der Wohnung ab und zog mit ihren zwei kleinen Kindern zur Mutter. Er will sie unter allen Umständen zurückhaben und verlangt, daß wir ihr erklären, es sei wirklich eine einmalige Unbeherrschtheit gewesen.»

Erziehung, die gelernten Verhaltens- und Kommunikationsweisen und der reale oder subjektive Druck, den Anfordernissen der sozialen Vorstellung von Männlichkeit und Weiblichkeit gerecht zu werden, überlagern die persönlichen Beziehungen, Bedürfnisse und Eigenschaften der Betroffenen und führen zur Steigerung oder Erzeugung destruktiver Konflikte.

VI

Der goldene Lebensabend: Gewalt im Alter

Das diskret hinter den eigenen vier Wänden ausgelebte Unglück verjährt nicht ✻ Vielmehr wächst es oft mit zunehmendem Alter der Kontrahenten ✻ Nach dreißig und vierzig gemeinsamen Jahren stehen, sitzen und liegen sich bei Tisch und Bett Fremde und Feinde gegenüber ✻ Für die enttäuschten Hoffnungen und die nicht eingehaltenen Versprechungen muß es einen Verantwortlichen geben ✻ Da kann es naheliegend erscheinen, den Danebenstehenden zu verdächtigen ✻ Gerade bei den alten Leuten zeigt sich, daß dieser Danebenstehende meist nur ein unschuldiger Passant ist ✻ Mangels anderer Verdächtiger werden die Mithäftlinge zum Objekt der Bestrafungen, Aggressionen und Ängste, die sich so im Lauf unglücklicher Leben ansammeln können ✻ Man kann sogar noch über Grabsteininschriften streiten

«Frau E., 72, seit 37 Jahren verheiratet mit einem 71jährigen ehemaligen Kaufmann, drei Kinder, ist vor zwei Wochen ausgezogen und wohnt bei ihrer Schwester. Ihre Ehe war von Anfang an schlecht, sie blieb wegen der Kinder bei ihm. Der Mann trinkt, ist brutal und ausfällig zu ihr. Jetzt ist sie fest entschlossen, sich endgültig von ihm zu trennen.»

Für jeden Lebensabschnitt verfügt die Gesellschaft über Mythen, Ideologien, Illusionsbilder. Sie lächeln von den Werbeplakaten in stereotypischem Glück auf uns herab: strahlende Jungvermählte, lachende Kleinkinder, dynamische Geschäftsmänner, euphorische Hausfrauen, selig lächelnde Großeltern. Die meisten Menschen können hoffen, mit dem Übertritt in die nächste Kategorie doch noch den Sprung ins Glück zu schaffen: wenn die Jungvermählten ihr Geld richtig anlegen, wenn die Hausfrau das richtige Waschpulver kauft, wenn der Mann die richtige Krawatte trägt, wenn die Kinder ihre Vitamintabletten schlucken, werden sie alle ins Reich des aromareichen Kaffees, des neuen Eigenheims, des exotischen Urlaubsziels eintreten. Bei den alten Menschen ist die Zeit ausgelaufen; was ihnen häufig bleibt, an Stelle der Illusionen, ist – wie die Akten der Beratungsstelle sehr einprägsam illustrieren – Einsamkeit, Enttäuschung, Angst und Verbitterung. Frauen, die sich erst nach dreißig oder vierzig Jahren Ehe eingestehen, daß sie ihren Mann hassen; Männer, die ihre Enttäuschungen nirgends mehr abreagieren können als bei der Ehefrau, weil sie keinen anderen Menschen mehr begegnen;

Menschen, deren Angst vor dem Alleinsein größer ist, aber nicht viel größer, als die gegenseitige Aggression und Verachtung; Frauen, die vor den gescheiterten Hoffnungen, den endgültig zerschlagenen Illusionen ehelichen Glücks stehen; Männer, die ihre Attraktivität und ihre Männlichkeit verzweifelt verteidigen; Ehepartner, die sich in der endlosen Langeweile des Pensionistendaseins nichts zu sagen haben; Ehepartner, die seit der Pension endlich das Gefühl haben, ein Recht auf persönliche, kreative Tätigkeit zu haben und mit dieser neuen Selbständigkeit den Partner verängstigen – der «goldene Lebensabend» birgt in sich das explosive Potential zahlloser Krisen.

Die gegenseitige Entfremdung, die nach dreißig und vierzig Jahren Ehe unvermindert sein kann, kommt in den Protokollen der Beratungsstelle deutlich zum Ausdruck: die Tendenz zur Objektivierung, zum Mißbrauch der Ehefrau, erscheint im Alter in spezieller Weise und oft mit spezieller Heftigkeit, weil der Mann sich auch tagsüber im Wirkungsbereich der Frau, im Haushalt, aufhält und weil wichtige Bestandteile seiner männlichen Identität, die er früher von Arbeit und Kollegen ableiten konnte, nach der Pensionierung fehlen. Die Angstkomponente in der männlichen Gewalttätigkeit ist bei alten Menschen besonders evident. Die Einforderung von Dienstleistungen und Aufmerksamkeiten, die fast panische Einschließung der Frau, verraten die Furcht, daß der letzte verfügbare, kontrollierbare Mensch entgleiten könnte. Der 73jährige Herr H. weckt seine Frau mitten in der Nacht auf, damit sie ihm etwas kocht; wenn sie sich weigert, schlägt er sie. Sie beschließt, sich von ihm scheiden zu lassen. Er ist verzweifelt, droht, ihre Katzen umzubringen, wenn sie ihn verläßt. Der 68jährige Herr P. folgt seiner Frau auf Schritt und Tritt; wenn sie zu ihren Enkelkindern aus erster Ehe fährt, verfolgt er sie im geheimen. Der 84jährige Herr L. ist «krankhaft eifersüchtig. Mit zunehmendem Alter wird es immer schlimmer. Er beschuldigt seine Frau, mit der er 52 Jahre verheiratet ist, ein Verhältnis mit einem 75jährigen, kranken Nachbarn zu haben. Wenn die Frau in einem anderen Zimmer ist, muß sie immer die Tür offenlassen, damit er sie beobachten kann.»

Die gegenseitigen Erwartungen von Frauen und Männern voneinander erreichen im Alter ihre tragische Konsequenz: die Einforderung von Sicherheiten und Leistungen, die kein einzelner in unserer Gesellschaft dem anderen gewähren kann, nimmt oft die Form verzweifelter Aggressivität an.

Die Auslieferung der Frauen an die Launen und Gemütslagen ihrer Männer ist im Alter häufig besonders extrem. Das Protokoll der 71jährigen Frau D. spricht für sich:

«Frau D. ist seit vierzig Jahren mit ihrem Mann verheiratet und hat zwei Kinder, die beide im Ausland leben. Seit der Pension gibt ihr der 74jährige Mann kein Geld mehr, auch nicht für die Straßenbahn. Er dreht das Licht und die Beheizung in den von ihr allein bewohnten Räumen ab.

Die Frau kommt, um sich auszusprechen. Sie wird nicht zu Gericht gehen, wollte aber einmal hören, daß sie im Recht ist. Sie hat, wie sie sagt, in der Ehe vierzig Jahre lang geschwiegen und dem Mann immer gehorcht. Er hat 6000 Schilling Pension, die Frau aber muß von ihren 2500 alles selbst bezahlen (die Fernsehgebühr, Kleider, Essen).

Seit acht Wochen spricht er nicht mehr mit ihr, weil sie die schlechten Teile eines Apfels wegwarf und er ihre Verschwendung bestrafen will. Er erregt sich über Kleinigkeiten und schreit stundenlang.

Man kann der Frau außer stützenden Gesprächen nichts anbieten. Der Mann wurde eingeladen, weigert sich aber, in die Beratung zu kommen. Er gibt an, als Vorsitzender des Kirchenrats zu beschäftigt zu sein, um herzukommen.»

In anderen Fällen sind die Frauen nicht einmal in der Lage, sich wenigstens die moralische Unterstützung der Beratungsstelle zu holen. Oft wenden sich besorgte Nachbarn, Kinder oder Fürsorgerinnen an das Amt:

«Die Krankenschwester Frau L. kommt wegen eines Ehepaares, das sie betreut. Der Mann ist brutal zur Frau, er dreht ihr in der Wohnung die Heizung ab, beschimpft sie pausenlos. Sie ist sehr krank (Diabetes) und läßt sich offenbar schon seit Jahren von dem Mann tyrannisieren. Die Krankenschwester will wissen, ob man gegen den Mann etwas unternehmen kann.»

In diesem Fall erklärte die Beratungsstelle, keine Kompetenzen zu haben und riet der Schwester, sich mit Verwandten der Frau in Verbindung zu setzen.

Manche Frauen dagegen sind erst im Alter in der Lage, die Anforderungen, denen sie ein Leben lang unterworfen waren, zurückzuweisen.

Herr und Frau O. sind seit 38 Jahren verheiratet. Während der letzten zwölf Jahre ihrer Ehe hatte der Mann ein Verhältnis, von dem die Frau wußte. Jetzt hat ihn seine Freundin verlassen, er strebe eine Versöhnung mit seiner Frau an, sie aber läßt sich im Alter von siebzig von ihm scheiden. Der Jurist der Beratungsstelle vermerkt:

«Jetzt, wo er um Verzeihung bittet und ihr sagt, daß alles aus ist, wo er für die Frau völlig unbegreiflich erwartet, daß sie ihn wegen seines männlichen Mißerfolgs tröstet, behauptet sie, dies nicht ertragen zu können.»

Daß Frauen im Alter plötzlich beschließen, einem jahrzehntelangen Zustand ein Ende zu setzen, kommt nicht selten vor. Die 76jährige Frau B. erklärt der Beraterin, daß «ihr Mann immer schon grob war. Jetzt hält sie sein Schimpfen und Schreien nicht mehr aus und will sich scheiden lassen.»

Die 68jährige Frau Sch. will sich nach 44 Jahren der Ehe von ihrem

Mann trennen, weil sie «keine Geduld mehr für ihren Gatten aufbringen kann». Frau L., 35 Jahre verheiratet, will sich scheiden lassen, weil ihr Mann seit sieben Jahren verändert ist und sie in letzter Zeit immer häufiger schlägt. Frau G., vierzig Jahre verheiratet, hat gegen ihren Mann, einen 69jährigen Pensionisten, Anzeige wegen Mißhandlung erstattet, und will sich scheiden lassen.

Manche Frauen sehen ihre plötzliche Weigerung, nach Jahren und Jahrzehnten die Situation auch nur einen Tag länger zu ertragen, sehr klar. Die 62jährige Frau S., 34 Jahre mit einem ehemaligen Lehrer verheiratet, will sich von ihrem 76jährigen Mann scheiden lassen, weil «der Mann sie geschlagen hat. Sie hat eine polizeiliche Anzeige erstattet. Der Mann wollte sie auch würgen. Ihre Schwierigkeiten mit ihm gehen mindestens fünfzehn Jahre zurück, doch jetzt ist der Sohn erwachsen und selbst verheiratet, außerdem braucht man sich als Frau heute nicht mehr alles gefallen zu lassen. Die Frau ist ausgezogen und scheint absolut entschlossen zu sein, nicht mehr zu ihrem Mann zurückzukehren.»

Der Mann der 75jährigen Frau L. wird ausfällig und gewalttätig, weil sie im Pensionistenklub viele Freunde gefunden hat und immer mehr Zeit dort verbringt; ihr Mann möchte haben, daß sie zu Hause bleibt und sich um ihn kümmert.

«Die Frau kommt, um sich die Bestätigung zu holen, daß sie das Recht hat, ein bißchen zu ihrer eigenen Freude zu leben und nicht nur für die Versorgung des Gatten da zu sein. Was ihr bestätigt wurde», vermerkt die Beraterin über diese Frau.

Manche Frauen wollen sich nicht endgültig vom Mann trennen, sondern nur die veränderten Machtverhältnisse klarstellen; ihnen genügt eine Demonstration ihrer neuen Unabhängigkeit. Nach dem Ausscheiden des Mannes aus dem Berufsleben fühlen sie sich ihm gegenüber «gleicher». Frau H., Gattin eines siebzigjährigen ehemaligen Architekten, erklärt der Beraterin, «sie hat gewartet, bis das Kind erwachsen und ganz auf eigenen Füßen ist. Ihr Mann ist aggressiv, war ihr und der Tochter gegenüber häufig ausfallend und beleidigend. Sie will sich jetzt scheiden lassen, um ihm einen ‹Schock zu versetzen›, hat aber vor, weiterhin mit ihm zu leben, weil er sonst doch ‹völlig hilflos› wäre. Er soll merken, daß er sie braucht, und nicht mehr so herablassend sein. Auf keinen Fall will sie ihn wirklich verlassen, denn sie fühlt sich für ihn verantwortlich und kommt im allgemeinen gut mit ihm aus.»

In ähnlicher Weise trennte sich Frau J. für zwei Jahre von ihrem Mann. Dann hatte sie das Gefühl, daß der 73jährige sich «jetzt genug den Kopf angerannt hat» und heiratete ihn wieder.

Tragisch dagegen sind die Fälle, in denen die Angst und die Verzweiflung isolierter Menschen sie gegeneinander stellen.

Die 82jährige Frau C. kommt zur Beratung, weil ihr gleichaltriger Mann, mit dem sie seit 61 Jahren verheiratet ist, ihr kein Wirtschaftsgeld mehr gibt. «Er spart, damit er sich nach ihrem Tod ein Heim leisten kann».

Der 68jährige ehemalige Drogist Herr R.:

«Kommt fast täglich betrunken nach Hause, schlägt und beschimpft dann seine Frau. Die Frau ist jetzt ausgezogen und wohnt bei ihrem Sohn, da sie Angst vor ihrem Gatten hat. Das Ehepaar ist seit 38 Jahren verheiratet.»

Vor dem einzigen verbleibenden Menschen in Angst zu leben ist eine psychisch kaum erträgliche Situation. Frau B. kommt in völliger Verzweiflung in die Beratungsstelle:

«Ihr 73jähriger Mann hat seit acht Jahren eine Freundin. In letzter Zeit bedroht er seine Frau, sperrt sie aus der Wohnung. Er sagt ihr, daß er und die Freundin sich wünschen, sie würde Selbstmord begehen.»

Frau K., 71, kann kaum mehr schlafen:

«Unter dem Vorwand, daß sie schnarcht, wird sie nachts mehrmals dadurch geweckt, daß ihr ein Kissen übers Gesicht gedrückt wird oder ein Radio plötzlich gegen ihr Ohr gehalten wird. Als sie auf ein provisorisches Bett in einem anderen Zimmer zog, machte ihr Mann sie vor den Nachbarn lächerlich.»

Die Spannungen in den Ehen alter Leute haben verschiedene Ursachen. Mit der Pensionierung fällt in der Regel der hauptsächliche Tätigkeitsbereich des Mannes weg. Er kann versuchen, im häuslichen Bereich Zuständigkeiten zu übernehmen, was oft auf den Widerstand der Frau stößt; sie wehrt sich gegen die Bedrohung ihrer langjährigen Kompetenz. Mitunter kann die Pensionierung des Mannes sogar eine gewisse Verlagerung des ehelichen Machtverhältnisses zur Folge haben: der «weibliche» Bereich von Hausarbeit und Verwandtschaft funktioniert unverändert, und der Mann ist nun die Randfigur und muß sich zurechtfinden. Oft können Männer sich allein nicht beschäftigen, die plötzliche Isolation und der Statusverlust sind neue Erlebnisse für sie, auf die sie mit dem Anspruch auf Zuwendung und Aufmerksamkeit der Frau reagieren. Die Weigerung der Frauen, ihnen jetzt entgegenzukommen, ist manchmal nicht ohne einen Anflug von Rache.

Herr L. beschwert sich darüber, daß seine Frau im Pensionistenklub so aktiv ist, mit ihren Freundinnen ständig Kurse besucht und Diskussionsabende organisiert, während er zu Hause allein bleibt. Im Pensionistenklub fühlt er sich nicht wohl («dort sind doch lauter Weiber»). Frau L. meint dazu ungerührt, «er hatte für mich früher auch keine Zeit, und ich war oft allein zu Hause».

Nach der Pensionierung ist der Mann oft abrupt mit einem Zustand konfrontiert, mit dem sich die Frau schon längst arrangieren mußte: mit der Isolation und Eintönigkeit des Haushalts. Wo selbst die Erwartung möglicher Ablenkungen und Ereignisse fehlt, kann diese Eintönigkeit sich bis zum sogenannten «Trauma der Ereignislosigkeit» steigern.[79]

Typische Reaktionen sind die Flucht in Krankheit und Hilflosigkeit (womit die Zuwendung von Kindern und Verwandten erzielt werden soll) oder ins Gasthaus; Alters-Alkoholismus ist kein seltenes Problem in den Beratungsstellen.

Manche Leute machen im Alter einen letzten Versuch, ihre lebenslangen Hoffnungen doch noch zu verwirklichen. Frauen ziehen endlich Konsequenzen und setzen sich zur Wehr, meist mit den einzig zur Verfügung stehenden Ressourcen, indem sie zum Beispiel ihre intensivere Beziehung zu Kindern und Verwandten gegen den Mann einsetzen. Männer suchen Bestätigung für ihre Männlichkeit in neuen Beziehungen oder in aggressivem, herrschsüchtigem Verhalten. Die Trennung zwischen männlichem und weiblichem Bereich und die Fremdheit, die durch die Notwendigkeit der Aufrechterhaltung der als zur Geschlechtsidentität gehörig erachteten Qualitäten und Barrieren bedingt ist, führt hier zu einer völligen Erstarrung der Beziehung.

Kapitel VII

Ein Essay über Bananenrepubliken und Hausfrauen

Aus den vorangegangenen Materialien werden nun gewisse Verallgemeinerungen getroffen ✻ Diese sind eher als notierte Beobachtungen zu betrachten ✻ Daraus werden schließlich einige Thesen abgeleitet ✻ Besagte Thesen stellen einen kurzen, aber heftigen Protest gegen die Situation dar, in der sich viele Geschlechtsgenossen der Autorinnen befinden ✻ Da in diesen Ausführungen keine Unterscheidung zwischen der «Frau des Arbeiters» und der «Frau des Unternehmers» getroffen wird, werden sie in breiten Leserkreisen und vor allem bei jenen, die gerade das ‹*Kapital*› gelesen haben, auf Mißbilligung stoßen ✻ Die Autorinnen nehmen dieses Risiko auf sich

---

Die Ehe ist eine soziale Organisationsform, an der fast alle Gesellschaftsmitglieder teilhaben; zugleich ist das Wissen über ihre Regeln und gesetzlichen Verordnungen fast nicht existent. Die meisten Menschen haben nur sehr diffuse, größtenteils romantisierte Vorstellungen darüber, welche Verpflichtungen sie eingehen, welche Einschränkungen oder Anforderungen ihnen abverlangt werden können. Obwohl das Erfahren von ehelichen Interaktions- und Konfliktsituationen zum Alltag gehört, können daraus meist keine verallgemeinerten Einsichten in die Dynamik dieser Institution gewonnen werden, da diese auftretenden Phänomene stets als Einzelfälle wahrgenommen werden. Auf die realen Gegebenheiten des ehelichen Alltags wird man kaum vorbereitet, das Wissen darüber muß zufällig und mühsam erworben werden. Die daraus resultierenden Verzerrungen ergeben insgesamt eine Situation, die für Ängste, übersteigerte Erwartungen und Repressionen besonders anfällig ist. Denn die Ehe der eigenen Eltern, die das unmittelbarste Lernobjekt für die meisten Jugendlichen ist, wird nicht primär als «Ehe» erlebt, sondern als Familie, als Elternhaus. In der Regel sind Eltern bestrebt, ihr Verhältnis zueinander gegenüber den Kindern zu harmonisieren und entsexualisieren, so daß sowohl dem Bereich «Konflikt» als auch dem Bereich «Sexualität» eine Aura des Geheimnisvollen und Privaten, Tabuisierten anhaftet.

Die gesellschaftliche Kontrolle über das Lernen besteht nicht aus einem Verwalten einheitlicher, zu vermittelnder Wissensbestände. Sie stellt vielmehr ein abgestuftes System von Wissen, Partialwissen und Ignoranz dar, eine ungleiche Verteilung von Fehl-, Halb- und Mißinformationen, die an die verschiedenen gesellschaftlichen Gruppen und Schichten in ungleicher Weise verteilt werden.

Unwissen und die Verweigerung oder Verzerrung von Informationen sind nicht zufällige und anachronistische Lücken im Wissensgebäude einer an sich aufgeklärten Gesellschaft; sie haben System. Am Beispiel der Sexualität läßt sich das besonders deutlich zeigen. Die Aneignung des Wissens über sexuelle Vorgänge besteht nach wie vor zum großen Teil aus einem «autodidaktischen» Sammeln von (Fehl-)Informationen aus Bereichen der «überlieferten Tradition», der Pornographie und der populären Literatur. Mangels sachlicher Informanten sind Kinder und Jugendliche gezwungen, ihr Wissen induktiv und deduktiv durch mühsames Erheben diverser Daten, Hinweise und Interpretationen anzueignen. Das resultierende Bild der Sexualität kann sich nur aus Schuldgefühlen, Aggressivitäten und Ängsten zusammensetzen, wobei diese jeweils in geschlechtsspezifisch gefärbter Weise eintreten: die sadistisch geprägte Konsumhaltung gegenüber der Frau, die in Zeitschriften, Werbung und Sprachgebrauch vermittelt wird und auch den Kindern und Jugendlichen klar ersichtlich ist, muß sich auf Mädchen in besonders destruktiver Weise auswirken, denn die den Frauen vermittelte Botschaft läßt sich im wesentlichen auf den Satz reduzieren: «Die sexuelle Beziehung zum Mann wertet die Frau ab, ist aber die einzige wählbare Weise, in der sie ihr Leben gestalten kann.» Die junge Frau lernt in vielen subtilen Weisen, daß sie sich sexuell passiv zu verhalten hat, daß sie durch Verweigerung ihren Marktwert steigern kann, daß ihre Abweichung von der sozialen Norm viel strenger bestraft wird als die eines Mannes, daß sexuelle Witze und Anspielungen immer auf Kosten der Frau gehen, daß also in der Sexualität etwas für die Frau Erniedrigendes liegt. Diese widersprüchlichen Botschaften werden von den Frauen zu einem Bild ihrer Sexualität verarbeitet; daß sexuelle Beziehungen in der gegenwärtigen gesellschaftlichen Situation für Frauen überhaupt befriedigend sein können ist ein Triumph der Biologie über die Gesellschaft.

Aus ähnlich ambivalenten Erwartungen und Haltungen besteht das gesellschaftliche Bild der «Ehe». Die hauptsächlichen Komponenten des Bilds sind verschwommene Vorstellungen über Liebe, Versorgung, Besitz, Vertrauen, Daseinssinn. Sich persönlich abzusichern oder sich über seine Rechte zu informieren, wäre ein Akt des Pragmatismus und der Kalkulation, der diesen Erwartungen widersprechen würde. Frauen sind am stärksten von dieser Eheromantik betroffen, da sie schon von frühester Kindheit an daraufhin erzogen werden. Es ist dies eine Erziehung, die ihnen unter den gegebenen gesellschaftlichen Umständen nur zur Hilflosigkeit und Übervorteilung gereichen kann.

Als zum Beispiel Frau F. ihren Mann, einen Gynäkologen, heiratete, schenkten ihr die Eltern ein Haus. Aus Steuergründen wurde es auf den Namen ihres Mannes geschrieben, und Frau F. dachte sich nichts dabei.

Ihr abgeschlossenes Studium hat sie nie verwertet, sie war 25 Jahre lang damit beschäftigt, den Haushalt und ihre drei Kinder zu versorgen. Jetzt hat ihr Mann eine Freundin und drängt auf Scheidung. Die Frau hat weder berufliche Aussichten noch Ersparnisse, noch einen Pensionsanspruch. Der Mann ist der Ansicht, daß das Haus rechtmäßig ihm gehört, so daß sie sich im Alter von 56 Jahren Sorgen um ihre Existenz machen muß.

Trotz der «weiblichen Berufstätigkeit» sind in erster Linie die Männer für den materiellen Unterhalt der Familie zuständig; der Verdienst der Frauen ist ein Nebeneinkommen. Für ihre Versorgung müssen Frauen bestimmte in der Praxis nie völlig explizit gemachte Gegenleistungen erbringen. Im Streit kommt es häufig vor, daß Männer ihren Frauen vorrechnen, wieviel sie die Frau schon gekostet hat. Die Leistungen der Frauen hingegen lassen sich nicht in Kategorien von Lohn umsetzen; eine Problematik, die von der Frauenbewegung in der «Lohn für Hausarbeit»-Diskussion aufgearbeitet werden soll.

Gisela Bock und Barbara Duden beschreiben die Funktionen der gesellschaftlichen restriktiven Definition von «Arbeit» unter dem Titel *‹Beruf Hausfrau: oder Identität und Schizophrenie›* folgendermaßen:

«Für *einen* Lohn erhält der Unternehmer bzw. der Staat zwei Arbeitskräfte, das Lohnverhältnis verbirgt die Gratisarbeit der Frau, alle Arbeit erscheint als entlohnte bzw. als bezahlte Arbeit und umgekehrt: was nicht entlohnt wird, erscheint nicht als Arbeit. Die Frauen sind nicht nur das ‹Herz der Familie›, sondern auch das Herz des Kapitals. Es steht und fällt damit, sich ihrer Liebe, ihrer ‹Natur›, ihrer Arbeit umsonst bedienen zu können.»[80]

Viele Frauen leben unter dem permanenten Druck der Vorstellung, daß sie dem Mann etwas schuldig sind; daß ihre geleistete Arbeit der des Mannes nicht gleichwertig ist. Dieses Dilemma ist so lange akzeptabel, wie die Frau die Ehe als Liebesverhältnis jenseits der Rechnungen versteht und das Gefühl hat, daß der Tausch nicht gemessen wird. Fällt aber die Liebe weg, so bleibt die Schuldenlast zurück. Das Verhältnis zwischen Männern und Frauen ist mit dem Verhältnis zwischen Industrie- und Entwicklungsland vergleichbar. Beide Beziehungsformen sind durch Abhängigkeit gekennzeichnet.

Solange die Länder der Peripherie gute Beziehungen zur Metropole unterhalten, die angeforderten Ressourcen prompt liefern und sich politisch unterordnen, werden ihnen Kredite gewährt und «Hilfsprogramme» angeboten. Sobald das Entwicklungsland sich der Abhängigkeit entziehen will oder sobald die Metropole keine Verwendung mehr für die Ressourcen des Landes hat, werden alle Sanktionen eingesetzt, um die Schulden einzufordern, oder das ausgeplünderte Land wird einfach seinem Schicksal überlassen. Das Entwicklungsland ist permanent in Abhängigkeit, weil zwar bei den ungleichen Tauschverhältnissen mehr

Ressourcen (Rohstoffe, Arbeitskraft etc.) ins Zentrum fließen als umgekehrt, die Preise und die Bedingungen des Tauschs aber von diesem Zentrum bestimmt werden.[81] Die Ausbeutung wird verfestigt durch militärische Übermacht, diplomatische Manöver und die Ungleichheiten des internationalen Rechts.

In gleicher Weise leisten Frauen ständig unbegrenzte Dienste, deren Marktwert von Männern bestimmt wird. Die Institution der Ehe ist ein bilateraler Vertrag zur Verfestigung der Strukturen des ungleichen Tauschs. Das Abkommen gewährleistet mittels Assoziation und Präferenz die Ausschließlichkeit der Ausbeutung. Der Ideologie des Fortschritts und der «Modernisierung» entspricht die Ideologie der Liebe und der «Partnerschaft». Analog zur zwangsweisen Konzentration der Entwicklungsländer auf Monokultur findet die Fixierung der Frauen auf Reproduktion und Hausarbeit statt, denn ebenso wie Guatemala zwar Bananen produzieren kann, aber auch Fertigprodukte, Intellektuelle und zivilisatorische Leistungen, können Frauen Kinder produzieren, aber auch Bücher, Ideen, Kunst, Erfindungen – es sei denn, sie werden daran gehindert.

Die zwanghafte Einschränkung von einzelnen oder Völkern auf eine einzige, fremdbestimmte Funktion ist ein Akt politischer Gewalt, der in seiner Vernichtung menschlichen Potentials dem Genozid gleichkommt.

Kapitel VIII

Was sind denn das für Frauen? Eine Dokumentation

Im Laufe des Jahres 1977/78 führten wir eine Reihe von Gesprächen mit Frauen, die sich in der Situation häuslicher Gewalttätigkeit befanden * Dokumentation dieser Gespräche * Die Situationen und Persönlichkeiten der betroffenen Frauen sind sehr unterschiedlich * Man kann keine Verallgemeinerungen treffen * Die Autorinnen gehen so weit zu fragen, ob es tatsächlich ausgeschlossen ist, daß auch Sie, liebe Leserin, sich unter anderen Umständen in dieser Situation vorfinden könnten * Die Autorinnen selbst können es für ihre eigenen Personen nicht mit Sicherheit ausschließen * Sie, lieber Herr Leser, üben selbstverständlich auf die weiblichen Personen ihres Umkreises keinerlei Zwänge aus * Auch keine Überheblichkeiten * sanfte Erpressungen * stillschweigende Akzeptierungen von Privilegien und Dienstleistungen auf der Grundlage bildungsmäßiger, materieller, physischer, beruflicher usw. Überlegenheit * Überblättern Sie also bitte dieses Kapitel mit rein abstraktem Interesse

---

Frau Z. wohnt am Stadtrand. Sie ist unsere erste Gesprächspartnerin. Wir wissen über sie, daß sie vier Kinder zu versorgen hat, 39 Jahre alt ist und daß ihr Mann wegen Fälschung und Betrug im Gefängnis ist; soviel hat uns ihre Sozialarbeiterin erzählt.

Um in die Wohnung von Frau Z. zu gelangen, fährt man eine dreiviertel Stunde mit Straßenbahn und Bus; schließlich geht man quer durch desolate, struppige Felder. Gewappnet mit unseren Theorien über Randgruppen, Kriminalität, Wohlfahrt und Devianz zogen wir zuversichtlich über die Felder, über die wir zwei Stunden später unter Realitätsschock stehend um diese Theorien erleichtert unseren Rückzug antreten sollten.

Frau Z. ist eine schmächtige, zierliche, blonde Frau. Auf Grund einer Hüftluxation bewegt sie sich nur langsam vorwärts; trotzdem geht sie täglich als Bedienerin arbeiten. Wir setzen uns auf das Sofa und versuchen, mit unaufdringlichen Fragen das Gespräch einzuleiten. Frau Z. macht es uns leicht, bereitwillig, aber monoton erzählt sie uns ihre Lebensgeschichte. Wir unterbrechen selten und meist mit Klärungsfragen.

Frau Z. wuchs in Deutschland auf; ihr Vater hatte dort eine kleinere Textilfirma. Mit neunzehn Jahren wurde Frau Z. schwanger; ihr Freund starb bei einem Arbeitsunfall. Drei Jahre nach diesem Unfall heiratete sie einen Maurer, der sie und ihr Kind gut versorgte. Dieser Mann war gutmütig, auch fleißig und fürsorglich; er trank zwar, war dann aber nicht gewalttätig, sondern nur etwas desorientiert. Sein Trinken irritierte sie, weil er dann Verhaltensweisen zeigte, die sie sehr nervös machten. Zum Beispiel spielte er abends stundenlang mit der Fernsehantenne, weil er in seinem Rausch das Bild nur verschwommen sehen konnte und nicht davon zu überzeugen war, daß keine Bildstörung vorlag.

Mit 37 lernte Frau Z. einen anderen Mann kennen, den Mann einer Bekannten und verliebte sich in ihn. Als dessen Frau an Krebs starb, nahm sie für einige Zeit seinen vierzehnjährigen Sohn in Pflege und ließ sich bald darauf von ihrem Mann scheiden, um Herrn Z. zu heiraten. Mit ihren eigenen drei Kindern und seinem Sohn wohnte sie mit ihrem neuen Mann in der Drei-Zimmer-Wohnung, in der sie uns jetzt gegenübersitzt. Es ist schwer, ein klares Bild von ihrem Mann zu bekommen, was hauptsächlich auf die starke Ambivalenz ihrer Gefühle ihm gegenüber zurückzuführen ist. Wir sitzen in einem sehr ordentlichen Wohnzimmer und versuchen aus den abenteuerlichen Ausführungen von Frau Z. eine Vorstellung über ihre Beziehung zu gewinnen.

Herr Z., erzählt sie uns, war ein Heimkind und kam schon in der Jugend mit dem Gesetz in Konflikt. Zuletzt war er fünf Jahre inhaftiert – wegen Betrug und Notzucht, erzählt uns Frau Z. gelassen. Gewalttätig war er am Anfang der Ehe nicht; irgendwann schlugen seine jähzornigen Ausbrüche dann in Gewalt um. Das Wohnzimmer ist eine Gedenkstätte seiner Entgleisungen: Hier ist die eingetretene Tür, da das zerschlagene Fenster; wir sitzen auf dem Sofabett, das Frau Z. einmal nicht rechtzeitig zurechtgemacht hatte, weswegen er sie halb bewußtlos schlug, und dann noch ihre sechzehnjährige Tochter, die ihn daran hindern wollte. Frau Z. lenkt unsere Aufmerksamkeit auf diese Gegenstände wie bei einer Führung durch die Hofburg. Auf dem Fernseher steht ein großes, gerahmtes Hochzeitsfoto: Frau Z. lächelt in einem weißen Spitzenkleid zu ihrem Mann auf, der einen schwarzen Anzug trägt, wie ein Bankier aussieht und den Arm schützend um sie gelegt hat.

Die Erzählungen von Frau Z. sind sehr widerspruchsvoll: Seine erste Ehe war glücklich, erzählt sie, und kurz darauf schildert sie, wie er zweimal versucht hat, diese Frau umzubringen. Einmal wollte er sie in der Badewanne ertränken, einmal mit dem Messer erstechen. Ob sie nicht Angst hatte, ihn zu heiraten, nachdem sie davon wußte, fragen wir. Frau Z. ist über diesen Gedanken überrascht: Das mit der anderen Frau war doch etwas anderes. Sie überlegt, sucht noch nach weiteren Begründungen, schließlich meint sie: Ihr Mann hat die andere Frau nicht geliebt, außerdem hat sie ihn betrogen.

Die Zornesausbrüche des Herrn Z., die seine Frau für uns zu rekonstruieren versucht, waren schwer vorhersehbar; fast alles konnte zum

Auslöser für Gewalttätigkeit werden: Ein ungemachtes Bett, eine verspätete Mahlzeit, die Art, in der die Tochter den Vorhang zuzog, das verspätete Heimkommen des achtzehnjährigen Sohns seiner Frau – für alle Irritierungen des Alltags war Frau Z. verantwortlich, konnte sie bestraft werden.

Frau Z. weiß nicht, was sie von der Zukunft erwarten soll. Ihr Mann ist jetzt ein halbes Jahr in Haft und kommt erst in weiteren acht Monaten nach Hause. Daß er weg ist, ist für die ganze Familie eine Erleichterung. Wegen seiner Mißhandlungen hätte sie gegen ihn nicht Anklage erstatten können, meint sie: einmal drohte er, die Kinder umzubringen, wenn sie die Anklage wegen gefährlicher Drohung nicht zurückzog. Seine Haftstrafe wegen Fälschung und Betrug kam daher unerwartet und sehr gelegen. Seit er in Haft ist, lernen die Kinder in der Schule besser, die beiden Ältesten kommen in der Lehre besser zurecht, alles ist friedlicher. Vielleicht sollte sie sich scheiden lassen, bevor er entlassen wird . . .

Dann wiederum liest uns Frau Z. die Briefe vor, die ihr Mann ihr aus dem Gefängnis schreibt: Briefe voll von Vorwürfen über ihre mangelnde Liebe, ihr mangelndes Vertrauen; Briefe mit Gedichten, Zitaten, Versprechungen. «Er schreibt: ‹in deinen Briefen machst du mir immer nur Vorwürfe›, liest Frau Z. vor, ‹so schreibt keine Frau, die ihren Mann liebt.› Was sagen Sie dazu? Ich hab ihm geantwortet, ‹du hast mich und meine Kinder geschlagen, du hast gesagt, du bringst uns um, du hast meinen Sohn aus der Wohnung geschmissen, und dann soll ich dir keine Vorwürfe machen?›»

«Und was hat er darauf geantwortet?» fragen wir.

Sie liest vor: Gedichte, eine Schilderung seines Tagesablaufs, keine Bezugnahme auf ihren Brief.

Ruhiger ist es, seit er weg ist, bestätigt Frau Z., aber es klingt so, als wäre ihre Freude an diesem Zustand der Ruhe nicht ungetrübt. Auch wenn sie ihren ersten Mann beschreibt, den sie heute noch gelegentlich trifft und der sie gern zurücknehmen möchte, klingen seine Eigenschaften der Verläßlichkeit, der Friedfertigkeit, nicht sehr attraktiv. Dagegen erzählt sie uns im Laufe unserer Bekanntschaft mit ihr dreimal die Geschichte ihrer Gefängnis-Schmuggelaktion: Sie fuhr zur Fabrik, in der die Häftlinge tagsüber arbeiten, paßte die Gruppe vor dem Tor ab, steckte ihrem Mann ein Glas mit Nescafé zu, im Kaffee versteckt sein Ehering – den hatte er sich gewünscht. Sie mußte sich stundenlang im Toreingang versteckt halten, fast hätte der Wärter sie entdeckt, die anderen Häftlinge wußten alle Bescheid – es war sehr aufregend. In die monotone Stimme von Frau Z. kommt Animation, ihr blasses Gesicht wird belebter: das war ein Ereignis.

Masochistische Erklärungsmuster passen nicht auf Frau Z.; sie leidet unter den Schmerzen und Erniedrigungen und macht sich Gedanken darüber, ob und wie es anders werden könnte, wie sie ihren Mann verändern kann. Was Frau Z. sucht, ist nicht Gewalt und Mißhandlung, sondern Gefahr, das Außergewöhnliche und Nichtalltägliche, das sie aus der Eintönigkeit des ruhigen Lebens heraushebt. Ihrem Mann den Ehering in einem Kaffeeglas ins Gefängnis zu schmuggeln, war für sie ein Akt der Romantik und des großen Abenteuers; von einem gefährlichen, inhaftierten Mann Liebesbriefe zu erhalten, hebt Frau Z. aus den Scharen kleinbürgerlicher Hausfrauen empor in den Rang einer Kriminalromanheldin. Auch unsere Anwesenheit und unser Interesse bestätigen ihr nur, daß sie außergewöhnlich ist. Anders als viele der anderen Frauen, mit denen wir sprechen, will Frau Z. von uns keinen Rat, kein Mitleid und keine Einschätzung ihrer Lage: sie will uns nur als Publikum.

In einer Gesellschaft, in der Frauenrollen nur aus leidenden Heldinnen, Opfern spektakulärer Gewaltverbrechen, hingebungsvollen Märtyrerinnen und mißbrauchten Anhängseln heroischer Männer bestehen, inszeniert Frau Z. Dramen, in denen sie diese Rollen spielen kann

Frau E. ist 33 Jahre alt; blond, dünn und mädchenhaft, wirkt sie eher wie eine Schülerin als wie eine Mutter von drei Kindern, zwei davon im Volksschulalter. Wir besuchen sie in ihrer Wohnung am Stadtrand; vom ersten Bezirk fährt man fast eine volle Stunde mit Straßenbahn und Autobus zu ihrer Siedlung. Die Wohnung ist neu eingerichtet, im Wohnzimmer stehen die Schrankwände und Sofagarnituren, die in Wurfsendungen und Prospekten das Mobiliar elegant gekleideter, verkrampft posierender Modelle darstellen, viele Tausende von Schillingen kosten und in Raten abzuzahlen sind. Eine großgemusterte Tapete klebt in nicht ganz vertikalen Streifen an den Wänden, ein dreijähriges Kind und eine Katze sitzen am blanken Linoleum.

Wir sitzen auf der Sofagarnitur, und Frau E. entschuldigt sich dafür, daß sie uns keinen Kaffee oder Tee anbieten kann; leider hat sie einen elektrischen Herd, und soeben ist ihr der Strom abgedreht worden, weil sie die Rechnung nicht bezahlen kann. Jetzt kann sie nichts kochen, sagt Frau E. mehr verärgert als selbstbemitleidend, wissen die denn nicht, daß sie ein kleines Kind hat? Und was wird sie am Abend machen, ohne Fernseher – nicht einmal lesen könnte sie ohne Licht, und in das einzige Wirtshaus der Umgebung kann sie auch nicht gehen. Das kostet wieder Geld, und außerdem kann sie das Kind nicht im Dunkeln allein lassen. Frau E. überlegt laut und resigniert schließlich. Die Fürsorgerin würde ihr vielleicht Geld für die Rechnung vorstrecken, aber «ich will sie nicht schon wieder um was bitten, grad hat sie mir Geld für meine Schulden geborgt, ich kann ja nicht dauernd Geld verlangen, und nächsten Monat wäre es sowieso wieder das gleiche».

Frau E. lebt mit ihrem jüngsten Kind allein. Sie ist von ihrem Mann, der sie mißhandelte, geschieden; die anderen zwei Kinder leben bei ihrer Mutter, «damit jemand zu Hause ist, auch nach der Schule». Denn Frau

E. arbeitet ganztags in einer Textilfabrik und verdient monatlich 4800 Schilling. Früher hat sie einmal im Akkord gearbeitet, erzählt sie, da hat sie gut verdient, 8000 Schilling, war aber nach zwei Jahren «total kaputt».

Frau E. heiratete mit achtzehn einen Maler, von dem sie sich nach sieben Jahren scheiden ließ, weil er sie betrog. Mit 27 heiratete sie ein zweites Mal. Die Ehe mit diesem zweiten Mann, einem damals 28jährigen Tischler, ging vier Jahre lang gut. Dann zogen sie in die neue Wohnung, auf die sie sich schon sehr gefreut hatten, und die Schwierigkeiten fingen an. Sie versuchte, das neue Heim häuslich und schön einzurichten, aber ihr Mann litt unter der Isolation. In der Stadt waren sie öfter Tanzen gegangen oder ins Kino, aber das alles war am Stadtrand nicht mehr möglich. Ihr Mann hielt es abends und am Wochenende in der Wohnung kaum aus. Er war ein Heimkind, die weißen Wände der Neubauwohnung erinnerten ihn an Anstalten; Frau E. tapezierte die Wohnung eigenhändig. «Manchmal fuhren wir schon am Wochenende weg, zu Verwandten oder in die Stadt hinein oder ins Schwimmbad, aber meistens blieben wir dann doch zu Hause.» Ohne Auto schien der Aufwand, die Reisezeit, zu lästig. Es kam immer häufiger zu Konflikten, erzählt Frau E., und irgendwann hat der Mann dann angefangen, sie auch zu schlagen und zu tyrannisieren. Ein Jahr lang ging das so; einmal ist er ihr mit dem Messer durch die Wohnung nachgerannt, und sie ist mit dem Kind am Rücken vor ihm geflohen. Die Polizei konnte sie nicht rufen, weil sie damals noch kein Telefon in der Wohnung hatten. Am nächsten Morgen kam ihr diese Szene so unwirklich vor, daß sie es lieber vergessen wollte.

Außer einem Wirtshaus gab es in der Umgebung nichts: keine Lokale, kein Kino. Also ging der Mann öfter ins Wirtshaus. Er hat nicht gerade viel getrunken, aber er gab doch eine Menge Geld aus, man spendierte sich gegenseitig Runden, und sie machte ihm deshalb Vorwürfe, denn die Wohnungen am Stadtrand sind teuer, und die Möbel mußten auch abbezahlt werden. So kam es immer öfter zu Streit. Einmal sperrte der Mann sie auf den Balkon, mitten im Winter; sie hatte nur ihr Nachthemd an. Sie hat gerufen, aber keiner hat sie gehört; außerdem achtet niemand darauf, in der Siedlung schreit immer irgendwer, wenn man da jedesmal die Polizei rufen würde ...

Einmal schüttete er um zwei Uhr früh einen Kübel Wasser auf das Linoleum im Wohnzimmer und zwang sie, den Fußboden aufzuwaschen. «Nicht weil er schmutzig war», erklärt sie mit Nachdruck, noch immer schockiert über die Erinnerung an diese Nacht, «einfach so, um mir zu zeigen, daß er die Befehle gibt.»

«Und was haben Sie gemacht?» fragen wir. «Na, was konnt ich schon machen?» sagt sie nach kurzem Schweigen. «Ich hab halt aufgewaschen. Und dabei hab ich mir dacht – spinn i oder spinnt er? Gehört er zum Psychiater oder ich?»

Sie denkt kurz nach, versucht zu formulieren. «Mein Mann hat mir leid getan», sagt sie schließlich. «Er hat's eigentlich immer schwer gehabt. Ich wollt ihm ein Heim geben. Aber hier heraußen hat er es nicht ausgehalten, es war so langweilig für ihn. Wir hätten in der Stadt bleiben müssen.»

Sicher, für sie war es auch langweilig, meint Frau E., vielleicht sogar noch schlimmer als für ihn, weil er ja wenigstens zur Arbeit fuhr und dort andere Leute traf. Aber «ich bin irgendwie besser damit fertig geworden. Als Frau muß man das halt.»

Die Scheidung, erzählt Frau E., war schrecklich. Er hat alles mögliche versprochen, er hat den Kindern dauernd Sachen gekauft, um sie umzustimmen. Noch heute kommt er gelegentlich vorbei und will mit ihr reden, ihr seine Probleme erzählen. Sie läßt ihn immer herein, sagt sie, weil er ihr noch immer leid tut. Seine Eltern sind beide tot, und er hat niemanden, mit dem er ehrlich reden könnte. Er kommt, spielt mit dem Kind, und sie unterhalten sich freundlich. Aber sie ist immer sehr nervös, wenn er zu Besuch kommt, weil er sich manchmal weigert, wieder nach Hause zu gehen, und die Nacht über bei ihr bleiben will: «Weil es schon so spät ist», sagt er dann immer. Dann streiten sie und manchmal droht er ihr. Einmal mußte sie die Polizei rufen, bevor er endlich heimging; seit sie ein Telefon hat, fühlt sie sich sicherer.

Ob er glaubt, im Bett eine Versöhnung herbeiführen und wieder mit ihr leben zu können, fragen wir. Frau E. verkrampft sich sichtbar, sagt schließlich sehr vehement: «Das weiß der genau, daß das nicht geht. Mit mir schläft der nimmer.» Und nach einer kurzen Pause erzählt sie zögernd: «Einmal hat er's nämlich mit Gewalt gemacht. Wir waren schon im Bett, er wollte und ich wollte nicht, da hat er gesagt, ah so, du willst net, vielleicht willst jetzt, und hat mich geschlagn, im Bett . . . Der war zweimal so groß wie ich», fügt sie hinzu und erinnert sich an den Scheidungsprozeß. «Da hat mi der Richter gfragt», sagt sie mit Empörung und parodiert ihn, indem sie ihn das gewählte Hochdeutsch sprechen läßt, in welchem sie alle Amtspersonen, mit denen sie zu kämpfen hat, zitiert: «‹Haben Sie Ihrem Gatten die eheliche Pflicht verweigert?› Dem hab i was dazählt.»

Frau E. hat in der Lotterie zweimal danebengetippt, aber sie spielt weiter. Ihre Startbedingungen sind schlechter geworden. «Ich hätt gern einen netten Mann», sagt sie uns, aber in der Fabrik arbeiten fast nur Frauen, und in der Siedlung leben nur verheiratete Männer. Beim Weggehen erzählt uns Frau E. noch, daß sie ihrem Mann einmal einen Aschenbecher auf den Kopf geworfen hat und daß sie heute abend doch ins Wirtshaus gehen wird und daß sie gern einen netten Mann hätte, weil man jemanden braucht.

Frau H. ist dreißig Jahre alt, eine hübsche und lebhafte Frau, der man den früheren Beruf (Drogerieverkäuferin) ansieht: sie wirkt wie eine Reklame für die Kosmetikindustrie und verkörpert Ausdrücke wie «dezent», «gepflegt», «jugendlich». Wir treffen die sympathische und freundliche Frau in einem Kaffeehaus, und die Vereinbarung von Ort und Zeit des Gesprächs ist eine Übung in Logistik. Denn Frau H. wird überwacht; ihre Wege sind vorgeschrieben, ihre Abwesenheiten von zu Hause zeitlich bemessen und streng kontrolliert. Um eine dreiviertel Stunde für das Treffen mit uns zu gewinnen, muß ein komplizierter Aktionsplan vorbereitet werden: die Kollegin übernimmt die letzte Viertelstunde ihrer Dienstzeit, die Schwester holt das Kind vom Kindergarten ab. Viele Leute müssen bereit stehen, falsche Aussage über den Aufenthalt von Frau H. zu leisten: die Kolleginnen, der Chef, die Kindergärtnerin, der vierjährige Sohn, die Schwester, deren Kind; wenn Herr H. anruft oder vorbeikommt, müssen sie die Frau decken, warnen.

«Aber selbst wenn er sehr eifersüchtig ist», fragen wir, «was hat er dagegen, wenn sie sich mit Freundinnen oder ihrer Schwester ins Kaffeehaus setzen?» Frau H. zuckt die Achseln: er meint, daß sie sich über ihn beschwert, wenn sie mit anderen redet, seine Geheimnisse preisgibt, ihn ausrichtet. Außerdem soll sie «ganz für ihn da sein». Am liebsten würde er sie überhaupt nie weggehen lassen, aber ihr Verdienst wird gebraucht.

Es ist ein seltsames Gespräch. Alle paar Minuten schaut Frau H. nervös zum Fenster des Cafés hinaus die Straße hinunter: ihr Mann könnte vorbeikommen und sie sehen. Einmal wechseln wir den Tisch, um uns weiter nach hinten, in eine Ecke zu setzen. Wenn ein Mann den Raum betritt, zuckt Frau H. leicht zusammen, bis sie feststellen kann, daß es nicht ihr Mann ist. Ihre Unruhe ist ansteckend. Bald schauen wir alle drei nervös zur Tür, wenn ein Mann eintritt: ist es Herr H.?

Am Nebentisch flüstert ein junges Liebespaar, auf der anderen Seite liest ein alter Mann aufmerksam die *Petra* und versucht, unser Gespräch mitzuhören. Frau H. erzählt von ihrem Leben.

Ihre Kindheit war glücklich und ihr Verhältnis zu den Eltern gut, sagt sie mit Betonung – im Zeitalter des popularisierten Freud bekommen wir diese Beteuerung im Laufe der Interviews noch oft zu hören. Natürlich haben ihre Eltern auch gestritten, aber daß ihr Vater die Mutter geschlagen hätte, also das wäre unvorstellbar gewesen; man wußte, daß so etwas vorkommt, aber sie habe nie gedacht, daß sie selbst einmal . . . Also geheiratet hat sie mit 21; bis zur Geburt des ersten Kindes arbeitete sie als Kosmetikverkäuferin. Das hat sie sehr gern gemacht, man konnte mit Leuten reden, sie beraten, und sie habe auch recht gut verdient. Nach vier Jahren Ehe lernte sie einen anderen Mann kennen und ließ sich seinetwegen scheiden. Sie wohnten kurze Zeit zusammen, dann heirateten sie, weil sie ein Kind von ihm wollte. «Wir mußten aber nicht», betont Frau H. «Das Kind hab ich erst ein Jahr später bekommen.»

Ihr erster Mann hat sie nie geschlagen, sagt Frau H., und auch mit dem zweiten Mann war die Ehe vier Jahre lang harmonisch. Vor zwei Jahren verlor der Mann die Freude an seiner Arbeit – er ist Elektriker – und begann, mehr und mehr Zeit im Wirtshaus zu verbringen. Er trinkt nicht viel, weigert sich aber, regelmäßig zu arbeiten und verdient nur mehr periodisch.

An dieser Stelle in der Erzählung kommt die Schwester von Frau H. mit dem vierjährigen Sohn und ihrem eigenen fünfjährigen Jungen. Die Kinder trinken Apfelsaft, essen Schokoladentorte und hören sehr aufmerksam der restlichen Geschichte zu.

Herr H. begann seine Frau zu schlagen, weil sie ihm Vorhalte machte. «Ich konnte die Miete nicht bezahlen», sagt sie, «und da habe ich ihm gesagt, er muß eben arbeiten, alle müssen das, ich arbeite ja auch.» Um Geld für den Haushalt zu bekommen, nahm Frau H. schließlich eine Schwarzarbeit als Reinigungskraft im Wirtshaus an, zusätzlich zum Hausbesorgerposten, der sie von der Sorge um die Miete befreite. Im Gasthaus verdient sie 45 Schilling pro Stunde. Diese Arbeit betrachtet sie als sozialen Abstieg im Vergleich zu ihrem früheren Posten in der Drogerie, aber wo könnte sie sonst nur zweieinhalb Stunden am Tag arbeiten? Sie hat ja noch den Haushalt, das Miethaus und zwei Kinder zu versorgen. Manchmal muß sie ihrem Mann auch Geld für seine Schulden geben. Wenn sie sich weigert, schlägt er ihren Kopf gegen die Wand und sagt: «Na, ruf doch die Polizei. Ruf ruhig die Polizei.»

Einige Male hat sie das auch getan, aber die Polizei kommt so lange nicht, und wenn sie dann schließlich da ist, tut sie nichts: «Sie verhaften ihn nicht», erzählt uns Frau H. und begreift das offenbar nicht. Selbst Anklage gegen ihn zu erstatten traut sie sich nicht – wer weiß, was er ihr dann erst tut? Manchmal geht Frau H. zu ihrer Schwiegermutter, die einen Stock höher im selben Haus wohnt. Die Schwiegermutter ist nett zu ihr und bemitleidet sie, aber sie sagt, sie kann sich nicht einmischen. Außerdem, sagt sie, hat sie selbst Angst vor ihrem Sohn – er ist so jähzornig.

Frau H. hat über ihre Situation viel nachgedacht – sie zählt alle Einwände gegen ihr Verhalten auf, die wir vorbringen könnten, um sich gleich selbst damit auseinanderzusetzen.

«Die Nachbarn sind ja nett genug, ich tu ihnen leid», sagt sie, «so etwas kann man ja nicht verheimlichen. Die sehen mich und sagen, mein Gott, Frau H., hat ihr Mann sie schon wieder geschlagen. Aber die machen es sich leicht, die haben keine Ahnung. Es ist ja leicht zu sagen, warum wehren Sie sich nicht? Das hab ich schon versucht, da hat er mich fast umgebracht. Wenn ich mich wehre, wird alles nur viel ärger.» Frau H. schaut uns fest an und sagt: «Reden kann man leicht. Es ist besser, sich zu ducken, dann geht es schneller vorbei.

Und dann sagen die Leute, lassen Sie sich doch scheiden, gehen Sie weg von ihm», fährt Frau H. fort.

«Ja, Tante, komm doch zu uns. Du kannst bei uns wohnen», unterbricht ihr fünfjähriger Neffe an dieser Stelle, und die beiden Frauen schauen sich an. Aber Frau H.s Schwester hat selbst vier Kinder und lebt in einer Zwei-Zimmer Wohnung.

Frau H. hat sich schon oft Gedanken über eine Scheidung gemacht. Zweimal hat sie sogar eine Scheidung eingereicht, aber wieder zurückgezogen, weil der Mann versprach, sich zu ändern und auch wirklich für einige Zeit wieder arbeiten ging, friedlich war, die Kinder verwöhnte.

Warum bleibt Frau H. nun wirklich bei ihrem Mann? – Diese Frage stellte sich für uns vorrangig. Sie ist von ihm finanziell nicht abhängig, wäre in gewisser Hinsicht sogar besser dran, wenn sie ihm nicht öfters Geld für seine Schulden geben müßte; sexuell bedeutet er ihr schon seit längerer Zeit nichts mehr: «Ich will ihn nicht mehr, auch nicht, wenn er nicht betrunken und nicht gewalttätig ist.» Anders als einige der Frauen, mit denen wir sprachen, schien ihr an ihm wirklich nicht mehr sehr viel zu liegen. Die Tendenz, in der Gewalttätigkeit des Mannes eine in gewissem Sinne auch attraktive Macht und «männliche» Stärke zu sehen, ihn als heroischen Außenseiter, als leidenschaftlichen Desperado zu romantisieren, fehlte bei Frau H. Sie beschrieb ihn zynisch, abfällig, sogar mit einer gewissen Gleichgültigkeit.

Wir wollen nun an dieser Stelle die sozialwissenschaftlich empörende Unzulässigkeit wagen, Frau H.s eigene Erklärung ihres Verhaltens unanalysiert und unrelativiert, undurchleuchtet und als vollwertige Aussage wiederzugeben:

«Ich sollte mich vielleicht scheiden lassen», meinte Frau H., «es wäre bestimmt das beste. Aber wissen Sie, ich habe die Kraft nicht. Die Wohnung, in der ich jetzt bin, gehört meinem Bruder und mir in gemeinsamer Hauptmiete. Wenn ich meinen Mann hinausschmeiße, zieht er zu seiner Mutter und wohnt einen Stock höher; ich wäre ihn nicht los, sondern würde ihm auf Schritt und Tritt begegnen. Um wirklich Ruhe zu haben, müßte ich in einen anderen Bezirk ziehen. Wir (Frau H. und ihre Schwester) haben uns schon oft überlegt, wie ich das machen könnte. Ich bräuchte eine Wohnung, aber womit soll ich die Ablöse bezahlen? Die Wohnung, in der ich jetzt bin, kann ich nicht verkaufen, sie gehört auch meinem Bruder. Meine Kinder müßten in einen anderen Kindergarten und in eine andere Schule. Ich hab einen Hausbesorgerposten hier und eine Teilzeitarbeit – ich müßte mir irgendwoanders Arbeit suchen. Wenn ich an das alles denke . . . ich kann das alles nicht. Oft schau ich die Annoncen durch, für Wohnungen und Arbeit, aber es ist mir zuviel.» Bei diesen Überlegungen wirkt Frau H. resigniert, aber nicht niedergeschlagen; öfter macht sie abfällige Bemerkungen über sich selbst und ihre Situation und lacht dann mit ihrer Schwester darüber. Den Schein, daß es sich hierbei um rein wissenschaftliche Interviews handelt, haben wir schon im Laufe unseres ersten Gesprächs verabschieden können, und jetzt bricht auch noch unser Vorsatz, nicht in den Ablauf des Gesprächs zu intervenieren, zusammen: wir überlegen zu viert, was Frau H. wohl machen könnte.

Frau H. beschwert sich intensiv über die Ungerechtigkeit ihrer Lage: sie ist eine gute Mutter, sie arbeitet hart, versorgt zwei Kinder, putzt ein Mietshaus, räumt jeden Tag im Gasthaus auf, betrügt ihren Mann nicht, lebt anständig. Aber sie wird geschlagen und muß ihr Geld hergeben, und jetzt soll sie womöglich noch ihre Wohnung und ihre Arbeit aufgeben und ganz woanders von vorn anfangen. Für diese Ungerechtigkeit haben sie und ihre Schwester keine Erklärung: sie haben immer nach den Regeln gespielt, sie haben einen Mann aus Liebe geheiratet, sind aufopfernde Mütter und sittsam lebende Ehefrauen, und trotzdem ist das versprochene Glück nicht eingetroffen. Frau H. fühlt sich betrogen; als Ursache für ihre trostlose Lage sieht sie ihre eigene Dummheit, auf Vorstellungen von Liebe (Liebe! wiederholt sie kopfschüttelnd) hereingefallen zu sein, wie bei einer Lotterie auf «den Falschen» gesetzt zu haben und alles verloren zu haben: ihre Arbeit in der Drogerie, ihre soziale Stellung, ihre Rechte, ihre Sicherheit, ihre Hoffnungen. «Ich habe eben an die große Liebe geglaubt», sagt Frau H. mit einem ironisch-spöttischen Lächeln, «und jetzt hab ich's.»

Frau A. möchte uns nicht in einem Kaffeehaus treffen; ihr Mann könnte sie zufällig sehen. Sie ist ihm davongelaufen und wohnt bei einer Tante, die er nicht kennt; bei ihren Eltern und ihren Geschwistern hat er sie schon gesucht. Sie sitzt in unserem Wohnzimmer, blaß und schüchtern, ihre Hände liegen verkrampft im Schoß. Sie ist offensichtlich verschüchtert, aber wenn sie lacht, strahlt ihr ganzes Gesicht für ein paar Sekunden auf; wir mögen sie. Frau A. ist 27 Jahre alt und hat zwei Kinder, eine vierjährige und eine einjährige Tochter. Ihr Mann ist Araber, und glücklich war sie mit ihm eigentlich nur vor der Ehe, erzählt sie leise, denn mit der Ehe hat er sich so plötzlich verändert, daß es kaum zu glauben war. Vor der Ehe haben sie viel Zeit miteinander verbracht, nach der Ehe kam er erst um drei Uhr früh heim; vor der Ehe war er sanft und fürsorglich, nach der Ehe herrschsüchtig und distanziert. «Plötzlich war ich eben die Ehefrau», meint Frau A. Schwanger war sie auch, und Herr A. machte sich keine Sorgen darüber, daß er sie verlieren könnte, denn jetzt war sie abhängig. Er verbrachte die meiste Zeit mit seinen Freunden, anderen Arabern; viele von ihnen waren auch mit Österreicherinnen verheiratet, und mit diesen Frauen freundete sich Frau A. an. Herr A. war noch besser als einige dieser Männer; manche erlaubten ihren Frauen überhaupt nicht, die Wohnung allein zu verlassen, und Herr A. nahm seiner Frau nicht einmal die Geburt von zwei Töchtern allzu übel, ja er nahm sie sogar seinen Eltern gegenüber in Schutz, die ihr die Vorenthaltung eines Sohnes vorwarfen. Aber er hat schon auch geglaubt, daß «er der Herr im Haus sein muß», sagt Frau A. und lächelt fast nachsichtig. «Er hat immer gesagt», erzählt sie, und imitiert eine ernste und würdige Männerstimme, «ich bin Araber und du bist meine Frau.» Frau A. lacht, und uns fällt die Begabung so vieler Frauen zur Parodie und Mimik auf: die Karikatur ist das Instrument, mit dem die Schwachen Distanz zu ihrer Unterdrükkung gewinnen können, ihre Kenntnisse der Eigenarten der Herrschenden als verbindendes Gruppenwissen demonstrieren.

«Wissen Sie», sagt Frau A. nachdenklich, «es hat ziemlich lange gedauert, bis mir irgendwie klargeworden ist, daß das alles nicht so sein muß.» Daß er sie zum Beispiel geschlagen hat, hat sie zunächst so überrascht, daß sie gar nicht darauf kam, seine Handlungen als Unrecht zu empfinden. «Dann hab ich mir gedacht, wie kommt der eigentlich dazu?» Aber sie wußte nicht, was sie dagegen unternehmen sollte. Einmal sperrte sie ihn aus der Wohnung, als er kampfbereit heimkam, um drei Uhr früh; da zerschlug er das Gangfenster, und kam mit einer blutigen Hand ins Kinderzimmer, die kleine Tochter hat vor Schreck und Angst tagelang geweint. Oft hat sie, wenn er wieder beruhigt war, mit ihm diskutiert, ihm erklärt, daß er doch eigentlich nicht das Recht hätte, sie zu schlagen. Die Diskussionen endeten irgendwann immer mit dem Hinweis: «Ich bin Araber, und du bist meine Frau.» Einmal hat sie zurückgeschlagen, als sein Bruder bei einem Streit anwesend war und sie sicher sein konnte, daß dieser intervenieren würde. Einmal, vor sieben Monaten, hat sie die Scheidung eingereicht und ist ausgezogen. Da stand er täglich vor der Tür der elterlichen Wohnung, hat ständig angerufen, hat geschworen, sich zu ändern, hat beteuert, ohne die Kinder nicht leben zu können, und sie hat es noch einmal versucht. «Meine Schwester hat mir gleich gesagt, ‹bist du wahnsinnig? Genügt es dir nicht, daß der dich schlägt?›» Die Schwester hatte recht, die Persönlichkeitsveränderung des Herrn A. hielt nur einige Wochen an. Jetzt ist Frau A. endgültig entschlossen, sich scheiden zu lassen, und nun befürchtet sie, daß ihr Mann die Kinder nimmt und mit ihnen nach Syrien fährt, zu seinen Eltern. Frau A. hat ihn nach arabischem Recht im Syrischen Konsulat geheiratet, «weil er es wollte und ich mir nichts gedacht hab dabei». Auch die Geburt der Kinder meldete er bei der Botschaft, so daß sie die syrische Staatsbürgerschaft besitzen. «Die Amtswege habe ich ihm überlassen.» Er würde seine Frau auch mitnehmen nach Syrien, aber das wäre, meint Frau A., das Ende: sie war schon einmal mit ihm dort, seine Eltern waren ganz nett, aber sie war völlig isoliert. Sie will auch nicht, daß ihre Töchter dort aufwachsen, denn «das ist kein Land, in dem Mädchen eine Zukunft haben». Sie könnten höchstens, meint Frau A. und lächelt müde, «einen arabischen Mann heiraten und seine Frau sein». In Syrien würde sich Frau A. hilflos und vollständig ausgeliefert fühlen: das letzte Mal war sie drei Monate dort, das Kind war ständig krank, und als sie wieder nach Hause fahren wollte, weigerte sich ihr Mann, ihr Geld für die Rückreise zu geben.

Nun hat Frau A. ihre beiden Kinder und ein paar Kleider zusammengepackt und ist ausgezogen. Bei ihrem Vorhaben hat sie Verbündete, aber auch Gegner. Ihre Tante, ihre Geschwister und ihre Mutter unterstützen sie finanziell und moralisch. Ihr Vater hingegen meint, wenn der Mann die Frau mißhandelt, wird sie schon selbst daran schuld sein, und seine Tochter konnte ja nie kochen, kein Wunder, wenn Herr A. mit ihr nicht zufrieden ist. Statt auszuziehen wäre es besser, sie würde sich mehr Mühe geben, ihren Mann zufriedenzustellen; dann würde er schon zu Hause bleiben und sie auch nicht mehr schlagen. Auch ihr Anwalt steht, findet Frau A., nicht sehr überzeugend hinter ihr. Er meint, wenn Frau A. zwei Kinder hat, soll sie doch eines davon dem Vater geben, es wird in Syrien schon nicht so schrecklich sein, und man könnte sich im guten trennen. Auch daß ein Mann hin und wieder seine Frau schlägt, meinte der Anwalt, sei doch eigentlich ganz normal. Das kann schon passieren. Frau A. will ihrem Mann nicht begegnen. Sie hat Angst davor, daß er eines der Kinder entführt und sie es aus Syrien nie mehr zurückbekommen kann; eine berechtigte Befürchtung, denn nach arabischem Recht hat der Vater die hauptsächliche Verfügungsgewalt über die Kinder. Sie hat auch Angst davor, daß er sie noch einmal zu einem neuen Versuch überreden könnte, daß sich ihre unglückliche Ehe noch länger hinausziehen könnte, bevor sie wieder die Kraft hat, den Bruch durchzusetzen. Deshalb wagt sich Frau A. kaum in die Öffentlichkeit. Das schlimmste ist, daß ihr Mann früher Kurierverkäufer war und viele der jungen Männer, die auf den Straßen Wiens die Zeitungen verkaufen, ihn kennen und damit auch sie: durch diese Männer könnte Herr A. vielleicht ihren Aufenthalt erfahren. Frau A. bewegt sich durch ihre Geburtsstadt wie durch ein feindliches Minenfeld.

Wir treffen Frau V., die 31jährige Frau eines angesehenen Psychiaters, in ihrem Haus in Grinzing. Wir sitzen auf der Terrasse, und sie erzählt uns ihre Geschichte. Als Frau V. ihren Mann kennenlernte, war sie gerade siebzehn, und er stand schon am Beginn einer Karriere; daß er sie überhaupt beachtete, gab ihr schon ein Gefühl der Aufwertung. Sie heiratete ihn gleich nach der Matura. Ihr ursprünglich geplantes Medizinstudium schien allen Beteiligten – auch ihren Eltern – nunmehr völlig überflüssig. Ihr Mann war für Frau V. eine unbestrittene Autoritätsfigur. Widerspruchslos bekam sie nacheinander drei Kinder, obwohl sie sich dafür eigentlich zu jung fühlte und obwohl sie sich im Haushalt zunehmend isoliert fühlte. «Jahrelang kam es mir überhaupt nicht in den Sinn», erzählt sie uns, «seine Ansprüche und Vorstellungen kritisch zu überdenken.» Seine Überlegenheit war für beide eine Selbstverständlichkeit, und er betonte auch oft mit einem nachsichtigen Lächeln ihre Ignoranz und Minderwertigkeit. Zugleich war er mißtrauisch und eifersüchtig. Als sie im achten Jahr der Ehe eine Ausbildung zur medizinisch-technischen Assistentin machen wollte, sah er darin einen persönlichen Affront. Sie gab ihr Vorhaben angesichts seiner Vorwürfe und Verbote wieder auf und bekam statt dessen ein viertes Kind. Durch die Mitarbeit und das zunehmende Engagement an einer Kinderladengruppe lernte Frau V. während dieser Zeit erstmals Leute kennen, die nicht dem Freundes- und Bekanntenkreis ihres Mannes angehörten, und mit denen sie sich auch über ihre Probleme unterhalten konnte. Diese Elterngruppe beschloß, regelmäßig Selbsterfahrung zu machen, und Frau V. bat ihren Mann, doch auch daran teilzunehmen. Er jedoch wollte mit «solchen lächerlichen Charlatanen und Laien» nichts zu tun haben und riet ihr, doch lieber zu einem befreundeten Analytiker in Behandlung zu gehen, um sich über ihre «Widerstände gegen die weibliche Rolle klarzuwerden». Frau V. blieb jedoch in der Selbsterfahrungsgruppe. Hier hatte sie erstmals die Möglichkeit, über die sexuellen Konflikte mit ihrem Mann zu sprechen. Ihr eigener Mann hatte sich jedem Gespräch darüber entzogen, indem er sie «diagnostizierte» und ihr Verhalten interpretierte. Erst in den Gesprächen mit anderen Frauen begann sie, an seinem Expertenstatus zu zweifeln. Am meisten belastete Frau V., daß sie ihrem Mann immer und in jeder Hinsicht zur Verfügung stehen mußte; diese Anforderung wurde im sexuellen Bereich am deutlichsten. So bestand ihr Mann zum Beispiel darauf, daß sie immer ohne Nachthemd schlief; als sie sich einmal weigerte, zerriß er es. Manchmal kam es vor, daß er sie vergewaltigte, während sie schlief. «Ich hatte schon richtige Angstzustände», sagt Frau V., «ich fühlte mich völlig ausgeliefert.» Zu diesem Zeitpunkt beschloß Frau V., ihren Mann zu verlassen und fuhr zu ihren Eltern. Diese stellten sich jedoch auf den Standpunkt, daß sie «schon um der Kinder und des guten Rufs der Familie willen» jede Anstrengung auf sich nehmen müsse, um «ihre Ehe zu retten» und schickten sie nach zwei Tagen zum Ehemann zurück.

Herr V. zeigte nun Ansätze von Kompromißbereitschaft: wenn sie versprach, daß Haushalt und Beziehung darunter nicht leiden würden, würde er ihr die Ausbildung erlauben.

Trotzdem wurde die Situation immer unerträglicher. Sein Mißtrauen und seine Eifersucht verstärkten sich noch, für sein großes Entgegenkommen erwartete er Dankbarkeit und besondere Bemühungen ihrerseits. Frau V. ist entschlossen, bis zum Ende ihrer Ausbildung und dem Schulalter ihres jüngsten Kindes durchzuhalten und sich dann endgültig zu trennen. Als wir uns verabschieden, beginnt der Sohn von Frau V., das Kaffeegeschirr wegzuräumen, denn «wenn der Vati merkt, daß du Besuch gehabt hast, kriegst du's wieder».

Kapitel IX

Über den edlen Naturtrieb des Weibes, den Mann zu befriedigen und andere Störungen des Sexualverhaltens

Über die Sexualität in dieser zweiten Hälfte des 20. Jahrhunderts lassen sich einige merkwürdige Dinge feststellen * Zum Beispiel, daß dieselbe Gesellschaft, die sich zu ihrer erfolgreichen sexuellen Revolution beglückwünscht, sehr enge Begriffe von Sexualität hat und ferner an einer förmlichen Epidemie weiblicher Frigidität zu leiden scheint * An Hand der Protokolle der Wiener Eheberatungsstelle für den Zeitraum 1974 bis 1978 wird ein näherer Blick auf diese Zustände geworfen * Dabei ist auch von verbreiteten Erklärungsmustern die Rede * An dieser Stelle präsentieren Ihnen die Autorinnen eine neue Interpretation von Frigidität und Masochismus * Falls Sie durch das Wort «Sexualität» magisch angezogen wurden und dieses Kapitel zuerst aufgeschlagen haben, mahnen die Autorinnen Sie an dieser Stelle: zurück zu Kapitel I! * Zusammenfassung der Konsequenzen vermachteter Sexualität für beide Geschlechter * In welcher die Hypothese vertreten wird, daß Männer frigide sind

«Jung verheiratete Frauen suchten Rat und Trost in ihrer maßlosen Verzweiflung. Sie . . . empörten sich, daß sie jetzt nicht einmal mehr – wie der Mann ihnen einzureden wußte – über den eigenen Körper zu verfügen hätten. Ausbeutung durch den Arbeitgeber war wenig erfreulich, aber die durch den Ehemann geradezu verzweiflungsvoll. Was ich früher nur instinktiv ahnte, wurde hier zur lebendigen Erkenntnis; nur von Ausnahmen abgesehen, besteht zwischen Männern und Frauen in den wichtigsten Dingen intimer Lebensgemeinschaft ein abgrundtiefer, kaum zu überbrückender Zwiespalt.»

Lida Gustava Heymann[82]

Bei der Auswertung der Gespräche und Beratungsprotokolle stellten wir fest, daß diese Beschreibung aus Lida Gustava-Heymanns Beratungsarbeit im 19. Jahrhundert nach wie vor zutreffend ist.

Über die sexuellen Konflikte in den untersuchten Ehen läßt sich verallgemeinernd sagen, daß es dabei im wesentlichen um die Bestimmungsgewalt geht und nicht um bestimmte generalisierbare Inhaltsfragen. Es gibt Ehen, in denen der Mann der Frau jahrelang den Geschlechtsverkehr verweigert, und Ehen, in denen er täglich mehrmals darauf besteht; es gibt Männer, die ihre Frauen aus Eifersucht nicht einmal allein einkaufen gehen lassen, und Männer, die ihre Frauen mit Gewalt zwingen wollen, an Gruppensex teilzunehmen. Die Konflikte drehen sich nicht um konkrete Normen, sondern um das Recht, sie zu bestimmen.

Erstaunlich an den Protokollen und Gesprächen ist die hohe Bereitschaft der Frauen, den Männern dieses Recht im Prinzip fraglos zuzugestehen. Frauen, für die der Ausdruck «eheliche Pflicht» ein einschüchternder Sammelbegriff für ihre Auslieferung und Hilflosigkeit gegenüber den Befehlen und Ansprüchen ihrer Männer ist; Frauen, die sich zehn und zwanzig Jahre lang widerspruchslos und angstvoll dem Mann sexuell unterordneten; Frauen, die von ihren Männern vergewaltigt werden, waren in unseren Interviews und Ermittlungen keine Seltenheit.

Die Bereitschaft der Frauen, die männliche Autorität und Verfügungsmacht über ihre Sexualität zu akzeptieren, ist – gemessen an den objektiven Verhältnissen – oft übertrieben, aber sie ist nicht unbegründet. Viele Frauen wissen nicht, was unter «ehelicher Pflicht» genau zu verstehen ist, so daß sich ihre Männer auf diesen Begriff beziehen und ihre Frauen zur widerspruchslosen Unterordnung unter ihre sexuellen Vorstellungen bringen können. Außerdem entscheidet in der Regel nicht das Gesetzbuch über das Sexualleben eines Ehepaares. Neben ihrem offiziellen, juristisch verankerten Recht auf Beischlaf haben Männer auf Grund ihrer sozialen, kulturellen und materiellen Überlegenheit noch eine Reihe anderer Sanktions- und Erpressungsmöglichkeiten, um auch in diesem Bereich über die Frau zu bestimmen. Die Rechtslage verschwimmt im Bewußtsein vieler Frauen zu einer diffusen und generellen, inhaltlich unbestimmten sexuellen Autorität des Mannes. Daß diese Vorstellung nicht völlig irrational ist, dokumentieren Protokolle wie die folgenden, die in ihrer lapidaren Feststellung der rechtlichen Situation das Ausmaß der Entfremdung und Brutalität sexueller Beziehungen in geschlechtshierarchisierten Gesellschaften illustrieren:

«Eine 56jährige Frau hat vor zwei Monaten die gemeinsame Wohnung verlassen. Der Hauptgrund für das Unbehagen der Frau, zu ihrem Mann, dem 58jährigen Beamten Herrn K., zurückzukehren, besteht in dem Verlangen des Mannes, seine sexuellen Bedürfnisse zu befriedigen. Frau K. sind die von ihm bevorzugten Praktiken zuwider. Die Frau wird über ihre Verpflichtungen dem Ehemann gegenüber belehrt (sic).»

«Frau P., 47, will seit einer Unterleibsoperation keinen Geschlechtsverkehr mehr. Nachdem ihr Mann, Mittelschullehrer, sie deswegen geschlagen hatte, machte sie einen Selbstmordversuch. Die Frau wird informiert, daß sie Geschlechtsverkehr aus medizinischen Gründen für einige Zeit ablehnen kann, aber nicht auf Dauer. Sie ist darüber erleichtert und will sich ein ärztliches Attest besorgen.»

Das Ausmaß der Gewalt und Gefühllosigkeit, das in vielen Ehen Grundlage des Sexuallebens ist, steht in krassem Widerspruch zu den romantisierten Vorstellungen, die nach wie vor das öffentliche Bild beherrschen: dieser Gegensatz ist für viele Frauen eine schwere Belastung, da sie ihre Situation folglich als abnormal und beschämend erachten. Unter dem Schock der Unvereinbarkeit zwischen ihren Vorstellungen und Erwartungen und der Realität ihres Ehelebens bleiben Frauen oft jahrelang in unerträglichen Verhältnissen, bevor sie den Schritt wagen, sich zu erkundigen, ob ihre Situation «normal» ist. So zum Beispiel die 32jährige Sekretärin Frau T., die nach zwölfjähriger Ehe der Beraterin erklärt, sie «komme aus Angst den sexuellen Wünschen ihres Mannes immer nach», möchte aber nun wissen, was genau ihre Pflichten sind.

Während es in anderen Zeitaltern und in anderen Kulturen relativ standardisierte Vorstellungen und Normen geschlechtlicher Beziehungen gibt/gab, bestehen in unserem Zeitalter und in unserer Gesellschaft scheinbar «offenere» Verhältnisse. Unter einem scheinbar nur sanft gesteuerten Laisser-faire verbirgt sich hinter der staatlichen Achtung vor der Privatheit des Sexualbereichs jedoch wie auch bei anderen Bereichen gesellschaftlicher Interaktion die unsichtbare, aber eiserne Hand der bestehenden Machtordnungen.

Immer wieder berichteten uns Frauen, daß Ärzte, Juristen und Berater ihnen zur Anpassung, zur «Kooperation», zur Fügsamkeit raten. «Behandelt» wird bei sexuellen Störungen im Eheleben häufig die Frau. So registriert auch die Beraterin kommentarlos:

«Frau G., 40, hat sich während ihrer 21jährigen Ehe immer den Wünschen ihres Gatten gefügt und auch seine sexuellen Wünsche, die nicht immer angenehm waren, mitgemacht. Sie war schon in Behandlung, die Ärzte haben ihr geraten, dem Mann soweit als möglich entgegenzukommen.»

Resignation, Angst, Pflichtgefühl, schicksalhafte Ergebenheit – diese Haltungen prägen keineswegs nur die Einstellung älterer Frauen zu den sexuellen Annäherungen ihrer Männer. Wir gehen davon aus, daß diese Zustände auch für die sexuelle Identität und das Selbstgefühl der Männer belastend sind. Das Frauenbild der Gesellschaft gestattet es jedoch dem Mann, diese Situation als «natürlich» zu empfinden und seinen emotionalen Verlust in der Befriedigung der abgetrennten physischen Bedürfnisse zu akzeptieren. Das erfordert zugleich eine Objektivierung der Frau, die für sie – besonders in der Ehe, wo das am stärksten ihren Erwartungen und Gefühlen widerspricht – nicht nur verletzend, sondern häufig psychisch destruktiv ist. Das Gefühl der Isolation und Wertlosigkeit ist in Situationen, in denen der Mann auf «sexuelle Rechte» besteht, besonders intensiv.

Sexuelle Konflikte und Störungen sind, abgesehen von denen mit physischer Ursache, vor allem auf zwei Faktoren zurückzuführen: auf die Deformationen und Verzerrungen von Sexualität in unserer Gesellschaft und auf die Funktion von Sexualität als Ressource, die verweigert, eingetauscht und in Macht umgesetzt werden kann. Besonders deutlich wird das bei einer Problemkategorie, die in unserer Forschung häufig vorkam. Daß Frauen ihre Bereitschaft zum Geschlechtsverkehr als Verhandlungsgegenstand verwenden, ist nicht nur bekannt, sondern ist gewissermaßen Bestandteil des gesellschaftlichen Frauenbilds. Wohldosierte Einsätze oder Angebote von Sexualität gehören zur Grundausrüstung weiblichen Konkurrenz- und Konfliktverhaltens. Daß auch die umgekehrte Situation nicht selten ist, wird vom Allgemeinwissen weniger anerkannt. Die Verweigerung «ehelicher Beziehungen» durch den Mann ist jedoch keine Ausnahmeerscheinung. Der Grund dafür ist oft die Schwierigkeit, die eigene Frau als Sexualobjekt zu betrachten. So wollten mehrere Männer lieber mit Freundinnen schlafen, bei denen sie «nicht aufpassen», das heißt keine Kontrazeptiva benutzen mußten. Die Verantwortung für Schwangerschaften der eigenen Ehefrau und das Zögern, ihr das gesundheitliche Risiko der Pille zuzumuten, ließen diese Männer Frauen bevorzugen, über dessen Wohlergehen sie sich keine weiteren Gedanken machen mußten.

Andere Männer waren nach einem völlig befriedigenden vorehelichen Sexualleben nach der Ehe zum Geschlechtsverkehr unfähig; sie erklärten, nicht mit Frauen schlafen zu können, «für die sie sich verantwortlich fühlen», für die sie Respekt und Zuneigung empfinden. Die Frauen litten unter dieser Einstellung mehr als die Männer, weil die Männer ihre sexuellen Bedürfnisse dann meist anderwärtig befriedigten, während die Frauen Enthaltsamkeit praktizieren mußten, um keinen Scheidungsgrund zu bieten. Diese relativ häufige Unfähigkeit von Männern, mit geliebten oder geachteten Frauen sexuelle Kontakte zu haben, ist von diversen Freudianern mit Inzestvorstellungen und ganzen Galerien von Komplexen erklärt worden. Aus den Angaben der Betroffenen ist jedoch ersichtlich, daß diese Störung auf die Vermischung von Sexualität mit Gewalt, Verachtung und Herabwürdigung, die für das Patriarchat charakteristisch ist, zurückzuführen ist.

In einer dritten Kategorie von Fällen ist der Entzug der sexuellen Zuwendung eine bewußte Sanktion, die Verweigerung einer Ressource. Wo die Frau vom Fortbestand der Ehe abhängiger ist als der Mann und sich kein außereheliches Verhältnis leisten kann, trifft sie diese Sanktion ohne Entgegnungsmöglichkeiten.

In dieser Situation befindet sich zum Beispiel die fünfzigjährige Frau R., deren Mann eine Freundin hat. Eine Scheidung wäre für diese Frau finanziell nicht möglich, auch den Pensionsanspruch wagt sie nicht zu gefährden. Die Beratungsstelle sagt ihr, sie dürfe in dieser Situation der Vernachlässigung zwar ein «eigenständiges Leben führen», müsse jedoch darauf achten, daß ihr Lebenswandel einwandfrei bliebe und sie nicht an die «Grenze der Eheverfehlung» stoße. Auf Grund der finanziellen Abhängigkeit hat diese Frau keine Möglichkeit, das Verhalten des

Mannes zu beeinflussen, während sie selbst unter strenger Kontrolle steht.

Die Normen bezüglich sexuellen Verhaltens sind in der modernen Gesellschaft widersprüchlich, wandelbar und ambivalent. Im allgemeinen geht die Entwicklung dahin, daß auch den Frauen das Recht auf Befriedigung ihrer sexuellen Bedürfnisse theoretisch zugestanden wird, solange diese Bedürfnisse sich in den Rahmen vorherrschender männlicher Vorstellungen einordnen lassen. Auf die möglichen Eigenschaften spezifisch weiblicher Sexualität kann hier nicht eingegangen werden. Festzustellen ist lediglich, daß selbst die Frage nach diesen Eigenschaften kaum jemals gestellt wurde und wird. Die Verwaltung weiblicher Sexualität, die Fremdherrschaft im sexuellen Bereich, gewährleistete durch die Jahrhunderte die Beschädigung des weiblichen Selbstwertgefühls und war eine Hauptgrundlage der weiblichen Unterordnung. Mit Janssen-Jurreit sind wir der Meinung, daß die «Vermachtung der Sexualität» neben den ökonomischen Verhältnissen und der Kontrolle über Welt- und Gesellschaftserklärung Bestandteil patriarchaler Herrschaftsordnungen ist.[83]

Vom Zwang zur Unterdrückung jeder sexuellen Regung außer eines keuschen Widerwillens, bis zum Leistungsdruck eines «Orgasmuszwangs» variierte der Kodex entlang einer breiten Skala der entfremdeten Sexualität. Was in manchem Zeitaltern als «Tugend» gefordert wurde, bedeutete in anderen den Schmach der «Frigidität»; Verhalten, das in einigen Kulturen mit der Todesstrafe geahndet würde, gilt in anderen als die unbedingte Norm. Gemeinsam ist den Vorstellungen nur, daß sie stets männlich determiniert werden.

Als Begründung für die Notwendigkeit männlicher Kontrolle über die Sexualnorm gilt meist das – sehr unterschiedlich beschriebene – «Wesen der Frau». In den verschiedenen historischen Epochen wußten Männer zu berichten, daß Frauen kein sexuelles Verlangen, nur geringes sexuelles Verlangen oder aber ein völlig unbeherrschtes, ausschweifendes sexuelles Verlangen aufweisen; sie haben diesen Trieb nur in sehr verkümmerter Form oder aber sie sind vollständig von diesem Trieb beherrscht; manche Kulturen sind davon überzeugt, daß Frauen keinen Orgasmus erleben können, andere sind ebenso überzeugt, daß die sexuellen Kapazitäten und Forderungen der Frauen die der Männer weit übersteigen und für letztere bedrohlich sind[84]; vollwertige Frauen sind in ihrem sexuellen Erleben vaginal, sagt Freud, politisch bewußte Frauen sind klitorid veranlagt, behauptet Lonzi[85]; Frauen wollen vom Geschlechtsverkehr hauptsächlich Kinder; Frauen opfern sich aus Liebe zum Mann auf und denken dabei an England. «Im unverdorbenen Weibe äußert sich kein Geschlechtstrieb und wohnt kein Geschlechtstrieb, sondern nur Liebe und diese Liebe ist der Naturtrieb des Weibes, den Mann zu befriedigen», informiert uns Fichte.[86] Geschlechtsverkehr ist für die Gesundheit der

Frau regelmäßig erforderlich, meinte Hippokrat, der griechische Gelehrte vorchristlicher Zeit[87]; zuviel Geschlechtsverkehr ist für Männer lebensgefährlich, warnte im 13. Jahrhundert Albertus Magnus.[88] Die Frauen äußerten sich gegenüber diesen Theorien selten und dann nur, um sich mit ihnen auseinanderzusetzen: eine weibliche Theorie der Sexualität gibt es nicht. Es ist sehr zu bedauern, daß die Konstanz und Selbstsicherheit, mit der Männer sich Kompetenzen über weibliche sexuelle Empfindungen zuteilten, nicht zu einheitlicheren und konstanteren Ergebnissen führten, denn sonst, liebe Leserinnen, wäre unser Wissen über unsere Sexualität nach all diesen Jahrhunderten der theoretischen Auseinandersetzung sehr bereichert.

Nachdem uns jahrelang die Theorie des weiblichen Masochismus eingedrillt worden war, beschlossen wir bei dieser Untersuchung, intensiv nach diesem Phänomen zu suchen. Subtil und diskret, dann zunehmend suggestiv und insistierend, bearbeiteten wir die Daten und Personen unserer Ermittlungen. Die wissenschaftliche Redlichkeit verbietet uns, dem Leser das Scheitern unseres Vorhabens zu verschweigen: wir suchten vergeblich. Selbst die kooperativsten und verständnisvollsten Frauen konnten uns, sosehr sie sich auch bemühten, keine entsprechenden Erfahrungen oder Empfindungen zuteil werden lassen. In den Akten der Beratungsstelle fand sich ein einziger Fall von sexuellem Masochismus; dabei handelte es sich jedoch um einen Mann, nämlich um den 29-jährigen Elektriker Herrn K., der «seine Frau in betrunkenem Zustand immer wieder auffordert, ihn zu beschimpften und zu ohrfeigen. Das letzte Mal gab sie schließlich nach; nachher kaufte er ihr Geschenke. Die Frau findet diese Situation unmöglich und ersucht dringend um Hilfe.»

In ihrer Arbeit *‹Gegen unseren Willen›* führt Susan Brownmiller Untersuchungen, die gezeigt haben, daß sexueller Masochismus ein vorwiegend männliches Phänomen zu sein scheint. (In diesem Zusammenhang drängt sich die Frage unweigerlich auf, ob es sich bei den Masochismus-Theorien der Psychoanalytiker nicht um Projektionen männlicher Bedürfnisse auf Frauen handelt; diese Frage kann hier jedoch nicht ausgeführt werden.) In den Gesprächen und Unterlagen der Beratungsstelle kamen wir immer wieder auf Frauen, die auf Grund der Mißhandlungen, Beschimpfungen und Demütigungen ihrer Männer jedes sexuelle Verlangen für diese verloren hatten; deren Gefühle für ihre Männer und für den sexuellen Bereich in eine enttäuschte und verbitterte Selbstverweigerung umgeschlagen waren. So kommt zum Beispiel die 28jährige Angestellte Frau G. in die Beratung, weil sie seit einem halben Jahr, als ihr Mann sie bei einem Streit brutal beschimpft und geschlagen hat, unfähig ist, sexuell etwas für ihn zu empfinden. «Sie fühlt sich so verletzt in ihrem Vertrauen, daß sie sich ihm fast unwillkürlich in jeder Weise entzieht.»

Die 35jährige Lehrerin Frau B. unternimmt einen Selbstmordversuch, nachdem ihr Mann sie zum Geschlechtsverkehr zwingt. Frau T., dreizehn Jahre lang mit einem Buchhalter verheiratet, kommt in die Beratungsstelle:

«Vor zwei Monaten gab es zwischen den Ehepartnern eine tätliche Auseinandersetzung. Seit damals hat sie jedes Gefühl für ihren Partner verloren. Zur tätlichen Auseinandersetzung kam es wegen einer Bagatelle, der Mann schlug sie vor dem Kind, sie meint, sie könne ihm das nicht verzeihen. Am nächsten Tag unternahm sie einen Selbstmordversuch mit Beruhigungstabletten.»

Im Laufe unserer Untersuchung stießen wir immer wieder auf Konfliktsituationen, die deshalb entstehen, weil Frauen Eigenschaften haben, die sie nach der allgemeinen Vorstellung nicht haben dürften: Stolz, Selbstwertgefühl, Egoismus, Kampfgeist. Schon die partielle Befriedigung männlicher Bedürfnisse, die partielle Bestätigung des Mannes als Person in einer Situation der Entfremdung und Ausbeutung ist nur auf Kosten der Frau möglich. Im sexuellen Bereich wird die daraus folgende Asymmetrie und Verzerrung am eindeutigsten. Das Funktionieren dieser Prozesse soll im folgenden kurz erläutert werden.

Die moderne Industriegesellschaft setzt die Vereinzelung der Gesellschaftsmitglieder voraus: ihre Propagandisten sprechen vom «Individualismus der Moderne». Die Betrachtungsweise der Gesellschaft als Zusammensetzung von Einzelpersonen ist die Voraussetzung für Zentralisierung und Staatsgewalt; die Entwicklung des Staates ist zugleich eine Zerschlagung rivalisierender Organisationsgruppen und Loyalitätsverhältnisse. Nach ihrer Untergrabung werden, quasi von oben und auf der Basis von Einzelinteressen als einziges oder hauptsächliches Verbindungsmoment, neue Untergliederungen geschaffen: Verbände, Parteien, Klubs, Organisationen. Man könnte sagen, daß in diesem Prozeß die expressiven Verbindungen zugunsten der instrumentalen Vereinigungen aufgelöst oder untergeordnet werden. Während also zum Beispiel in anderen Gesellschaften die organische Grundeinheit der Familie oder des Clans zugleich Grundeinheit der Politik ist (Oberhäupter der Familien bilden den Rat der Gemeinschaft) und die gesellschaftlichen Interessen von organischen Gruppen vertreten werden (Geschlechtsorganisationen, Altersgruppen, etc.), setzte sich in der westlichen Moderne die funktionale Gruppe durch. Die politischen Organisationen dieser Gesellschaft sind durch ihre Abstraktheit und Äußerlichkeit gekennzeichnet: die Verbindung zwischen den Mitgliedern ist das Einzelinteresse, die persönliche Ambition. Der Zusammenhalt muß daher von außen eingebracht werden; das geschieht mittels der Ideologie. Eine Gesellschaft, die auf den Grundlagen von Alter, Geschlecht und Verwandtschaft organisiert ist, hat insofern eine gewisse Stabilität, als die soziale Identität Grundlage der Gruppenbildung ist. In diesen Gesellschaften funktioniert Herrschaft durch die Hierarchisierung der Kompetenzen und des Status der jeweiligen Gruppen. In der modernen Gesellschaft setzt Herrschaft einen doppelten Prozeß der Trennung und der Verbindung der Gesellschaftsmitglieder voraus: ihre rigorose Trennung in Einzelpersonen mit individueller Verantwortlichkeit für ihre Existenz und ihre Handlungen und die Gründung von Koalitionen, Verbänden und Parteien zur Förderung und Durchsetzung der Einzelinteressen. Die intensive Form gemeinschaftlicher Verbindung, die als «Solidarität» bezeichnet wird, darf in einer zentralisierten Ordnung nicht bestehen, denn sie würde das gesamte Abstraktionssystem und Organisations- und Machtmonopol zentralisierter Herrschaft negieren: das Rechtswesen, der Arbeitsmarkt, der politische Entscheidungsprozeß, die Schule – alle Institutionen der Gesellschaft setzen die Individualität, das Verhältnis einzelner/Staat voraus. Am Beispiel der «Prüfung» hat Foucault die Mechanismen dieses Verhältnisses beschrieben: der einzelne ist kategorisierbar, klassifizierbar, kann zur Kontrolle herausgelöst werden, muß sich verantworten.[89] Andere Formen des Bewußtseins erscheinen nur mehr als Beispiele exotischer, vorindustrieller Kuriosität: Sippenhaftung, Fehden unter türkischen Gastarbeitern; oder als Devianz und Illegalität: Beihilfe zur Flucht. Die Freundschaft, die Loyalität, die verwandtschaftliche Beziehung müssen als sekundär der Identität als Staatsbürger untergeordnet werden, sonst wären die moderne Justiz, die moderne Produktion, die moderne Gesellschaft in ihrer Gesamtheit unmöglich. Überreste eines Widerstands gegen diese Zerhackung der Gesellschaft in Einzelpersonen zeigen sich oft und müssen mühsam unterdrückt werden. In den amerikanischen Schulen besteht zum Beispiel seit Jahrzehnten ein umfangreiches Projekt zur Eingliederung der Indianerkinder: Die Kinder der Stämme, deren wichtigste soziale Werte die kollektive Handlung und Gruppengefühl sind, weigerten sich in der Turnstunde, nach Punkten zu spielen – sie wollten das Spiel nicht auf Sieg und Verlust anlegen; im Unterricht wehrten sie sich gegen das System der Benotung und der Einzelarbeit, als «Bester» von der Gruppe abgehoben zu werden, und in Rivalität zu den anderen zu stehen war für diese Kinder unerträglich.[90]

Die Loyalitäten zu Freunden, Verwandten, und Kollegen müssen in der modernen Industriegesellschaft untergeordnet werden, in dem diese als Konkurrenten, Rivalen und Einzelverantwortliche getrennt und tendenziell gegeneinandergestellt werden. Dieser Prozeß ist schwierig, weil er dem in Arbeit und Interaktion inhärenten Gefühl der Gemeinsamkeit und gegenseitigen Abhängigkeit entgegenwirken muß. Am schwersten ist er jedoch bei der Beziehung zwischen den Geschlechtern, weil die Voraussetzungen für positive Gegenseitigkeit und die Kreativität der Anerkennung von Gleichheit im anderen hier am stärksten gegeben wären. Die Möglichkeit zur gegenseitigen Befriedigung elementarer physischer und emotionaler Bedürfnisse in ein Netz pathologischer Ängste, Drohungen und Machtmittel umzuwandeln und das ganze Gerüst dieser Deformation rechtlich kodifiziert und moralisch begründet institutionalisiert zur Basis gesellschaftlicher Organisation zu machen, stellt eine so grundlegende Perversion menschlicher Natur dar, daß ihre Aufrechterhaltung einen ungeheuren Aufwand und konstante Anstrengung erfordert.

Dem Mann ist es möglich, seine physischen Bedürfnisse losgetrennt von den emotionalen zu befriedigen, weil ihm die Gesellschaft diese Trennung, die sie der Frau verweigert, gestattet. Indem Sexualität für ihn mit Aggressivität und Macht verbunden wird, kann er in der Erringung einer Frau (die er «nimmt» oder «hat») auch eine Bestätigung seiner sexuellen Identität empfinden. Für die Frau bieten sich zwei Reaktionsformen auf diese entfremdete Situation an: Frigidität und Masochismus. Die erste Reaktion ist ein mehr oder minder vollständiger Rückzug aus einer Situation der Abwertung. Simone de Beauvoir schreibt: «Die häufigste Ursache weiblicher Frigidität ist das Ressentiment; im Bett bestraft die Frau den Mann für das empfundene Unrecht, indem sie ihm mit Kälte begegnet.» Die Frau, die so reagiert, bestraft damit auch sich selbst, so daß Frigidität zugleich eine Form des Masochismus ist. Umgekehrt entzieht sich die masochistische Frau, indem sie dem Mann ein gleichwertiges Gegenüber verweigert, so daß Masochismus zugleich eine Form der Frigidität darstellt.

Wenn davon ausgegangen wird, daß die sexuelle Beziehung ein Verhältnis der Gegenseitigkeit darstellt, dann bedeutet die Umwandlung dieses Verhältnisses in einen Subjekt/Objekt-Akt eine grundlegende Perversion. Der Mann würde in dem pervertierten Geschlechtsakt die Affirmation seiner Person durch ein Gegenüber vermissen, und die Frau sowohl die Negation ihrer Person als auch die Verweigerung der Befriedigung physischer Bedürfnisse erleben. Der Mann entkäme diesem Verlust, in dem er den Sexualakt umdefinierte; die Frau, indem sie sich selbst als Person entzieht und/oder indem sie in dem nunmehr umdefinierten, zum Machtakt gewordenen Verhältnis durch Umgestaltung ihrer Bedürfnisse aus der Unterordnung Befriedigung gewinnt. Masochistisch und sadistisch zugleich wären beide Beteiligten, weil sie eine grundlegende Ablehnung zu dem anderen, den sie für eine wirkliche Befriedigung ihrer Bedürfnisse brauchen, akzeptieren und sich damit selbst existentiell verletzen. Die Frau nimmt diese Verletzung unmittelbarer wahr, weil sie sich nicht mit der Illusion eines Geschlechtssieges darüber hinwegtäuschen kann. Den archetypischen und den alltäglichen Prozeß dieser weiblichen Erkenntnis und der männlichen Ahnung seiner Existenz (die in zwanghafte Demonstrationen von Selbstgefühl und männlicher Stärke umschlägt) untersucht Robin Morgan. Der von Frauen immer wieder dargebrachte Versuch eines Angebots von Vertrauen und Verletzbarkeit kann in der Situation gegenseitiger Entfremdung vom Mann nur als Unterdrückungschance und Zeichen seiner natürlichen Überlegenheit gedeutet werden. Um zu überleben, muß die Frau ihren Verlust in Lust umwandeln oder die Situation psychisch verlassen. Die hauptsächlichen «psychischen Störungen» der Frau in unserer Gesellschaft lassen sich innerhalb dieser Erklärungshypothese als Formen einer dieser beiden Bestrebungen interpretieren. Frigidität verweigert dem Mann den Sieg, weil das Subjekt fehlt, das er besiegen könnte. Masochismus verweigert ihm ebenfalls den Sieg, weil der Lustgewinn die Macht negiert. «Die Niederlage der Frau», schreibt Morgan, «beinhaltet zugleich einen reinen Moment des Versuchs, den Begriff der Macht zu transzendieren. Sie feiert dieses Geschenk im Orgasmus. Der Sieg des Mannes beinhaltet das verleugnete Bewußtsein seines Verlusts. Er betrauert ihn im Orgasmus.»[91]

In einer Gesellschaft, die durch Ungleichheit der Geschlechter gekennzeichnet ist, kann es nur entfremdete sexuelle Beziehungen geben. Sowohl Männer als auch Frauen können diese Situation mittels zweier Strategien abschwächen, die verallgemeinernd in die Kategorien Verweigerung und Anpassung (Frigidität und Sadismus/Masochismus) fallen. Die jeweiligen Formen dieser Reaktionen können sehr verschieden sein.

Frauen entziehen sich durch widerspruchslose Unterordnung, passives Dulden, regressiv-abhängiges Verhalten oder durch Feindseligkeit. Sie passen sich an durch Identifizierung mit und Akzeptierung von Sexualnormen, die sie als Personen abwerten; durch Instrumentalisierung, das heißt, durch den Tausch ihrer Sexualität oder sexuellen Verfügbarkeit gegen materielle, soziale oder psychische Gegenleistungen und Güter; durch Entpersonalisierung, indem der sexuellen Betätigung ein Wert zugeschrieben wird, der abstrahiert von den beteiligten Personen besteht. Das Spezifische an der Situation der Frau leitet sich von der gesellschaftlichen Reduktion von Frauen auf ihr Geschlecht ab. Während Männer ihre Sexualität situationsbezogen einsetzen, beschränken und bestimmen können, erfolgt die Definierung weiblicher Sexualität von außen und ist durch die Frau nicht kontrollierbar.

«Der männliche Einschlag bei den Urteilenden ist sicher ein Übelstand und erniedrigt nicht selten die Frau in der Betrachtung zum Objekt des Mannes oder der weiblichen Triebe ... Die Daseinsberechtigung der Frau (wird) nur in der Liebe und in der Sorge für die Nachkommenschaft gefunden. Dieses Urteil greift ungemein stark in die Mentalität der Frauen über.»[92]

Permanent mit der Abwertung ihres Geschlechts und der Möglichkeit aggressiver Forderungen und Erwartungen konfrontiert, befinden Frauen sich sexuell in der Defensive und sind «weit davon entfernt, sich selbst als begehrende Subjekte zu entfalten ... Die Frau ist von Bildern umstellt, ohne sich in ihnen zu erkennen.»[93]

Die fremdbestimmten Bilder weiblicher Sexualität betonen ihren Marktcharakter, ihre Konsumierbarkeit und sehen keine Aktivität seitens der Frau vor. Frauen müssen die Zersplitterung ihres Körpers in erotische Signalbereiche nicht nur ertragen, sondern sich daran noch beteiligen, um die ihnen hauptsächlich zur Verfügung stehende Ressource nicht zu verlieren: Sie müssen die Arbeit leisten, sich selbst als begehrenswerte Objekte zu produzieren. Damit beteiligt sich die Frau an ihrer Verdinglichung. Der Zweck dieser Arbeit ist die Herstellung sexueller Attraktivität; da die gesellschaftlich akzeptierte männliche Reaktion auf diese Qualität jedoch aggressive Zudringlichkeit ist, hat die weibliche Ressource der Sexualität einen sehr ambivalenten Charakter. Sie ist zur Interessensverfolgung einsetzbar, dient aber zugleich der Zuweisung der Frau in untergeordnete und passive Positionen.

«Liebe ist oft nichts anderes als eine schreckreaktion, eine reaktion auf den schreck, daß die wirklichkeit so brutal anders ist, als die vorstellung von ihr. Durch liebe läßt sich brutalität eine weile vertuschen. Liebe ist oft nur die beschichtung von abhängigkeiten aller art . . . eine schicht liebe kann abhängigkeiten eine weile verbrämen . . . eine frau allein kann kaum überleben, wenn sie sich nicht verleugnen will. Unter der schirmherrschaft eines einzelnen mannes kann sie die bedrohlichkeit der andern für die dauer der schirmherrschaft vergessen.»[94]

In anderer Weise müssen auch Männer Rekurs auf die zwei Strategien der Verweigerung und der Anpassung nehmen, um die Schäden entfremdeter Sexualität zu ertragen. Weibliche Einstellungen zur männlichen Sexualität wie widerwilliges oder resigniertes Absolvieren «ehelicher Pflichten», die Notwendigkeit, die sexuelle Bereitschaft der Frauen in irgendeiner Form «bezahlen» zu müssen, sind für das sexuelle Selbstwertgefühl der Männer erniedrigend. Sie reagieren darauf mit Verweigerung, indem sie sich davon zu überzeugen suchen, daß «Frauen von Natur aus so sind», oder indem sie eine möglichst vollständige Trennung zwischen ihrer Sexualität und ihrer persönlichen Identität zu unternehmen versuchen, oder indem sie die sexuelle Beziehung als einseitigen, aggressiven Akt neu definieren. Sexuell-aggressive «Männerwitze», Pornographie usw. sind Mittel zur Herstellung dieser Distanz.

Mittels der Strategie der Anpassung – die besonders in letzter Zeit prädominiert – können sie auch noch versuchen, die Frauen zumindest partiell in bestehende Formen sexueller Praktiken zu integrieren. Die menschlichen Bedürfnisse (zum Beispiel nach Intimität und Zärtlichkeit), die in unserer Gesellschaft als Zeichen der Schwäche gedeutet und den Frauen zugewiesen werden, sollen nun technisch bewältigt und befriedigt werden, zum Beispiel in Form des «verlängerten Vorspiels» zum Geschlechtsakt.

Sexualität wird im Alltag einem doppelten Prozeß unterzogen: Sie ist einerseits allgegenwärtiger Bestandteil (und prägt die Vermarktung produzierter Güter ebenso wie die Interaktionen von Personen), andererseits ist alles Sexuelle ein vom «normalen» Gesellschaftsablauf ausgeklammerter Bereich, der als geheim und obszön definiert und auf einen spezifischen Akt reduziert wird.

Die Identifizierung der Frau mit dem Geschlechtlichen führt demgemäß dazu, daß sie in der Öffentlichkeit irgendwie deplaciert wirkt. Da davon ausgegangen wird, daß ihre Existenz nur in bezug auf den Mann definierbar, ihre Person auf die Funktion sexueller Verfügbarkeit reduzierbar ist, erlebt sie sich objekthaft und marginalisiert; ihre Sexualität besteht aus einem diffusen Gebilde von Diensten und Bereitschaften, die dem Wohlbefinden und der Lebenserleichterung des Mannes in leiblicher und psychischer Hinsicht dienen.

Der Automatik dieser Zuweisung entgegenzuwirken erfordert eine bewußte und konstante Anstrengung: Die Frau muß, um wenigstens den unmittelbar sexuellen Erwartungen zu entkommen, durch Kleidung oder Verhalten bemüht sein, Zugang zu einer neutraleren, entsexualisierten Frauenrolle zu bekommen (mütterlich, kompetent-kumpelhaft, militant-ablehnend etc.). Aus alldem ergibt sich, daß Sexualität in der zwischenmenschlichen Existenz nicht als positive Qualität auftritt, sondern als Statussignal und als Akt, der für die Beteiligten einschneidende Konsequenzen hat und der ritualen Herstellung und Perpetuierung von Ungleichheit dient.

Kapitel X

Was sind denn das für Männer?
Versuch einer Typologie

Der Leser weiß bereits aus den vorangegangenen Kapiteln, daß es auf die Situation ankommt und nicht auf die Frau, ob sie Opfer häuslicher Gewalttätigkeit wird ⁕ Überprüfung der Frage, ob dasselbe für Männer zutrifft ⁕ Das heißt, wir stellen uns die Frage, ob Männer existentiell schlecht sind oder ob sie nicht vielleicht doch eher durch die Umstände zu bestimmten Verhaltensweisen veranlaßt werden ⁕ Denn wir wollen ja nicht dogmatisch sein ⁕ Es ergibt sich eine Typologie von vier hauptsächlichen Kategorien männlicher Gewalttätigkeit ⁕ Erläuterung dieser Kategorien ⁕ Selbstverständlich haben sich auch Sozialwissenschaftler zu dieser Frage geäußert ⁕ Die Produkte ihrer Arbeit werden kurz angeführt ⁕ Die Autorinnen lassen ihre Stellungnahmen zu diesen Thesen ihrer Kollegen unauffällig einfließen

Auf Grund unserer Nachforschungen ließen sich vier Arten männlicher Gewalttätigkeit unterscheiden: Gewalt als Strafe für ein vermeintliches Vergehen der Frau; Gewalt als Form der Konfliktaustragung; Gewalt als Versuch, dem Zwang der männlichen Rolle gerecht zu werden; Gewalt als Ausdruck des diffusen Zorns des Mannes.

Die ersten drei Formen sind in unserer Terminologie als politisch zu bezeichnen, weil es sich um die bewußte Ausübung von Macht unter Rekurs auf gesellschaftliche Gewaltverteilung handelt. Die vierte Form ist politisch bedingt, weil auf Grund der gesellschaftlichen Gewaltverhältnisse der Mann als materiell, physisch und sozial Stärkerer gegenüber seiner Frau Gefühlen Ausdruck geben kann, die er gegenüber anderen Leuten in Kontrolle behalten müßte.

Die Formen der Gewalttätigkeit müssen in ihrer Entstehung und in ihrem gegenwärtigen Kontext verstanden werden. Dabei ist ihre Unterscheidung deshalb von Wichtigkeit, weil die individuelle und die gesellschaftliche Einstellung ihnen gegenüber verschieden ist.

Im ersten Fall betrachtet sich der Mann als Richter über das Verhalten seiner Frau, als mit der Autoritätsbefugnis ausgestattet, sie zu «erziehen», über sie zu urteilen und Strafen festzulegen und durchzuführen. Dieser Form wird auch heute noch unter bestimmten Umständen eine weitgehende Legitimität zugestanden, nämlich dann, wenn die Frau gegen allgemeine Erwartungen bezüglich ihres Verhaltens und ihren

Pflichten verstößt. Der Gewalttätigkeit der Männer wird häufig Rechtfertigung zugestanden, wenn die Frauen ihnen zum Beispiel «untreu» waren, sie «betrogen», die Kinder oder den Haushalt vernachlässigten usw. Hinter dieser Rechtfertigung steht die Grundannahme, daß dem Mann die Funktion einer Kontrollinstanz über das Verhalten seiner Frau zukommt. (Beansprucht hingegen eine Frau diese Kontrollfunktion über ihren Mann, gelten beide als klassische Witzblattfiguren; wehrt sich der Mann dagegen, so gilt seine Gewalttätigkeit häufig auch in solchen Fällen als gerechtfertigt.)

Zum Teil bedeutet das, daß der Mann selbst die Normen bestimmen kann, die in der jeweiligen Ehe gültig sind, zum Teil aber hat er die Pflicht, die Erfüllung gewisser gesellschaftlich gefordeter weiblicher Aufgaben zu gewährleisten.

Im zweiten Fall macht der Mann von Gewalt als einer der von der Gesellschaft ungleich verteilten Ressourcen Gebrauch, um seine Interessen durchzusetzen. Diese Ressourcen, auch die der physischen oder psychischen Gewalt, spielen selbst dann bei Konflikten eine Rolle, wenn sie von den Männern nicht explizit eingesetzt werden, da sie ihnen potentiell zur Verfügung stehen und die Beteiligten es wissen.

«Da die Menschen dahingehend erzogen sind, die Familienstrukturen so hinzunehmen, wie sie erlebt werden, und da sie diese soziale Struktur für selbstverständlich halten, probieren sie gar nicht erst, ob Gewalt angewendet würde, wenn sie herausgefordert würde ... So spielt die Gewalt auch eine Rolle, wenn gar keine abweichenden Akte begangen werden. Aufsässige Kinder oder Ehefrauen wissen, daß der Mann stärker ist und daß er sich auf Außenstehende berufen kann, die seine Gewalt mit mehr Gewalt unterstützen.»[95]

Gewalttätigkeiten kommen nicht in jeder Ehe vor; die Tatsache, daß sie geduldet werden und die Frau häufig so gut wie keine Verteidigung dagegen hat, wirkt sich unterschwellig auf jede Ehe aus. Frauen sind von der freiwilligen Abstinenz ihrer Männer, von deren Verzicht auf den Einsatz von Gewaltsanktionen abhängig.

Obwohl die Einschränkung, die der einzelnen Frau auferlegt wird, «unbedeutend oder trivial erscheinen mag, ist dennoch der Häufungseffekt von großer Bedeutung für das Selbstwertgefühl der Frau»[96]. Auch wo Gewalt nie vorkommt, kann sie subtil das Verhalten der Frau beeinflussen, wenn sie bewußt oder unbewußt meint, die Friedfertigkeit des Mannes sei auf die Abwesenheit von Provokationen ihrerseits zurückzuführen, die Harmonie von ihrer Zurückhaltung, Nachgiebigkeit und Vorsicht abhängig.

Die Weltpresse berichtet, daß auch große Staatsmänner wie der ehemalige japanische Premierminister Sato oder der kanadische Premier Trudeau (wobei ersterer sogar den Friedensnobelpreis verliehen bekam) ihre Frauen schlagen, ohne daß das Ansehen dieser Herren deshalb

Schaden nehmen würde. Das Fehlen einer öffentlichen Reaktion ist als schweigende Zustimmung und damit Billigung zu werten, was für das Selbstwertgefühl aller Frauen nicht ohne Folgen bleiben kann.

Die dritte Form von Gewalt tritt dann auf, wenn der Mann seinen überlegenen Status gefährdet sieht. John O'Brien schreibt dazu:

«Gewalt ist vor allem dann zu erwarten, wenn die verfügbare Legitimation derer in übergeordneten Positionen bedroht wird von denen, die untergeordnete Positionen innehaben.»[97]

Das Auftreten von Statusinkonsistenz wäre demnach Ursache von Gewalt, wenn der Mann nicht in der Lage ist, die mit seinem Geschlechtsstatus verbundenen Leistungen zu erbringen und seine Überlegenheit gegenüber seiner Frau oder Frauen allgemein in den Bereichen des Einkommens, der Ausbildung und der sozialen Position nicht einhalten kann. Parsons spricht von «zwanghafter Männlichkeit», die Aggression gegen Frauen zum wesentlichen Bestandteil hat.[98]

Untersuchungen über sexuelle Aggressivität zeigten, daß der Druck anderer Männer und die Angst, in deren Augen als Mann zu versagen, dieses Verhalten maßgeblich motiviert.[99]

In einer geschlechtshierarchisierten Gesellschaft gehört die Verfügungsmacht über Frauen zu den wesentlichen Bestandteilen der männlichen Identität. Das drückt sich schon im alltäglichen Sprachverhalten aus. Männer neigen dazu, ihre Sätze in Form definitiver Aussagen und Feststellungen zu bringen, während Frauen sie als Fragen und Vorschläge formulieren. Wortwahl, Satzstellung und Tonfall von Frauen werden von Sozio-Linguistikern als Zeichen für Unsicherheit und Rückzugsbereitschaft gedeutet.[100] Das beinhaltet schon eine Wertung. Die Tatsache, daß Frauen ihrem Gesprächspartner die Möglichkeit zu Widerspruch oder Ergänzungen freigeben, beispielsweise durch das Anhängen von «oder» am Satzende, kann genauso als positive soziale Qualität bewertet werden, als größere Rücksichtnahme auf die Interessen der anderen. Jedenfalls gereicht eine solche Rücksichtnahme in einer Konkurrenzgesellschaft den Frauen zum Nachteil.

Das spezifische Sprachverhalten von Frauen tritt in allen Schicht- und Bildungsgruppen auf. Wie in Untersuchungen für den angelsächsischen Raum ebenfalls bestätigt wurde, behalten auch Frauen mit akademischer Ausbildung dieses Verhalten bei[101]; ihre Sätze enthalten in viel stärkerem Maß als die von Männern Ausdrücke wie «ich weiß nicht, aber mir scheint», «wahrscheinlich», «ich glaube», «ich weiß nicht, aber» usw.

Männliche Dominanz drückt sich auch im Ablauf von Gesprächen aus, indem Frauen viel häufiger als Männer unterbrochen oder nicht beachtet werden.

«Der deutliche Unterschied im Muster des Unterbrechens und Zu-Worte-kommen-lassens weist wohl daraufhin, daß Männer sich lässig über die Diskussions- und Konversationsrechte von Frauen hinwegsetzen.»[102]

Die Ausübung von Macht gegenüber Frauen dient der gegenseitigen Bestätigung sowie der Selbstbestätigung von Männlichkeit. Die Notwendigkeit einer Bereitschaft zu Dominanzverhalten wird den Männern durch ihre Sozialisation vermittelt. Damit unterliegt dieses Verhalten, das ein Gegenstück zum Stereotyp von Feminität bildet, ebenso der Kontrolle und den Zwängen von außen. Vinnai erläutert in seinem Buch ‹*Das Elend der Männlichkeit*› die Schäden und Zwänge, die sich daraus für die Männer ergeben. John Stuart Mill kam vor hundert Jahren zu ähnlichen Schlußfolgerungen:

«Alle Selbstsucht, Selbstherrlichkeit und ungerechte Selbstgefälligkeit, die sich in der Menschheit zeigen, haben ihren Ursprung in dem bestehenden Verhältnis zwischen den Geschlechtern... Ohne Rücksicht auf die tatsächlichen Fähigkeiten der einzelnen glaubt der Mann, daß er das Recht hat zu befehlen und die Frau die Pflicht zu gehorchen. Welchen Eindruck mag diese Einstellung auf den Charakter des Mannes machen?»[103]

Die Verunsicherung seines Gefühls der Überlegenheit kann für den Mann in der Beziehung existentiell bedrohlich sein. Fühlt er sich in seiner Männlichkeit gefährdet, entweder weil seine beruflichen oder sozialen Leistungen nicht den Anforderungen entsprechen oder weil die Frau ihm in bestimmten Bereichen Überlegenheit beweist, kann er sich dazu gezwungen sehen, seine Vormachtstellung mit Gewalt zu verteidigen. Murray Straus stellte zum Beispiel fest, daß eheliche Gewalttätigkeit mit Unzufriedenheit mit dem eigenen finanziellen Erfolg zusammenhängt, während Mirra Komarovsky einen Zusammenhang zu höherer Schulbildung der Ehefrau im Vergleich zum Ehemann erkannte.

Die Theoretikerinnen der Frauenbewegung vertreten im allgemeinen die These, daß Gewalttätigkeit in erster Linie aus einer Statusinkonsistenz, das heißt aus der Ablehnung der Unterordnung seitens der Frau oder der Unfähigkeit zur Aufrechterhaltung der Überlegenheit seitens des Mannes entsteht. Ähnliche Thesen vertreten auch Sozialwissenschaftler des angelsächsischen «Establishment», manche von ihnen leiten daraus sogar die Schlußfolgerung ab, daß die Gesellschaft zur Wiederherstellung oder Verfestigung männlicher Überlegenheit intervenieren sollte. John O'Brien schreibt:

«Es bietet sich die Schlußfolgerung an, daß gewalttätiges Verhalten den Einsatz von Zwang und physischer Gewalt seitens des Mannes darstellt, der damit die Wiederherstellung seiner überlegenen Geschlechtsrolle gewährleisten will. Es wird daher vorgeschlagen, daß öffentliche Maßnahmen ergriffen werden sollen, um den Status und die Erfolgschancen von Männern gegenüber Frauen im Beruf anzuheben, um dadurch die Notwendigkeit familialer Gewalt zu reduzieren. Gegen diese Strategie wird die Frauenbewegung vermutlich Einwände haben»[104] [allerdings, Anm. d. Verf.].

Zu dieser Denkrichtung gehören auch die Theoretiker, die davon ausgehen, daß die größere «verbale Kompetenz» von Frauen in Streitsituationen die Männer nötigt, zur Gewalt zu greifen, um diese weibliche Überlegenheit zu kompensieren.

Die englische Soziologin Jalna Hanmer kann als repräsentativ für den Zugang der Sozialwissenschaft der Frauenbewegung gelten, wenn sie schreibt:

«Daß Status-Inkonsistenz-Erklärungsmodell geht davon aus, daß ein Prozeß sozialen Wandels in Gang ist, der Status und Rollen von Frauen verändert, indem Frauen in den Bereichen der Berufstätigkeit, Familie und Freizeit von untergeordneten Positionen aufzusteigen versuchen.

Wo der Ehemann und die Ehefrau unterschiedliche Normen bezüglich der weiblichen Rolle vertreten, kann das zu Konflikten führen, besonders dann, wenn die Frau größere Statusgleichheit durchsetzen will oder der Mann sich seines überlegenen Status nicht mehr sicher ist.»[105]

Auf Gewalt wird besonders dann zurückgegriffen, wenn die Behauptung männlicher Dominanz in einer Situation allgemeiner Unsicherheit über die Legitimität solcher Dominanz stattfindet.

Die männliche Autorität in der Familie ist, wie jede Macht, durch das Vorhandensein von Sanktionsgewalt abgesichert. Sie ist systemstabilisierend, weil durch sie 1. die Einhaltung der Normen durch Ernennung eines Verantwortlichen gewährleistet ist und 2. das System sozialer Organisation dadurch Übersichtlichkeit und Homogenität besitzt.

Übersetzt man die Problematik in die Ausdrucksweise des größeren Systems, so werden ihre Hintergründe klarer: während alle Staaten die Aufrechterhaltung der Gesetze durch den potentiellen Einsatz von Polizei und Gerichtswesen garantieren, so existiert ein Unterschied zwischen Rechtsstaat und Terrorregime. Dieser Unterschied liegt im wesentlichen in der Legitimität: die freiwillige Einhaltung von als richtig angenommenen Gesetzen läßt die Gewalt latent bleiben. Die Möglichkeit gewaltsamer Durchsetzung der Einhaltung der Gesetze gewährleistet die Ordnung, aber ein zu häufiger oder extremer Einsatz solcher Maßnahmen führt zum Verlust der Legitimität. Regierungen ohne Legitimität können zwar durch Zurschaustellung von Gewalt an der Macht bleiben, diese Macht ist jedoch immer bedroht.

Die moderne Ehe begreift sich, analog zum Rechtsstaat, nicht als reine Ordnung auf Grund von Notwendigkeit. Sie gilt weder als primär ökonomisch-motivierte Verbindung noch als Abmachung zwischen zwei Familien, noch als Zwangsinstitution, sondern behauptet, sich von diesen ihren Ursprüngen qualitativ entfernt zu haben. Manifeste Gewaltförmigkeit widerspräche den Vorstellungen von Ehe als Rechtsverhältnis und Liebesverbindung und gefährdete damit die Legitimität dieser Institution.

Daher begreift die Familiensoziologie – gegen den Hintergrund ihrer Voraussetzungen zu Recht – die Gewalt tendenziell und primär als Stabilitätsproblem. Diskussionen zu diesem Thema behandeln so gut wie nie die Auswirkungen auf die Frau, sondern beschäftigen sich abstrakt mit der Bedeutung für das Funktionieren «der Ehe». Denn:

«Wo Gewalttätigkeit in der Ehe zum Problem wird, ist es die Frau, die das System bedroht, während der Mann den Status quo darstellt.»[106] Vor allem die funktionalistische Soziologie ist hauptsächlich um die Herstellung oder Wiederherstellung eines Gleichgewichts besorgt; die Frage, auf wessen Kosten das System funktioniert, tritt höchstens als sekundäres Problem auf.

In der Regel wird davon ausgegangen, daß die Gewalttätigkeit zweckgerichtet und unmittelbar konfliktbezogen ist; weitergehende Unterscheidungen werden nicht getroffen. Sehr deutlich illustriert diesen Zugang Michael T. Siegert in seiner Arbeit ‹*Strukturbedingungen von Familienkonflikten*›. Der Ansatz geht davon aus, daß die Familie losgelöst vom gesellschaftlichen Kontext als eigenständiges soziales Subsystem analysierbar ist. Die völlige Hilflosigkeit und Irrealität dieses Versuchs wissenschaftlicher Bewältigung wird auf jeder Seite des Buchs in schmerzlicher Weise deutlich. Um zu erklären, daß eheliche Konflikte ein wichtiger Problembereich sind, sieht sich der Autor gezwungen zu schreiben:

«Wir können davon ausgehen, daß der Lösung von Beziehungskonflikten besondere Bedeutung zukommt, da an einer befriedigenden Klärung des Beziehungsgesichtspunktes die motivationale Basis rollendiffuser Beziehungen hängt.»[107]

Gewalt in der Ehe wird unter der Überschrift «Homöostatische Mechanismen I. Strategien der Rolleninduktion» abgehandelt. Erst die Dechiffrierung gestattet der Leserin/dem Leser die Erkenntnis der Banalität der Aussagen; erst die aufmerksame Durchdenkung der Banalitäten ergibt die Erkenntnis des reaktionären Gesellschaftsbilds, das hier vermittelt wird. Siegerts Ausführungen lassen sich auf folgende Aussage reduzieren: mittels Gewalt beendet der Mann einen ehelichen Konflikt, indem er seinen Willen durchsetzt. Bei Siegert liest sich das so:

«Das familiale System wird equilibriert . . . indem die Lösung auf Grund einer einseitigen Entscheidung induziert (wird), indem Ego Alter veranlaßt, die komplementäre Rolle zu übernehmen.»[108]

Die Konsequenzen, die Siegert aus einer Interpretation ehelicher Gewalt ableitet, sind weitgehend. Konflikte sind in seinem Modell immer negative Erscheinungen, weil sie den normalen Ablauf und damit die «Handlungsfähigkeit» «des Systems» unterbrechen. Handlungsweisen, die zur Beendigung des Konflikts führen, sind stabilitätsfördernd und damit von vornherein positiv, abgesehen vom Inhalt und den Implikationen der Strategie (ein Standpunkt, nach dem zum Beispiel das Treiben der Israelis ins Meer eine gelungene Lösung für den Nahost-Konflikt wäre).

Gewaltanwendung in der Ehe ist für ihn nicht negativ besetzt, denn Gewalttätigkeit gilt als Bestandteil der traditionellen männlichen Rolle und wird zum Teil von den Männern selbst, zum Teil aber auch von den «Experten» (Psychiatern etc.) als durchaus normales, zweckrationales Verhalten akzeptiert.

Über Herrn Dr. A., den 43jährigen Firmenleiter, vermerkt der Psychiater lobend,

«Der Mann ist Firmenleiter und sichtlich sparsam und friedlich. Hin und wieder ‹kehrt er seinen Mann vor› und prügelt die Frau. Er anerkennt, daß seine Frau eine einmalig fleißige Frau ist, aber keine gute Ehefrau, sie kämpft um die Gleichberechtigung . . .»

Das Schlagen der Ehefrau wird maximal als privates Laster gesehen, das dem öffentlichen Ansehen des Mannes keine Nachteile bringt. In vielen Fällen wird Schlagen bewußt als Mittel gesehen, das ein gewünschtes Resultat erbringt und daher rational ist.

Herr M., höherer Beamter, ist mit dem Ergebnis seines Verhaltens auch sehr zufrieden. Er kommt auf Einladung der Beratungsstelle, weil seine Frau dort über seine Gewalttätigkeit geklagt hatte, und erklärt:

«Er hatte früher das Gefühl, daß er der Frau unterlegen ist, daß er sich zur Wehr setzen muß. Jetzt langsam gelingt es ihm, die Oberhand zu gewinnen . . . Er hat herausgefunden, daß es hilft, wenn er ihr einige Ohrfeigen gibt . . . Jetzt ist er mit dem Zustand zufrieden und will nichts ändern.»

Der 45 jährige Verkäufer Herr D. wiederum bedauert es, daß er sich zu drastischen Maßnahmen nicht durchringen kann und erklärt der Beraterin fast verschämt:

«Der Mann meint, wenn er seine Gattin schlagen würde, würde die Ehe vielleicht besser sein, aber er traut sich nicht.»

Eine gewisse Selbstzufriedenheit konnte die Beraterin dafür den Äußerungen des vierzigjährigen Ministerialbeamten Herrn E. entnehmen:

«Er gibt an, daß er die Kontrolle über sich verliert und sie schlägt. Es klingt jedoch so durch, als würde er diese Tätlichkeiten absolut gesellschaftsfähig finden.»

Da dieser Mann sein Verhalten trotz der Tatsache, daß schon seine erste Ehe auf Grund von Gattenmißhandlung geschieden wurde, beibehielt, muß man daraus folgern, daß es ihm dennoch erfolgversprechend scheint.

«Die Verwendung negativer Sanktionen ist eine universell verbreitete Eigenschaft von Handlungssystemen. Sind Zwangsstrategien, die von Drohungen über offene Angriffe bis hin zu Mißhandlung und Grausamkeit reichen, erfolgreich, so wird der Konflikt durch die Unterwerfung einer Seite ‹behoben›.»[109]

Den Lesern, denen das Anführungszeichen um «behoben» die Hoffnung gab, daß es sich hierbei um eine Andeutung von Kritik handelt, muß die Irrigkeit dieser Annahme mitgeteilt werden. Was Siegert mit den Anführungszeichen kritisiert, ist nicht die Gewaltanwendung, sondern ihre Zufälligkeit; den Kriterien der Systemtheorie wird diese Strategie erst gerecht, wenn sie institutionalisiert ist:

«Vermutlich wird langfristige Stabilität und Handlungsfähigkeit nur dann gewährleistet, wenn bereits die Androhung von zukünftig zu erwartenden negativen Sanktionen eine Seite zu einer Verhaltensänderung veranlaßt.»[110]

Diese Botschaft, allerdings in anderem Vokabular vermittelt, fanden wir in der Trivialliteratur später wieder: das häusliche Glück und der Fortbestand der Familie beruhen auf der gewaltsamen Unterwerfung der Frau.

Die vierte Form von Gewalt – unkontrollierter Zorn, der gegen die Frau gerichtet wird, weil ihr gegenüber die sonst als gesellschaftlich notwendig erachteten Selbstkontrollen wegfallen – entsteht ebenfalls aus der gesellschaftlich-sanktionierten Macht des Mannes über «seine» Frau. Es gilt als seine Privatangelegenheit, als objektiv vielleicht abzulehnende Destruktion, die aber keine Interventionen der Öffentlichkeit zur Folge hat, solange er sich nicht der Ruhestörung schuldig macht.

Auch von der betroffenen Frau wird diese Gewalt oft nicht als «Gewalt gegen Personen» eingeschätzt. Es ist eine Gewalt, die sie eher zufällig trifft und mit ihr selbst eigentlich nichts zu tun hat – sie ist lediglich zur falschen Zeit am falschen Ort und wird vom Zorn des Mannes erfaßt wie von einem Erdbeben. Die Gewalttätigkeit des Mannes – der dann oft betrunken und eigentlich nicht «er selbst» ist – erscheint als Art Naturkatastrophe: er schlägt Türen, Fenster und Möbel zusammen und fast zufällig auch die Frau, die in der Situation als Teil seines Haushalts ohnehin nicht «wirklich» eine Person ist.

Das Abreagieren männlicher Frustrationen, Niederlagen und Leiden an der Person einer Frau ist ein Merkmal dieser Gesellschaft und trifft nicht nur für die Ehe zu. Sekretärinnen ertragen die Launen ihrer Chefs; die Prostitution wird mit dem Argument gerechtfertigt, daß durch diese Einrichtung Trieb-Aggressionen abgefangen und kanalisiert werden, die sonst den Bestand der bürgerlich-sittlichen Ordnung gefährden könnten.

Die kurzschlüssige Personalisierung von Mißständen und das Abreagieren an beliebigen verfügbaren Objekten sind Merkmale einer Gesellschaft, in der sich «Wut gegen Unterdrückung und Ausbeutung meist auf Personen bezieht – die Kollegen, den Vorarbeiter, den Chef – nicht auf die Organisation der Arbeit selbst. Sie wird daher in momentanen Ausbrüchen ‹abreagiert›, zu einer aktiven Auseinandersetzung mit der Umwelt kommt es nicht.»[111]

Dieser Abreaktionsmechanismus findet mitunter in Form einer Kette statt; der Mann transferiert Arbeitsprobleme auf seine Frau, die Frau richtet die Gewalt gegen sich selbst oder gegen die Kinder, die Kinder reagieren gestört verschlossen oder aggressiv.

In den Protokollen der Beratungsstelle wird diese Erscheinungsform von Gewalt verallgemeinernd mit dem Ausdruck «randalieren» umschrieben.

Die Auswirkungen zermürbender Terrorisierung auf die Kinder sind sehr schädlich. Die Beratungsstelle vermerkt häufig «Weinkrämpfe», Absinken schulischer Leistungen, Konzentrationsunfähigkeit, Schlafstörungen, verschrecktes Auftreten, Bettnässen, Stottern. Der Mann wird als «aggressiv» beschrieben, was als bedauerliches Persönlichkeitsmerkmal, aber nicht als öffentliche Angelegenheit gilt. Die Beratungsstelle muß sich mit einer Beschreibung und einer Beruhigung der Opfer begnügen. Über Herrn K., Installateur, schreibt die Beraterin zum Beispiel:

«Der Mann ist sehr aggressiv. Er explodiert wegen Kleinigkeiten. Wenn eines der Kinder (vier und sechs Jahre alt) die Zeitung fallen läßt, wird er aggressiv und zertrampelt zum Beispiel den Baukasten der Kinder. Wenn ein Knopf fehlt, zerreißt er das Hemd.»

Häufig kommen Frauen, die wissen wollen, wie sie «die Kinder abschirmen» können, wie sie sich verhalten sollen, um ihn ruhig zu halten. Während die Möglichkeit, aufgestaute Aggressionen in einer explosiven Abreaktion abzubauen, für den Mann möglicherweise befreiend ist, stellen solche Ausbrüche für Frauen und Kinder eine permanente Verunsicherung ihres Schutz- und Lebensbereichs dar.

Kapitel XI

Ideologie Teil 1
«Also, ich finde, daß es gar nichts ausmacht, wenn man von dem, den man liebt, schlecht behandelt wird», sagte Sigrid

---

Frauen lesen gern über die Liebe * Diese Feststellung drängt sich auf, wenn man Frauenzeitschriften näher betrachtet * Es gibt sogar Zeitschriften für Frauen, die sich einzig und allein diesem Thema widmen * Wahrscheinlich lesen die Frauen gern über die Liebe, damit sie nicht vergessen, was das ist * Denn schließlich ist das für sie sehr wichtig * Wo sie doch häufig ihr ganzes Leben danach ausgerichtet haben * Der Leser sieht sich einige ausgewählte Liebesgeschichten durch * In denen es durchaus auch um eine Reihe ganz aktueller Lebensprobleme geht * Auch um weibliche Berufstätigkeit, Probleme der Hausfrau, Konflikte zwischen verschiedenen Rollenmustern und ähnliches * All diese Probleme können durch das Einwirken der Liebe schließlich gelöst werden * Und zwar dadurch, daß die Frau die Abwegigkeit von Emanzipation einsieht und sich voll und ganz dem häuslichen Glück hingibt * Passagen aus diesen Geschichten werden zitiert, damit der Leser nicht glaubt, daß seine ergebenen Autorinnen hier übertreiben oder manipulieren * Das ist bei diesen Texten gar nicht nötig

---

Die «Frau auf der Straße», die Durchschnittsfrau, liest selten und unregelmäßig Tageszeitungen. Als «Zweitleserin» bekommt sie von verschiedenen Publikationen zwar ein eigenes Eck in den normalen Zeitungen – eine «Seite der Frau» beispielsweise – aber die wichtigen Ereignisse des Tagesgeschehens beziehen sich nicht auf ihren Wirkungsbereich. Die Akteure und die Geschehnisse, die Schauplätze und die Sprache der Nachrichten sind männlich.

Das Verständnis der weiblichen Weltdeutung muß unvollständig bleiben, wenn ein Teil der «Frauenpresse» nicht berücksichtigt wird. Dieses Genre widmet sich ausschließlich den Krisen und Ereignissen der weiblichen Sphäre. Kriege, technologische Errungenschaften, die Schwankungen der Börse, diplomatische Verhandlungen finden hier, wenn überhaupt, dann nur am äußersten Rand der Geschehnisse, eine Erwähnung. In den Titelüberschriften von Publikationen wie *wahre geschichten, mein erlebnis, tina* usf. geht es um Verführung, Eifersucht, Leidenschaft, Liebe, Scheidung, Einsamkeit, Seitensprünge, Treue, Schwangerschaften (gewollt, ungewollt, verfrüht, verspätet), Geburten, Verwandtschaftsprobleme. Die Geschichten werden mit Nachdruck als wahre Erlebnisse, als tatsächliche Erfahrungen beschrieben; diese Zeitschriften sind die Nachrichtenblätter und die Historiographie der Frauen, was allein schon Ausdruck für ihre Situation ist: in der weiblichen Existenz unserer Kultur vermischen sich Illusion und Wahrheit, Realität und Hoffnung, Leiden und Stärke, Opfer und Leistung, Schmerz und Liebe zu einer permanenten Realitätsverzerrung. Schon die Bezeichnung «Regenbogenpresse» drückt diese Vermischung von Wirklichkeit, Märchen und Hoffnung aus.

Wir untersuchten eine zufällige Auswahl solcher Publikationen, um die darin vermittelten Leitbilder, Normen und Wünsche, die charakteristischen Probleme und Werte kennenzulernen.

Auffallend war bereits die männlich-dominierte Zusammensetzung der meisten Redaktionen. Lefebvre spricht von einer «Frauenpresse, bewunderswert gemacht von Frauen für Frauen»[112], die «durch ihre Quantität und Qualität ein Beweis für den offenkundigen ‹sozialen Aufstieg der Frauen› ist». Die Regenbogenpresse, meint er, liefert eine Art «weibliche Ideologie». Die Begründung dieser seiner Aussagen ist uns nach wie vor unklar. Denn, wie schon ein Blick auf die Zusammensetzung der typischen Redaktion dieser Frauenpresse deutlich zeigt, werden die Träume der kleinen Frau vom großen Bruder verfaßt, vertrieben und verantwortlich unterzeichnet.[113] Und wenn diese Presse eine Ideologie liefert, was sie ohne Zweifel ganz massiv tut, dann ist es eine Ideologie der Weiblichkeit und nicht eine weibliche Ideologie.

Die genannten Publikationen legen großen Wert auf «Aktualität»; *wahre geschichten* beschreibt seinen Inhalt als «Schicksale und Erlebnisse aus unseren Tagen»; *mein erlebnis* verspricht, «Frauen von heute berichten.» Und der Untertitel von *tina* versichert, sie sei «für die Frau von heute.»

Die Beobachtung, daß alle drei dieser Zeitschriften ihren Titel in Kleinbuchstaben schreiben, sei an dieser Stelle lediglich weitergegeben: vielleicht schicken sich Großbuchstaben doch nur für die Überschriften männlicher Weltgeschichte, vielleicht aber soll lediglich die Aktualität und Modernität der Publikationen dadurch noch deutlicher zum Ausdruck gebracht werden.

Verglichen mit Modezeitschriften gibt es in diesen Publikationen verhältnismäßig wenig Werbung, so daß sie relativ rasch ausgewertet werden können. Nach den annoncierten Produkten zu schließen, leidet der angesprochene Leserkreis an: Kopfweh, Verstopfung, Hämorrhoiden, Rheuma, Hühneraugen, Übergewicht und Fußpilz und hat zu dünnes Haar und zu kleine Brüste.

Als Hauptfiguren spielen Männer in den Geschichten eine eher sekundäre Rolle, dafür aber eine Entscheidende. Der Mann tritt auf als: das

Böse (der kaltblütige Verführer, der skrupellose Betrüger), der Retter, der Richter, das allsehende männliche Auge, in dem die Frau sich allein erkennen kann. («Als mein Mann anfing, mich Dickerchen zu rufen, war ich's satt», nicht zum Beispiel körperliches Wohlbefinden oder Gesundheit, ist die Motivation der Frau, gegen Übergewicht etwas zu unternehmen.) Die Grundlinie der Geschichten ist relativ standardisiert: Frau ist unzufrieden / gerät auf Irrwege / wird von Schicksalsschlag getroffen. Frau unternimmt Aktion, die entsetzlich schiefgeht. Mann rettet Frau / Frau erkennt ihre Verirrung und kehrt zu Ehemann zurück / Frau entscheidet sich für langweiligen, aber verläßlichen Freund. Frau sinkt in Arme von Mann und ist glücklich / zufrieden / in Sicherheit. Die Destillierbarkeit der Inhalte auf diese Grundformel überraschte uns nicht, sondern entsprach unseren Erwartungen.[114] Unerwartet traf uns hingegen die Feststellung, zu welch hohem Ausmaß diese Literatur sich in einen regelrechten Propagandafeldzug gegen «die Emanzipation» und «die Emanzipierte» gesteigert hat. Einige Beispiele:

Eine junge berufstätige Frau berichtet: «Meine Freundin erschien mir so hilfsbedürftig – dabei war sie so viel stärker als ich: sie konnte wirklich lieben.»[115] Eine junge Frau bekommt eine neue Nachbarin, die ein krankes Baby hat und deren Mann sie verließ, weil er sich der Belastung des Familienlebens, der Verantwortung für ein Kind nicht gewachsen fühlt. Die Frau nimmt sich ihrer an, organisiert einen Kinderarzt; schließlich ziehen die beiden Frauen zusammen. Sigrid, die junge Mutter, führt der anderen Frau (Birgit) den Haushalt, denn diese lebt als alleinstehende Karrierefrau in einer entsetzlichen Unordnung. Birgit ist über das Verhalten von Sigrids Ehemann empört: «Diese Männer! . . . Sobald es Ihrem Kind etwas bessergeht, nehme ich Sie zu meiner Freundin mit. Sie leitet eine Frauengruppe – Emanzipation, na, Sie wissen schon.»

Aber Sigrid läßt gegen ihren Mann nichts kommen, denn: «Also, ich finde, daß es gar nichts ausmacht, wenn man von demjenigen, den man liebt, schlecht behandelt wird. Es schmerzt zwar sehr, zerstört aber das Gefühl doch nicht.» Die beiden Frauen leben harmonisch miteinander. Bald organisiert Birgit einen Babysitter und nimmt ihre Freundin zu einem Treffen der Frauengruppe mit. Aber Sigrid, eine echte Frau, läßt sich nicht irreleiten. «Birgit – diese Frauen da, deine Bekannten», erkennt sie sehr schnell, «ich glaube, sie sind zu keinem wirklichen Gefühl fähig. Sie können nicht lieben. Denn wenn sie dazu in der Lage wären, könnten sie nicht so denken, sprechen und wohl auch handeln.» Spätestens an dieser Stelle hatte der Autor unsere volle und gebannte Aufmerksamkeit gewonnen: wie dachten, sprachen und handelten wir denn, daß wir ihm zu erkennen gaben, zu keinem wirklichen Gefühl fähig zu sein? Leider, liebe Leserin, wir erfuhren es nicht und können es daher auch nicht weitergeben. Er läßt Birgit die «Gleichberechtigung» folgendermaßen beschreiben: «Es geht doch in erster Linie darum, die Vorrechte des

Mannes ein wenig gleichmäßiger auch auf den Rest der Menschheit – die Frauen nämlich – zu verteilen.» (Das zeugt zwar von mangeldem feministischen Bewußtsein, aber von mangelndem Gefühl?)

Trotz häufiger Anwesenheit des Kinderarztes stirbt Sigrids Kind an einer mysteriösen Krankheit, und die beiden Frauen fahren in Sigrids Heimatort zum Begräbnis. Auch Sigrids Ehemann Martin tritt hier in Erscheinung, und angesichts seiner Reue und seines Leidens entschließt sich Sigrid, ihn zurückzunehmen. Den Abend vor dem Begräbnis verbringt Sigrid, in Tränen und nervlich völlig am Ende, mit Birgit. («Oh, Birgit», schluchzte sie, «was würde ich nur ohne dich anfangen? Ich muß jetzt einfach weinen. Denn morgen brauche ich meine ganze Kraft, um Martin beistehen zu können.»)

Birgit will Sigrid überreden, wieder mit ihr in die Stadt zurückzukehren und das harmonische gemeinsame Leben dort fortzusetzen («Auch ich brauche dich», wendet Birgit ein). Aber Sigrid weist sie zurecht: die seelische Kraft, der Rückhalt der Frau, gehört rechtmäßig dem Mann und nicht einer anderen Frau, denn Frauen kommen mit ihren Problemen schon zurecht. («Du bist doch stark, Birgit. Du hast wohl keine Ahnung, wie stark du sein kannst.») Und richtig, beim Begräbnis, am nächsten Tag, ist Sigrid «mit ihrem gebrochenen Ehemann so beschäftigt, daß ihr gar keine Zeit blieb, selbst auch nur eine einzige Träne zu weinen».

Daß er sie mit einem kranken Kleinkind sitzenließ, macht ihn nur um so schutzbedürftiger. Botschaft: Frauen sind dazu geschaffen, Abladeplatz für seelisches Leid zu sein: für ihr eigenes und für das anderer Leute, auch anderer Frauen, wenn deren Regeneration letzten Endes einem Mann zugute kommt. Hingebungsvoll, sanft, aufopfernd, verständnisbereit, vergebend: so ist auch die gute «Frau von heute». Woher nimmt sie die Kraft dazu? Diese Frage klärt sich in einem Abschiedsgespräch zwischen Sigrid und Birgit. Birgit, in ihrer Funktion als advocata emanzipationi, kritisiert die Aufopferungsbereitschaft, die Liebesideologie der Freundin.

«Ich begreife nichts von dem, was du da redest», erwiderte ich bitter. «Die Art von Liebe, über die du sprichst, ist mir zu leidvoll. Sie verlangt zu viele Opfer. Ich habe in meinem Leben schon so viel erlitten, daß ich nun endgültig genug davon habe. Aber du klingst so überzeugt von dem, was du da sagst. Und doch kannst du unrecht haben. Was ist, Sigrid, wenn ich mich nun auf deine Art von Liebe einlasse und du tatsächlich unrecht hast?»

Sigrid formuliert das Credo:

«‹Ich bin überzeugt davon, recht zu haben›, erklärte Sigrid fest. ‹Wenn ich mich irre, hätte das ganze Leben keinen Sinn! Dann gäbe es keine Hoffnung, keine Treue, kein Vertrauen! Ich muß einfach recht haben, denn sonst hätte unsere Existenz für mich keinen Sinn!»

Die Logik ist bestrickend: Frauen müssen sich aufopfern, weil die Liebe es so verlangt; und die Liebe muß existieren, damit sie sich nicht umsonst aufgeopfert haben. (Klingt es bekannt, meine Damen und Herren? Der Endsieg muß folgen, weil sonst zu viele Soldaten umsonst gestorben wären. Kernkraftwerke müssen nutzbringend sein, weil sonst schon zuviel Geld in sie investiert worden wäre.)

Die Frau entspricht in diesen Geschichten einer Mischung aus leidender Mutter Maria und Christus: nach qualvollen Zweifeln entschließt sie sich, sich ans Kreuz der Liebe schlagen zu lassen; der Märtyrerkult eines hochsäkularisierten Christentums.

Schließlich kann auch Birgit zum wahren Glauben bekehrt werden; sie fährt nach Haus um zu heiraten: sie haben es erraten, den Kinderarzt.

Unzufriedenheit, Zweifel am Frauenlos, an der Hausfrau- und Mutter-Existenz, ist ein häufiger Ausgangspunkt dieser Geschichten. Eingepflanzt wird den Frauen diese Unzufriedenheit, mitten im Paradies ihres Familienkreises, von der Schlange: abermals erraten, durch die «emanzipierte Frau», die die selige Einfältigkeit des häuslichen Reichs verspottet.

«‹Marlene Burger, du bist eine Verräterin an deinem eigenen Geschlecht.›» Doras Worte klangen mir immer noch in den Ohren, ihre Stimme hatte richtig verächtlich geklungen. «‹Du bist eine Herausforderung für jede halbwegs moderne Frau. Du bist mit einem eigenen Verstand auf die Welt gekommen. Warum machst du also so gar keinen Gebrauch davon? Aber statt dessen hast du dich zum Dienstboten für deine Familie degradieren lassen. Es ist doch wirklich ein Kreuz mit dir.›»

Da liegt Marlene nun, durch diese Kritik verunsichert, neben ihrem Winfried im breiten Doppelbett und grübelt. Sie beschließt, «kein Fußabstreifer mehr zu sein». Aber ihr weiches weibliches Herz kann diesen Entschluß nicht lange durchhalten, der Anblick all der traurigen, hilfsbedürftigen Mitmenschen läßt sie immer wieder schwach werden. Die Putzfrau kommt mit einem eingeschlagenen Zahn und einem verschwollenen Auge an, weil ihr Mann sie wieder einmal geschlagen hat, und Marlene schickt sie zum Arzt, statt auf Verrichtung der Haushaltsarbeiten zu bestehen. Die Tochter weint, weil sie ohne Kleid nicht zum Tanz gehen kann, und Marlene näht ihr rasch einen Samtrock. Eine einsame, unglückliche alte Jungfer bringt ihren einzigen Lebensinhalt, einen bissigen Hund, vorbei, und Marlene verspricht, auf ihn aufzupassen. Der Sohn hat seine Hausaufgaben nicht gemacht, und Marlene hilft ihm, damit er noch rechtzeitig zum Fußballspiel kommt. Der Ehemann verlangt Perfektion im Haushalt, und Marlene ist dienstbar:

«Ich eilte zum Bad und sah Winfried, der mit anklagender Geste auf den leeren Handtuchhalter deutete. ‹Einen Moment, Liebling›, sagte ich und griff hinter ihn in den Badezimmerschrank. Ich legte ihm das saubere Handtuch in die Arme.»

Während sie eifrig umhereilt, ärgert sich Marlene über ihre Willensschwäche. Was Marlene an diesem einen Vormittag alles leistet, verrät den männlichen Autor. Denn wer schon einmal einen Samtrock genäht, ein Abendessen für zwölf Personen vorbereitet, Hausaufgaben gemacht und eine Wohnung geputzt hat, der (die) weiß, daß das nicht alles an einem Vormittag geht. Schließlich ruft Winfried vom Büro an: er hat seine Brieftasche zu Hause vergessen, Marlene muß sie schnell vorbeibringen. In ihrer Verzweiflung über diesen zusätzlichen Weg (denn sie muß den Abend noch vorbereiten, für zwölf Gäste kochen, ihre Haare waschen) und ihrer Kränkung («Nicht mal ‹bitte› hat er gesagt».) kommt ihr trotzdem noch der Gedanke, schnell eine neue Krawatte für ihn zu kaufen.

Den ganzen Nachmittag ärgert Marlene sich über ihr «schwaches Rückgrat». Dann aber ruft Winfried an:

«Ich bin befördert worden, Liebling! Weißt du, ich glaub, es war die neue Krawatte, die mir so viel Selbstvertrauen gegeben hat.» Marlene ist ein «wahrer Engel», findet er. Sie wehrt bescheiden ab:

«Oh, Winfried! Das bin ich nicht! Ich habe mich so bemüht, mich selbst zu verwirklichen und etwas emanzipierter zu werden. Aber ich bin doch nichts anderes als ein Fußabtreter für euch alle.»

«Was du auch immer bist, Schätzchen», flüsterte Winfried, «ändere dich bloß nicht. Ich liebe dich so, wie du bist!»

Der Zynismus dieses Wortwechsels wird Marlene nicht bewußt, denn was kümmert es einen schon, ein Fußabtreter zu sein; Hauptsache ist doch, man ist ein geliebter Fußabtreter. Marlene hat «mit einemmal verstanden, daß Rückgrat für verschiedene Menschen etwas Verschiedenes war. Da gab es jene Frauen, die sich in der Berufswelt verwirklichten. Das fand ich auch gut. Für diese Frauen. Ich hatte mich anders entschieden. Ich sah den Sinn meines Lebens darin, meine Familie glücklich zu machen.»

Die Kraft zu leiden, Demütigungen zu ertragen, Verletzungen zu verzeihen, immer wieder neu anzufangen, ohne Anerkennung im verborgenen anonym die Leistungen und Erfolge anderer zu fördern: das sind die Formen des Heroismus, die den Frauen angeboten werden; ihre Leitbilder sind Märtyrerinnen; ihre Leiden liegen im unausweichlichen Wesen der Geschlechter:

Über allem das Banner der Liebe und die Macht der Männer, der Frau durch ihre Aufmerksamkeit und Zuwendung erst Existenz zu verleihen. Typische Motive: Ein junger Mann verliebt sich in eine junge Frau, weil ihre langen Haare so schön sind. Aber die Frau will nicht um ihrer Haare willen geliebt werden und schneidet sie ab: wird er sie noch wollen? (Er will.) (Welch ein Glück, daß ihm nicht ihre schönen Beine gefielen, sonst hätte sie sich vermutlich amputieren lassen müssen.)

Eine junge Frau fährt nach Marokko, weil ihr Freund so langweilig und so eifersüchtig ist, und landet beinahe in einem Bordell; schließlich versinkt sie in den Armen des langweiligen Freundes, der ihr nachgereist

ist. (Weinend fiel ich Uwe in die Arme, stammelte: «Ich bin eine dumme Gans, aber ich liebe dich.») Eine Frau macht einen Seitensprung, um ihren Mann eifersüchtig zu machen, damit er seine Freundin aufgibt, mit Erfolg. («Du kannst dich auf mich verlassen», beteuerte Ralf. «Weißt du, Elisabeth, du bist und bleibst die einzige Frau, die ich liebe. Das ist mir heute erst wieder so richtig klargeworden.» – «Ich liebe dich auch, Ralf.»)

Das Sexualitätsbild der Zeitschriften verrät die männliche Feder. Ein zwei Stunden dauernder Geschlechtsverkehr (*wahre geschichten* 5, 1978), der bereits nach zehn Minuten wieder fortgesetzt wird, ist das Produkt männlicher Phantasie und nicht weiblicher Erfahrung.[116] Das trifft auch auf die Beschreibung der weiblichen sexuellen Reaktion («ich schrie vor Lust, und mein ganzer Körper zuckte») und dem weiblichen Verhältnis zu einem geschickten Liebhaber zu. («Ich war Wachs in seinen Händen, folgte jeder Aufforderung, die er mir durch einen Blick oder eine Geste gab, hatte keinen eigenen Willen mehr, sondern war nur noch beseelt von dem Wunsch, diesem Mann so oft wie möglich zu gehören.»)

Auch das Frauenbild wird mit dem anatomisch verzerrten Männerauge gezeichnet. «Mein Gott, diese Augen, diese Beine, dieser Po» (*wahre geschichten* 5, 1978) und «als sie sich nach vorn über den Verkaufstisch beugte, reckte sie dabei ihren hübschen Po etwas nach hinten, so daß es fast ein bißchen einladend aussah» (*mein erlebnis* 4, 1978)

Die Frage der Gewalt kommt in den Geschichten und Texten relativ häufig zur Sprache. In der Kolumne «Die Sprechstunde» berichtet eine Frau: «Mein Mann ist Sadist – er quält die ganze Familie.» Der Frau, die sich als «körperlich und seelisch total fertig» beschreibt, drei Kinder hat (fünfzehn, zwölf und sieben Jahre alt), deren Mann geschworen hat, die Familie umzubringen, wenn sie sich von ihm scheiden läßt, die «immer Angst vor den Nächten hat», weil er sie sexuell mißbraucht, ratet der «Psychotherapeut» des Blatts wohlwollend, wenn auch etwas realitätsfremd, «auch wenn Sie aus Angst vor Ihrem Mann jetzt noch keine Trennung durchführen können, so sollten Sie sie trotzdem schon zielstrebig vorbereiten. Bemühen Sie sich unter anderem darum, die erforderlichen materiellen Voraussetzungen dafür zu schaffen (Berufstätigkeit, berufliche Weiterbildung etc.).» Von einer «körperlich und seelisch total fertigen» Frau mit drei Kindern (wobei das jüngste Bettnässer ist und Schulprobleme hat), die mit Totschlag bedroht und jede Nacht belästigt wird, zu verlangen, sich weiterzubilden oder berufstätig zu werden, zeugt von eher geringem Einfühlungsvermögen.

Eine ähnliche Orientierung am Wohlergehen des Mannes finden wir im «Gesundheitsmagazin» der Zeitschrift *mein erlebnis*. Hier werden Frauen gewarnt, daß «Unzufriedenheit krank macht» – eine nähere Lektüre zeigt, daß der Mann hier der alleinige Patient ist. «Mißhelligkeiten im privaten Bereich» und «Unzufriedenheit in der Ehe», erfahren wir, führen bei Männern zu «Herzleiden, Magen- und Darmgeschwüren und zahlreichen anderen Krankheiten». Fazit: wenn die Frau den häuslichen Bereich nicht glücklich und harmonisch gestaltet, ist sie für die Leiden ihres Ehemannes verantwortlich. Untersuchungsergebnisse, so zum Beispiel die von Haavio-Mannila, über körperliche und seelische Beschwerden der Hausfrau, die auf ihre Lebens- und Arbeitsbedingungen zurückzuführen sind, werden in den Seiten dieser Schriftstücke geflissentlich ausgespart.

Nicht nur durch den Einkauf der richtigen Krawatte, auch durch weitergehende Mühen und Opfer hat die Frau zur Karriere des Mannes beizusteuern. Diese Lektion erteilt die wahre Geschichte von Regina Wagner, einer «Frau von heute.» Regina Wagners Mann beschließt, ohne seine Frau vorher zu informieren, Hamburg zu verlassen und an die Ostsee zu ziehen. Da er ihren Widerstand gegen dieses Vorhaben antizipierte, unterrichtet er sie erst davon, nachdem er unwiderrufliche Schritte für diesen Umzug eingeleitet hat. Regina erhebt Einspruch. («Ich ziehe jedenfalls nicht dorthin, Michael. Auch nirgendwo andershin. Soll ich etwa meine Karriere und meine Freunde hier in Hamburg so mir nichts, dir nichts aufgeben?») Aber Michael weist seine Frau (deren Protest vom Autor als «aufsässig» bezeichnet wird) zurecht:

«Er holte tief Luft und antwortete dann ruhig: ‹Du hast hier einen Job.› Er wägte jedes Wort sorgfältig ab. ‹Eine Karriere kann man das wohl kaum nennen . . . Als Familienoberhaupt [eine Übertreibung, denn das Ehepaar ist kinderlos und kann auch keine Kinder bekommen, Anm.] bin zunächst einmal ich der Ernährer.»

Das Ehepaar verhält sich stereotyp; Regina «kocht vor Wut», «schnappt nach Luft», «schluckt», bittet und jammert; ein paar Seiten später ist sie auch noch «kokett». Michael dagegen ist «entschlossen», «resolut» , «knallhart», «direkt». Er «legt ihr die Hand auf die Schulter» und «den Arm um die Hüfte» ; sie «streckt ihr Kinn in die Luft» und «hat einen Kloß im Hals».

Die Abwertung ihrer Arbeit, die in «sorgfältig abgewogenen Worten» von Michael vollzogen wurde, trifft Regina hart: «Egal, was er davon hielt, für mich war es mehr als ein Job . . . Ich hatte sogar damit gerechnet, eines Tages in der Firma zum Einkäufer zu avancieren.»

Der Interessenskonflikt geht jedoch zu ihren Ungunsten aus, denn «die einzige Alternative wäre die endgültige Trennung gewesen». Das Ehepaar zieht also in einen kleinen Ort an der Ostsee. Regina findet keine Arbeit, fühlt sich gelangweilt, überflüssig und verzweifelt. Ihr Mann ist mit seinem neuen Posten sehr glücklich und auch sehr beschäftigt. In seiner Firma wäre auch für Regina ein Posten frei, aber Michael erlaubt ihr nicht, ihn anzunehmen, denn er ist dagegen, daß Eheleute in derselben Firma arbeiten. Selbst ihr eindringliches Flehen kann ihn nicht erweichen. («Ich schluckte. ‹Laß mich doch auch kommen! Ich helfe euch. Und wenn's nur beim Abwasch ist! Ich, ich mag hier nicht allein rumsitzen», fügte ich lahm hinzu.»)

In ihrer Langeweile und Verzweiflung lernt Regina einen jungen Mann kennen, der sie attraktiv findet, obwohl sie «so jung nicht mehr war», wenngleich ihre «Figur immer noch ganz passabel» ist (Regina ist 25 Jahre alt; offensichtlich erfordert die Unterordnungsbereitschaft der Frauen das Gefühl der Konkurrenzunfähigkeit und damit der Abhängigkeit vom einmal gewonnenen Mann). Sie flirtet mit ihm und läßt sich schließlich verführen. Zum nächsten vereinbarten Treffen kommt er jedoch nicht, und Regina erkennt, daß sie in die «älteste und billigste Falle der Welt» geraten ist und für ihn nur ein einmaliges Abenteuer war. Reumütig beschließt sie, ab jetzt «bemüht zu sein, am neuen Leben meines Mannes teilzuhaben und meinen Anteil dazu beizutragen . . .»

Die Regenbogenpresse vermittelt eine vollständige Ideologie für alle Aspekte des Frauenlebens. In einer typischen Ausgabe finden sich Diätrezepte, rührend-naive «Aussprüche aus dem Kindermund», Tierfotos, Babyfotos, Psychotests («Können Sie glücklich sein?»), bewegende Geschichten über Rettungen aus Krankheit, Armut und Not, Anleitungen zum Bemalen von Ostereiern und detaillierte Berichte von Frauen, die «perversen Wüstlingen restlos verfallen» sind (*wahre geschichten* 7, 1978) oder «durch die raffinierten Liebesspiele eines zwanzig Jahre älteren Mannes sexuell hörig» wurden (*wahre geschichten* 5, 1978): Inhalte, die den Verzerrungen, Perversionen und Illusionen weiblichen Daseins in unserer Kultur Ausdruck geben.

«Problemorientierte» Geschichten beschäftigen sich in erster Linie mit zwei Hauptthemen: mit dem Konflikt Berufstätigkeit/Hausfrauenleben und mit sexuellen Problemen. Gelöst werden die Probleme jeweils durch die einsichtsvolle und «freiwillige» Unterordnung der Frau, durch ihre Akzeptierung eines Verlusts, der mit der Liebe kompensiert und vergütet wird. Unter dem Titel «Ich hielt mich für eine emanzipierte, selbständige Frau und wollte partout nicht heiraten», wird die Lebensgeschichte der 25jährigen Marion exemplarisch für den Konflikt Frau und Beruf angeführt. Der glückliche Ausgang wird schon am Anfang der Geschichte vorweggenommen, um die didaktische und pädagogische Wirkung zu unterstreichen. («Zu Hause zu bleiben und Hausfrau zu spielen, das konnte ich mir beim besten Willen nicht vorstellen. Und doch kam es so . . . Ich fürchtete mich davor, ‹eingesperrt› zu sein. Dabei war diese Angst Unsinn. Zum erstenmal weiß ich, was Wärme und Geborgenheit heißt.»)

Rückblickend erfahren wir von ihrer beginnenden Karriere als Fotografin, eine Zeit, in der sie ambitioniert durch die Welt reiste. Sie erzählt ihrem Freund von ihrem ersten großen Auftrag («Vor Freude fiel ich ihm um den Hals. ‹Stell dir vor, endlich bekomm ich eine Chance. Denen werd ich beweisen, daß auch Mädchen ausgezeichnet fotografieren können›»), aber ihr Freund, Ralf, teilt ihre Begeisterung nicht («Ralf machte ein ausgesprochen saures Gesicht»), sondern weist sie zurecht. («Kümmere dich lieber um den Kochtopf, auf längere Sicht hast du bestimmt mehr davon!») Marion findet dieses Verhalten sehr verletzend und ungerecht, denn sie nimmt an seinen Erfolgen und Ambitionen immer stolz Anteil. Sie streitet mit ihm und betrinkt sich schließlich in einem Lokal. Als sie nach Hause kommt, wartet Ralf schon auf sie.

«Als er mich in dem angeheiterten Zustand sah, packte er mich und legte mich, ohne groß etwas zu sagen, übers Knie . . . Durch diese Tracht Prügel hatte mein Selbstbewußtsein einen empfindlichen Schlag erlitten. Plötzlich war ich gar nicht mehr so sicher, daß ich meine neue Aufgabe überhaupt meistern würde.»

Trotzdem fährt Marion nach Südafrika; die Lektion in der Überlegenheit des Herrenvolks hat nicht genügt, um sie von ihrem Auftrag fernzuhalten. Alles geht schief, weil ihr als Frau überall Widerstände entgegengebracht werden. Die ihr zugewiesenen Angestellten machen sich über sie lustig und weigern sich, ihre Anordnungen zu befolgen. («Was wollen Sie», erklärte mir der Direktor, «sie sind es einfach nicht gewohnt, von einer Frau kommandiert zu werden.») Der Direktor bietet ihr seine Unterstützung an und versucht dann im Auto, sie zu vergewaltigen. In letzter Minute erscheint Ralf, der ihr ohne ihr Wissen mit dem nächsten Flugzeug gefolgt ist. Diese Episode macht Marion die Sinnlosigkeit ihrer Emanzipationsbestrebungen klar:

«Ralf», gestand ich ihm, «ich hisse die weiße Fahne. Ich begebe mich unter deine Fittiche. Aber eine Bitte habe ich, sperre mich zu Hause nicht ein. Laß mich noch weiter mitarbeiten. Es macht mir Spaß und sogar irgendwie glücklich.»

Hier finden wir das klassische Leibeigenenverhältnis zwischen den Geschlechtern in moderner Auflage wieder: um den Attacken der anderen Männer zu entgehen, muß die Frau sich in Abhängigkeit zu einem einzigen «Beschützer» begeben. Marion tauscht ihre Freiheit gegen Sicherheit ein, indem sie sich in das «Gewalt- und Schutzverhältnis» der Ehe begibt.

Diese Botschaft zieht sich in so massiver Form durch dieses gesamte Genre, daß die Artikel wie eine schlecht gelungene, zu wenig subtile Satire wirken.

Die Gewalttätigkeit dieser Propagandaschriften ist in den Inhalten am eindeutigsten, in denen es direkt um Sexualität geht. Ein keineswegs untypisches Beispiel ist die Geschichte von «Manuela». Die Geschichte beginnt mit ihrem Entschluß, mit ihrem Freund zu schlafen; ein Entschluß, der nach Meinung des Autors die Akzeptierung des Objektcharakters ihres Körpers seitens der Frau voraussetzt. («Nachdenklich sah ich in den großen Spiegel, betrachtete meinen schlanken, sonnengebräunten Körper, der noch in dieser Nacht einem Mann gehören sollte. Es war wie ein Abschiednehmen.») Diese kolonialistisch-imperialistischen Begriffe sind charakteristisch und ziehen sich durch die gesamte Literatur (er nahm sie, er besaß sie, sie gab sich hin, er hat sie gehabt usw.). Nun kommt es zur Krise; Marion wird von einer plötzlichen Angst befallen und flüchtet aus dem Hotel. Später lernt sie einen anderen Mann, Peter, kennen und verlobt sich mit ihm. Als er mit ihr schlafen will, reagiert sie ängstlich und bittet ihn, noch zu warten. Er hat dafür kein Verständnis.

«Er schrie: ‹Entweder du bist eine Frau und benimmst dich dementsprechend oder unsere Freundschaft war von Anfang an eine Farce.› Mit einem einzigen Ruck zerriß er meine Bluse und faßte nach meinen Brüsten. Dann drückte er mich auf die Couch . . .»

Manuela findet sein Verhalten völlig normal und verständlich und «fleht» ihn lediglich an, Geduld zu haben. («Wenn du mich jetzt zum Sex zwingst, werde ich nie einen Mann lieben können, auch dich nicht.»)

Er läßt sie gehen und löst die Verlobung. («Du gehörst nicht ins Ehebett, sondern auf die Couch eines Psychiaters.») Manuela ist völlig verzweifelt. («Ich kam mir vor wie ein geprügelter Hund. Jetzt war alles vorbei. Im Krankenhaus [sie ist Krankenschwester] würde man über mich tuscheln. Meine Eltern würden mir schwere Vorwürfe machen.»)

Und tatsächlich, auch ihre Mutter, der sie die ganze Geschichte erzählt, findet Peters Standpunkt völlig verständlich. («Wahrscheinlich hat Peter recht, wahrscheinlich kann dir wirklich nur ein Psychiater helfen.») Vier Monate lang begibt sich Manuela in psychotherapeutische Behandlung, dann sagt ihr der Analytiker, daß sie ein hoffnungsloser Fall ist und jede weitere Therapie sinnlos wäre. (!) Da sie jetzt, mit 23, keinen Freund oder Verlobten hat, redet die ganze Nachbarschaft über sie. In ihrer Verzweiflung beschließt sie, als Missionsschwester nach Afrika zu gehen. («Schon nannten sie mich eine alte Jungfer . . . Ich konnte die neugierigen, manchmal mitleidigen Blicke der Nachbarn einfach nicht mehr ertragen.») Kurz vor ihrer Abreise lernt sie den Mann kennen, der «mein Leben völlig verändern sollte». Sie verliebt sich, was zu folgenden Verhaltensweisen führt: «Es war, als handelte ich nur noch unter Zwang.» «Gegen meinen Willen» macht sie all ihre Pläne rückgängig und zieht mit ihm in seine Wohnung. Michael ist eine Verkörperung geradezu unfaßbarer männlicher Zurückhaltung und Willensstärke: «Drei Tage lang rührte mich Michael nicht an.» Dieses an ein Wunder grenzende Verhalten führt die Heilung herbei. Am vierten Tag tritt das befreiende Ereignis ein: «Am frühen Nachmittag, gegen fünfzehn Uhr, wurde ich zur Frau.»

Diese – in anderen Zusammenhängen von Margaret Mead und Theodor Reik festgestellte – männliche Inanspruchnahme der Fähigkeit zur Erzeugung von Menschen, ist zugleich ein Machtanspruch. Die magische Fähigkeit, anderen Menschen Leben zu schenken (er macht sie zur Frau), soll die Gebärfähigkeit der Frau unbedeutend machen. Dieser Mechanismus zur Herrschaftslegitimation geht auf die Bibel zurück, in der eine zweite Version der Schöpfungsgeschichte die Frau als Abfallprodukt eines ursprünglich männlichen Menschen darstellt.

Die Diktion dieser Geschichten ist extrem geschlechtsstereotyp und machtzentriert. Während die Frau «fleht», «fieberhaft» etwas vorbringt, mit «wirrem Gestammel» etwas ausdrücken will, «zittert», tritt der Mann «ärgerlich und unbeherrscht» auf, schreit, «ist entschlossen». Wichtige Situationen sind durch ihre Wortlosigkeit markiert: beim Verliebtsein sind «Worte überflüssig», und wenn der Mann seine physische Überlegenheit demonstriert, tut er es, «ohne groß etwas zu sagen».

In einer anderen Geschichte, in der eine Frau durch ihren Jugendfreund vergewaltigt wird, kommt die völlige Abwesenheit einer kommunikativen Beziehung besonders klar zum Ausdruck:

«Er vergewaltigte mich, meine Gefühle interessierten ihn nicht. Als alles vorbei war, stand er auf und sagte: ‹Das mußte ja mal sein. Los, komm! So schlimm war's doch wohl nicht. Frauen mögen es doch so.› Er lachte auf, und dann ging er, ohne sich umzusehen.»

Der Vergewaltiger erscheint hier als souveräne Heroengestalt; während das Ereignis ihn völlig unberührt läßt, ist es für die Frau traumatisch, und sie kommt jahrelang nicht darüber hinweg. Erst als sie beschließt, ihn wiederzusehen und ihn als braven und biederen Familienvater vorfindet, ist er entmystifiziert und sie kann das Erlebnis vergessen.

«‹Ich wollte dich nur einmal sehen, so wie du wirklich bist. Ein mieser kleiner Spießer, der nur den großen, brutalen Mann spielt, wenn er einem wehrlosen Mädchen gegenübersteht.› Damit wandte ich mich ab.»

Die Verbindung von Männlichkeit mit Brutalität und Distanz, von Weiblichkeit mit Schuldgefühlen, Schwäche, Hilflosigkeit, kehrt in immer neuen Versionen wieder. In den sehr verschiedenen, oft widersprüchlichen Handlungsläufen der Geschichten lassen sich einige Muster erkennen: Krankheit der Frau als entscheidende Wende zum Guten (Mann bereut und sieht Fehler ein; Frau verliebt sich und heiratet Arzt, Pfleger oder Mitpatient); Geburt eines Sohnes als Versöhnungsakt (Frau erfährt von Arzt, daß sie keine Kinder bekommen kann, Mann wendet sich enttäuscht von ihr ab, Frau wird geheilt und produziert Stammhalter, Mann liebt sie wieder [*wahre geschichten* 6, 1978]); weiblicher Verzicht (meist auf Karriere und Selbständigkeit) wird belohnt durch Liebe/Heilung/Eintracht. Auffallend war, daß es in den untersuchten Heften keine Ehe gab, in der die Beteiligten gleichrangig waren: entweder heirateten die Frauen Autoritätsfiguren (überlegen, wissend, bestimmt) oder pflege- und schonungsbedürftige Sohnfiguren («Es wird mir gelingen, einen selbstbewußten Mann aus ihm zu machen. Denn ich verfüge über ein einzigartiges Heilmittel: Ich liebe ihn» [*wahre geschichten* 6, 1978]. «Er braucht mich. Er ist ja fast noch ein Kind» [*mein erlebnis* 4, 1978].)

Die Parallelen zwischen den Wertvorstellungen, die in diesen Blättern propagiert werden, und denen der Frauen und Männer, die in den Beratungsstellen Hilfe suchten, waren sehr auffallend. Die ihnen zur Verfügung stehenden Denkkategorien des liebenden Verzichts, der Aufopferung, der Hingabe, machten aus den Konflikten der betroffenen Personen ein Geschlechterdrama; die Angst davor, den Vorstellungen von Männlichkeit und Weiblichkeit nicht gerecht zu werden, verhinderte oft die Erkenntnis von Lösungsmöglichkeiten oder schob sich in unverrückbaren Barrieren zwischen die Eheleute. So kann der Mann jeden Versuch einer Diskussion über das eheliche Sexualleben als unerträglichen und höchst bedrohlichen Angriff auf sein männliches Selbstwertgefühl wahrnehmen und in jeder Ambition, jedem Anflug von Selbständigkeit seitens der Frau eine Gefahr für die Beziehung und eine Ablehnung seiner Person sehen. Die Summe der im Einzelfall jeweils irrationalen und zwecklosen Einschränkungen, Streite und Eifersüchteleien ergibt im Ganzen gesehen eine Konfliktlinie zwischen männlichen Erwartungen und Interessen und weiblichem Potential; ein Konflikt, der unmittelbar zur Unterdrückung und Begrenzung der Frau führt und insgesamt eine Fremdheit zwischen den Geschlechtern bedingt.

Die Ideologie, die sich in diesen Blättern nicht anders, sondern nur offener und massiver präsentiert als in anderen Medien der Vermittlung gesellschaftlicher Werte, produziert immer aufs neue die Leitbilder der Entfremdung.

Stegersbach, Ostern 1978
Wir haben uns mit einem Koffer voll Bücher und unserer Schreibmaschine ins Burgenland zurückgezogen. Edits Großmutter kocht uns Krautstrudel, Rahmsuppe und Polenta und schimpft mit uns, wenn wir ohne Pullover spazierengehen. Die Nachbarn sind informiert und stehen unserem Vorhaben mit wohlwollendem Interesse gegenüber: abendlich müssen wir berichten, wie viele Seiten wir schon geschrieben und wie viele wir noch zu schreiben haben. Über die Gartenzäune hinweg wird uns mehrmals zur Überlegung gegeben, daß wir vielleicht doch besser Kinder bekommen sollten; es macht zwar mehr Arbeit als ein Buch, aber letzten Endes hat man auch mehr davon.

Bei einer Einkaufsreise ins Dorf sehen wir, daß auch hier im Tabakwaren- und im Schreibwarengeschäft diese Frauenzeitschriften geführt werden. In der Kirche hängt ein Anschlag, in dem die Gemeinde über den Wert vorhandener Zeitschriften aufgeklärt wird; politische Zeitschriften wie *profil* und *extrablatt* laufen unter «kritisch» und «anregend», *wahre geschichten* und *tina* werden als «überflüssige Schriften» beschrieben, eine Bezeichnung, die uns (noch während wir uns Gedanken über die Konvergenz unserer Meinungen mit der Pfarre machen) übermäßig karitativ und zurückhaltend erscheint. Die Heftigkeit unserer emotionalen Reaktion auf diese Trivialliteratur beschäftigt uns; angesichts der Durchsichtigkeit und Oberflächlichkeit dieser Blätter erscheint sie uns objektiv unangemessen. Der moralisierende Stil, in dem sie abgefaßt sind, ist natürlich ärgerlich; sie erinnern an die Predigten im amerikanischen Süden, mit denen im letzten Jahrhundert die Sklaven zur christlichen Demut und Unterordnung unter ihre Herren aufgefordert wurden. Als Gegenstück zum damals versprochenen Seelenheil steht in diesen Moraltexten das Versprechen der Liebe. Ferner erinnern die Blätter an die pädagogisch rückständigen Kinderbücher der letzten Generation, in denen gute und böse Märchenfiguren mittels wundersamer Verheißungen und schrecklicher Drohungen die Leser zum Gehorsam warnten, zum Suppenessen veranlaßten. Es ist ärgerlich, daß solche entmündigenden Propagandablätter auch noch vermarktbar sind.

In den Blättern stehen in manichäischer Klarheit zwei Modelle einander gegenüber: die Frau, die hilflos, dümmlich, aber weiblich-gefühlvoll ist, für die nach vielen Wirrnissen alles glücklich endet; und die «emanzipierte Frau», die keine Gefühle kennt, ein verachtungswürdiges Leben führt, hinter ihrem aggressiven Auftreten unglücklich ist und auf die besten Dinge im Leben (vor allem auf einen Mann) verzichten muß, da dieser letztlich immer imstande ist, eine wirkliche Frau von einem emanzipierten Ungeheuer zu unterscheiden. Wir kamen zum Schluß, daß uns zwei Dinge besonders unerträglich erschienen: einerseits erlebten wir in diesen Blättern in besonders aggressiver und verdichteter Form die Ablehnung und Widerstände gegen unsere Lebensweise, die uns im Alltag zu ständigen Rechtfertigungen zwingen und uns ständigen Angriffen auf unsere Identität aussetzen. In dieser Literatur wurden unsere Wertvorstellungen nicht nur als außergewöhnlich, sondern auch noch als abwegig beschrieben.

Zweitens war die Schilderung von zwischengeschlechtlichen Beziehungen gekoppelt mit Ausdrücken wie «Vertrauen» oder «Liebe», in dieser Literatur ein so erschreckendes Zerrbild dessen, was man an positiven Inhalten und erstrebenswerten Zuständen damit verbinden könnte, daß es beinahe einer Parodie von Marcuses Beschreibung dieser Taktik in geschlossenen, repressiven Denksystemen gleichkam.

Kapitel XII

Ideologie Teil 2
Liebe als Währung und Warum keine Arbeit teuer bezahlt wird, als das Öffnen von Türen und das An- und Ablegen von Mänteln

---

Zwischen Menschen, die zusammen leben, gibt es immer Konflikte * Es gibt eine sehr einfache Art, diese Konflikte zu vermeiden oder zu beenden * Eine Seite gibt nach * Alle anderen Lösungen sind ungleich schwieriger * Am einfachsten ist es, wenn immer dieselbe Seite nachgibt, denn dann kommt der Konflikt gar nicht erst zustande * Es kann ohne übermäßige Bosheit festgestellt werden, daß Männer im Laufe der Geschichte häufig bestrebt waren, diese einfache Lösung zu verwirklichen * Und zwar indem sie mit verschiedenen Methoden versuchten, die Frauen davon zu überzeugen, daß der Mann der Herr im Haus sein muß * Und daß Gott es so haben will * Und daß auch die Frauen mit diesem Arrangement am besten dran sind * Und daß ihnen ohnehin nichts anderes übrigbleibt als damit einverstanden zu sein * Weil Männer größer, stärker und reicher sind als Frauen * Das bedeutet jedoch noch nicht unbedingt, daß sie immer auch klüger sind * Daher war es den Frauen häufig möglich, den Männern das Gefühl zu geben, daß sie die absolute Macht und Entscheidungsgewalt hatten * Und daß die Frauen voll liebender Hingabe und Verblendung nichts anderes wollten, als ihre Männer glücklich zu sehen * Und dabei oft doch das zu bekommen, was sie wollten * Diese Strategie ist auch in unserem Jahrhundert noch nicht ganz verschwunden * Ganz im Gegenteil * Es werden Texte angeführt und untersucht, die Frauen Anleitungen zu dieser Methode geben * Dabei handelt es sich um Texte, die sich einer großen Popularität im englischen und deutschen Sprachraum erfreuen * Was hat das zu bedeuten?

Daß bei geklärten Autoritätsverhältnissen die Untergeordneten dennoch ihren Willen bekommen können; daß Frauen mit Charme und weiblicher List ihre Männer manipulieren und sich durchsetzen können; daß die Frau, die es zu offenen Auseinandersetzungen kommen läßt, statt sich auf weibliche Taktiken zu verlassen, ihre größten Vorteile aus der Hand gibt; das alles sind die wenig originellen Standardformeln patriarchaler Ordnung. Sie werden in verschiedenen Medien und mit unterschiedlichen Graden der Direktheit vermittelt. Rousseau war ein prominentes Mitglied dieser Denkrichtung[117]: er, der sich so militant und eloquent gegen die Vorstellung eines «Sklaven von Natur» wandte, glaubte in Frauen eine natürliche Tendenz zur List, Schmeichelei, aber grundsätzlich auch zur Unterordnung zu erkennen. Mädchen «schmeicheln, sind gleißnerisch und wissen sich frühzeitig zu verstellen», berichtet Rousseau; und «listig zu sein, ist eine natürliche Anlage des weiblichen Geschlechts». Diese Qualitäten sollten Frauen seiner Ansicht nach auch kultivieren; sie sollen die Befehle umgehen, statt sich gegen sie aufzulehnen, und dies soll ihnen von den Männern auch gestattet werden, denn «es kommt nicht darauf an, ihm (dem Mädchen) seine Abhängigkeit beschwerlich zu machen, es genügt, daß es sie fühlt».

In der Ehe wird dadurch, wie Rousseau ausführt, ein harmonischer Zustand erreicht; der Mann verfügt über die Autorität, die Frau ordnet sich unter und gewinnt dem Mann durch «süße Stimme und niedergeschlagene Augen» (Rousseau, S. 431) wohlwollendes Nachgeben ab. Sie «regiert ihn, indem sie ihm gehorcht». Diese natürliche List ist für alle Beteiligten der beste Weg intergeschlechtlicher Konfliktlösung, denn:

«Man weiß gar nicht, wieviel diese geschickte Art der Frauen uns selber zum Vorteil gereicht, wie sehr sie den Reiz des Zusammenlebens der Geschlechter erhöht, wie dienlich sie ist, den Mutwillen der Kinder zurückzuhalten und brutale Ehemänner zu besänftigen, wie sehr sie die Einheit im Hause aufrechterhält, die ohne diese Kunst so leicht durch Zwietracht gestört würde. Ich weiß wohl, daß arglistige und böse Weiber diese Anlagen mißbrauchen, aber was wird nicht vom Laster mißbraucht? Man darf die Mittel zur Glückseligkeit nicht deshalb zerstören, weil sich die Bösen zuweilen ihrer bedienen, um uns zu schaden.»[118]

Diese Ansichten sind nicht Kurositäten aus dem Gedankengut des 18. Jahrhunderts, sondern erfreuen sich noch heute großer Popularität. Das Modell weiblicher Gehorsam, weibliche Unterordnung, weibliche Selbstaufgabe, erreicht durch Drohungen und verstärkt durch Belohnungen, das Shakespeare in ‹*Der Widerspenstigen Zähmung*› sehr graphisch darlegte, findet sich auch in zeitgenössischen Schriften wieder. Die Parabeln und Märchen der Frauenzeitschriften, die flüchtigen Bilder werbetechnisch verbreiteter Normalität (Bauknecht-Reklame: Mutter: «Schau mal, was für eine schöne Küche uns der Papi gekauft hat», kleine Tochter: «Wenn ich groß bin, heirate ich den Papi», männliche Stimme im Hintergrund: «Bauknecht weiß, was Frauen wünschen»), dienen als Anleitungsblätter. Daneben gibt es auch Texte, die sich schulbuchmäßig der Lehre von Weiblichkeit widmen. Zwei Texte dieser Art, die sich weiter Verbreitung und hoher Auflage in mehreren Sprachen erfreuen, sind ‹*The Total Woman*› von Marabel Morgan und Ingrid Trobischs Werk mit dem Titel ‹*Mit Freuden Frau sein . . . und was der Mann dazu tun kann*›[119]. Beide Texte predigen weiblichen Gehorsam, weibliche Unterordnung, weibliche Selbstaufgabe. Die Begründung liegt in beiden Fällen bei den drohenden Sanktionen bei Widerstand und Abweichung einerseits, den versprochenen Belohnungen bei Einfügung und Kooperation andererseits.

Marabel Morgan zählt in der ersten Person zunächst die Konsequenzen des Widerstands auf, die sie selbst erfahren mußte, ehe sie eine tugendhafte und demütige Ehefrau wurde und ihren Mann als Gebieter akzeptierte: materielle Sanktionen, psychische Mißhandlung, Erniedrigungen und Deprivationen seitens des Gatten in seiner Eigenschaft als Verwalter ihres Wohlbefindens; diesen stellt sie die Gratifikationen und Belohnungen gegenüber, die sie seit ihrer Akzeptierung der Regeln der totalen Institution erhalten hat (Kühlschrank, Wohnungseinrichtung, Liebe und Güte, öffentliches Lob usw.)

Ingrid Trobisch stellt die Ehe als Aufbewahrungsanstalt für Personen, die relativ harmlos sind, aber sich nicht selbst versorgen können, dar. Diese Betrachtungsweise illustriert bereits die Einleitung, die von ihrem eigenen Gemahl verfaßt ist.

Er schreibt:

«Ich hoffe, daß viele Männer (dieses Buch) ihren Frauen vorlesen (Analphabetinnen?) als Beitrag dazu, was wir Männer tun können, um unseren Frauen zu helfen, mit Freuden Frau zu sein.»

Frausein erscheint hier als Art naturgegebene (da es ein christlicher Text ist, auch gottgewollte) Behinderung, die es in Ergebenheit und Demut zu ertragen gilt. Den zugewiesenen Platz in der Ordnung einzunehmen, wird dann auch mit Begünstigungen und Belohnungen versehen.

Die Aussage des Trobisch-Texts ist eine sehr einfache: unter Heranziehung zahlreicher afrikanischer Sprichwörter und naiver Aussprüche von einfachen, aber weisen Afrikanerinnen (gesammelt während ihrer Zeit als Missionarin) erläutert die Autorin die Aufgabenverteilung zwischen den Geschlechtern in der Familie. Weibliche Unterordnung wird mit vielen Parabeln und Analogien schmackhafter gemacht (der Mann ist der Architekt der Familie, die Frau die Innendekorateurin; der Mann ist der Kapitän des Schiffes, während die Frau sich um die Passagiere kümmert und ähnlich Tiefsinniges). Trobisch geht von einer strikten und rigorosen Trennung Innenwelt/Außenwelt, Privatbereich/Arbeitswelt, Reproduktion/Produktion aus und teilt die Geschlechter in ihren Zuständigkeiten immer ordentlich getrennt ein. Das Phänomen weiblicher Berufstätigkeit, selbst weiblicher Teilzeitarbeit, konnte, wie es scheint, noch nicht in den Wahrnehmungsbereich der Autorin eindringen; bei ihr sind alle Frauen ausschließlich Gattinnen, Hausfrauen und Mütter. Ihr Beitrag zur Arbeitswelt ist die psychische Regeneration des Mannes. Das Buch vermittelt die stereotype Vorstellung, daß die Frau das seelische Wohlbefinden der Familie, und vor allem des Mannes, erzeugen und bewahren muß und daß der Mann in dieser Sphäre von ihr abhängig ist, wie sie es umgekehrt im materiellen Bereich von ihm ist. Sehr aufschlußreich ist dabei folgende Passage:

«Ein Mann möchte seine Frau erobern und in seine Arme schließen, während es ihr größter Wunsch ist, sich auszuliefern und von ihm erobert zu werden. Dieses Erobern ist aber nur ein zeitliches Vorrecht des Mannes. Dann darf die Frau ihn zurückerobern und die Initiative zurückspielen ... Dazu ist es wichtig zu wissen, daß auch ein Mann Geborgenheit braucht. Er findet sie, wenn seine Frau ihn versteht und sich die Mühe macht, sich in seine Berufsprobleme hineinzudenken, als würde sie in seiner eigenen Haut stecken. Tut sie das, so wird sie an seiner Arbeit immer etwas entdecken, was ihre Anerkennung herausfordert. Und diese Anerkennung muß sie aussprechen! Wenige Frauen machen sich davon eine Vorstellung, wie sehr der Mann abhängig ist von der Bestätigung der Frau. Nichts ‹erobert› ihn so, wie von Frauen gelobt zu werden» (S. 37).

Die Frau muß, als Trägerin dieser großen Macht und Beauftragte mit dieser bedeutenden Aufgabe der Produktion männlichen Selbstgefühls, ihre eigenen Bedürfnisse zurückstellen und sich seinen widmen. In bezug auf seine Arbeit bedeutet das, daß sie ihn nach dem Konkurrenzkampf, der Härte und Entfremdung des Tages wiederbeleben muß:

«Wenn den ganzen Tag Kritik und Fehlschläge auf ihn niedergeprasselt sind, dann kommt er oft ‹platt» heim – wie ein Fahrradschlauch ohne Luft. Nie hungert er so nach Bestätigung von seiner Frau wie in diesem Augenblick. Sie muß ihn dann durch ausgesprochene Anerkennung geradezu wieder ‹aufpumpen› und ihm zu seiner richtigen Gestalt verhelfen» (S. 37).

(Wenn die unnachahmlichen Vergleiche der Autorin nicht das gesamte Buch durchziehen würden, könnten wir hier einen Anflug von Satire vermuten, denn immerhin vertritt Trobisch hier die Meinung, daß männliches Selbstgefühl, ja sogar die «richtige Gestalt des Mannes» lediglich aus Luft bestehen.)

Aber auch in bezug auf das Sexualleben muß sich die Frau voll auf den Mann einstellen und ihre eigenen Bedürfnisse und Empfindungen zurückstellen:

«Vor allem, wenn es ihm nicht gelungen ist, seiner Frau volle Befriedigung zu schenken, fühlt er sich leicht ‹schuldig› und als ‹Versager› und hat dann Angst vorm nächstenmal. Gerade dann ist es wichtig, daß die Frau, ohne ihm etwas vorzuspielen, sich dankbar und anerkennend äußert.»

Jede Kritik, warnt Trobisch, «würde hier tödlich wirken». Die Bedürfnisse der Frau – zum Beispiel nach Zärtlichkeit – müssen hingegen verständnisvoll zurückgestellt werden. Dabei helfen Mythen über männliche Sexualität; die Frau, die durch das desinteressierte Abwenden ihres Mannes gekränkt ist, wird von Trobisch für ihre Rücksichtslosigkeit getadelt:

«Eine Frau macht sich oft nicht genügend klar, daß er (der Mann) ja physische Kraft abgegeben hat (im Geschlechtsverkehr). Darum befällt ihn ein unwiderstehliches Schlafbedürfnis. Das muß sie verstehen lernen» (S. 38).

Auch hier glaubt Trobisch einen wesentlichen Unterschied zwischen den Geschlechtern zu erkennen: während der Mann nach dem Geschlechtsverkehr erschöpft zusammenbricht und dankbar geschont werden muß, fühlt sich die Frau dadurch in wunderbarer Weise fit für die Hausarbeit:

«(Die Frau hat), wenn das sexuelle Verlangen zur Erfüllung kommt und sie von ihrem Mann zum Frieden gebracht wird (sic), fast übernatürliche Kräfte. Mit Leichtigkeit meistert sie dann all die Kleinigkeiten, aus denen ihr Alltag besteht» (S. 24).

Die eigenartige Ambivalenz aus Unterordnung und Energie, demonstrativer Schwäche und innerer Kraft, Minderwertigkeit und Stärke, die das Frauenbild der Unterwerfungsliteratur prägt, kommt auch bei Trobisch deutlich hervor: die Frau subsumiert ihre eigene Existenz unter die des Mannes oder die der Familie, sieht sich aber als zentrale und tragende Figur; sie empfindet sich als minderwertig und zugleich überlegen. So schreibt Trobisch, daß «Selbstannahme» für Frauen schwerer ist als für Männer, denn «sie hat Schwereres anzunehmen als er» (S. 18); an anderer Stelle beklagt sie die Emanzipation als Verirrung, denn «sie (die Frauen) hätten dem Mann doch soviel voraus, wenn sie es nur lernen könnten, mit Freuden Frau zu sein!» (S. 27).

Auch in diesem Text spielt, was nicht überrascht, die Liebe eine zentrale Rolle. Überall wird sie von Trobisch angeführt, um die spezifische gesellschaftliche Stellung der Frau zu begründen; die Reaktionen der Frauen in bezug auf Sexualität, Hausarbeit und Konflikte sind für Trobisch auf mystische Weise ein zusammenhängendes, liebesgetränktes Ganzes. Interessant für die Leserin ist vor allem die enge Verknüpfung von Sexualität mit Hausarbeit in Trobischs Text: Orgasmen scheinen sie unweigerlich an Hausarbeit zu erinnern. So lesen wir:

«Für sie (die Frau) ist der ‹Liebesakt› strenggenommen eben nicht ein Akt, eine Handlung mit abgestecktem Beginn und Ende, sondern ihr Lieben ist gewissermaßen immer da. Ihr Denken und Fühlen ist auch dann auf ihren Mann bezogen, wenn sie wäscht, kocht, näht oder ihr Haus saubermacht. Sie kann Körper und Seele nicht trennen . . . Liebendes Sehnen und sexuelles Verlangen sind für sie eine Einheit und durchwirken ihr ganzes Leben» (S. 24).

(Ständig erwartet man bei der Lektüre von Trobisch, daß sie Stellung zu den relativen Vorzügen des vaginalen gegenüber des klitoriden Geschirrspülens beziehen wird.)

Trobisch stellt ihr «System» der Geschlechterverhältnisse als das natürliche richtige und christliche dar; Morgans Buch ‹*The Total Woman*› dagegen bietet eine säkularisierte Version desselben Prinzips. Nicht Heil und Seelenfrieden, sondern Gefriertruhen und Wohnungseinrichtungen sind die Währung, mit der Morgans Unterwerfung erkauft werden kann. Marabel Morgan erläutert in ihrem Bestseller (zu dem es auch entsprechende Kurse gibt, mit Hausaufgaben) das System von Drohungen, Strafen, Belohnungen und Vergünstigungen, auf dem die Ungleichheit patriarchaler Ehe beruht. Sie folgt dabei präzise der Logik, die bereits Shakespeare ausführte: die Frau unterordnet sich auf Grund der männlichen Verfügungsmacht über die Güter und Entscheidungen, also über das, was die moderne Familiensoziologie die «Ressourcen» nennt. Petruchio verweigert seiner Frau Katharina Essen, Kleider, Bewegungsfreiheit und Zugang zur Öffentlichkeit, bis sie seine Herrschaft akzeptiert. Und da die Akzeptierung von Macht und Autorität ein Verhältnis der Ungleichheit begründet, darf sie nicht an den Einzelfall und nicht an vernunftmäßige Einsicht gebunden sein. Katharina muß die Suspendierung ihrer eigenen Wahrnehmungen und Urteile demonstrieren, indem sie akzeptiert, daß, wenn der Mann es bestimmt, die Sonne ein Mond, der Mann eine Frau, zwei Uhr sieben Uhr ist:

«Ja, lieber Gott! Es ist die liebe Sonne! Doch nicht die Sonne, wenn du's anders willst: Der Mond auch wechselt, wie es dir gelüstet. Und wie du's nennen willst, das ist es auch. Und soll's gewiß für Katharina sein.»[120]

Der Lohn für diese Fügsamkeit ist das Wohlwollen des Mannes und die materielle Versorgung; ein Tausch, der Katharina vorteilhaft erscheint («er sorgt für dich und deinen Unterhalt, gibt seinen Leib mühselger Arbeit preis . . . Wenn du im Hause warm und sicher ruhst; und fordert zum Ersatz nicht anderen Lohn, als Liebe, freundlich Blicken und Gehorsam: Zu kleine Zahlung für so große Schuld»).

Bei Morgan wird aus der Komödie kapitalistischer Ernst. Die Grundlinie ihrer Ausführungen ist denkbar einfach: Es entstehen Ehekonflikte auf Grund der Tatsache, daß zwei verschiedene Personen mit gelegentlich divergierenden Ansichten, Zielen und Plänen jeweils ihren Willen durchsetzen wollen; der Konflikt wird dadurch intensiviert, daß der Mann vom Berufsleben und die Frau von der Isolation und Eintönigkeit der Hausfrau- und Mutter-Existenz reizbar werden; der Mann verfügt über wirtschaftliche Sanktionen, die er im Konfliktfall einsetzen kann; daher ist es besser, wenn die Frau nicht in offenen Konflikt mit ihm tritt, sondern ihn besänftigt und beschwichtigt. Der Erfolg ist laut Morgan meßbar und drückt sich materiell aus; als Beispiele führt sie die erfolgreichen Absolventinnen ihrer Kurse an. Eine Frau, berichtet sie, hatte wochenlang mit ihrem Mann über eine neue Wohnungseinrichtung gestritten. Nachdem sie sich einige Monate «weiblich» verhalten hatte, durfte sie die Wohnung neu einrichten. Andere erhielten Geld, Kleider, Urlaubsreisen. Eine Frau erzählte begeistert schon nach der ersten Woche des Kurses: «Noch vor einigen Tagen hat mein Mann keine zwei

Worte mit mir gewechselt. Er hat mir auch nie Geschenke mitgebracht. Aber in dieser einen Woche hat er mir zwei Nachthemden, zwei Rosensträuße und einen Dosenöffner gekauft.»

Das Programm von Morgan, mit dem sie «die Ehe retten» will, ist nicht übermäßig schwierig. Die Frau muß sich lediglich in allem auf ihren Mann einstellen, ihm nie grundsätzlich widersprechen, ihn bewundern und bestätigen: «Der Mann muß sich wichtig, geliebt und unkritisch akzeptiert fühlen» (S. 60).

Da die unmittelbare Reaktion des Mannes auf eine plötzliche Wandlung seiner Gemahlin von einer normalen in eine «totale» Frau in der Regel Mißtrauen sein wird, muß die Frau durchhalten; er wird sie auf die Probe stellen (wie übrigens auch Petruchio Katharina). Nach dieser schwierigen Übergangszeit aber wird er, aufgeblasen wie Trobischs leerer Fahrradschlauch und unheilbar süchtig geworden, als Gegenleistung für die Dienste an seinem Selbstbewußtsein die Frau mit Geschenken und Liebe überschütten.

Bücher dieser Art sind jedoch mehr als durchsichtige Manipulationstexte, die von beleidigenden Stereotypen beider Geschlechter ausgehen. Morgans Mann klingt in ihrer Schilderung wie ein trotziges Kind mitten in einer sehr schwierigen Pubertät: Charlie, von dem wir wissen, daß er ein erfolgreicher Rechtsanwalt ist, leistet folgende Beiträge zur häuslichen Konversation: «Solange du mir sagst, daß ich den Abfallkübel hinaustragen soll, so lange weigere ich mich, es zu tun!» Morgans Kommentar zu dieser Episode ist daher auch verständnisvoll-mütterlich: «Er kämpfte um das Recht, er selbst zu sein. Er tat das Gegenteil von dem, was ich wollte, um zu beweisen, daß er der Herr im Haus war» (S. 54). Sie liefern nicht nur Anweisungen, wie man durch gegenseitige Abwertung miteinander auskommen kann (die Frau gibt dem Mann nach, weil er jähzornig, unbeherrscht und von schwachem Selbstgefühl ist; der Mann gibt dann der Frau nach, weil sie so lieb, kindlich und sanftmütig ist). Hinter den Anweisungen und Anleitungen solcher Bücher stehen Wertsysteme und Weltanschauungen ominösen Inhalts; Morgan glaubt nicht nur an die erhebende Kraft der Liebe und die steuernde Einwirkung Gottes, sondern auch an straffe Disziplin, klare Autoritätsverhältnisse, körperliche Züchtigung von Kindern, Ordnung, Sicherheit und Verteidigung der Moral: bekanntlich Begriffe und Werte, die sich zu ihrer Durchsetzung nicht immer auf überzeugende Argumentation verlassen. Morgan widmet ihr Buch ihrer lieben Freundin, Anita Bryant, der Gründerin der US-Kampagne zur Verfolgung von Homosexuellen. In ihrem Buch über die Weiblichkeit sieht sich Morgan veranlaßt, über sieben Seiten die Notwendigkeit der körperlichen Züchtigung von Kindern zu begründen. Wie ihre anderen Thesen belegt sie auch diese mit ausführlichen Bibelzitaten:

«Kinder sind von Natur aus ungehorsam . . . Gehorsame Kinder werden gemacht, nicht geboren. Die Bibel leitet Eltern an, ihre Kinder mit Liebe zu disziplinieren. Laut Bibel ist Schlagen erforderlich . . . Schlagen klärt die Verhältnisse. Anschließend umarme ich (meine Tochter) immer und bin zärtlich zu ihr, um den Rapport wiederherzustellen» (S. 217).

Hier werden die Grundlagen sadomasochistischer Haltungen gelegt: Liebe und Gewalt in ihrer ersten Verknüpfung.

Morgan und Trobisch vertreten nicht nur eine Taktik, sondern auch eine Lebensweise. Die Aggressivität, die in der Trivialliteratur – wie sich im letzten Kapitel zeigte – der «emanzipierten Frau» entgegengebracht wird, hat auch in den Texten dieser beiden Autorinnen ihr Gegenstück. Trobischs Ausführungen zu diesem Thema sind dabei von so peinlicher Irrelevanz, daß man sie den Lesern fast lieber ersparen möchte. Sie schreibt zum Beispiel:

«(Durch die Emanzipation) verlor die Frau, was ihr Eigenstes war: Das Umworbensein von seiten des Mannes. Der emanzipierten Männin kann und will der Mann nicht mehr einen Sitzplatz anbieten, noch den Mantel oder die Tür halten. Sie ist für ihn nicht eroberungswürdig» (S. 11).

«Nur ihr (der Frau, die ihr Frausein voll akzeptiert) wird der Mann seine Anerkennung nicht verweigern, nur um sie wird er werben und kämpfen, während er auf die konkurrierende ‹Männin› feindlich und verächtlich reagiert. Denn sie macht es ihm unmöglich, ganz Mann zu sein. Indem sie den Graben zuschüttet zwischen den Geschlechtern, verschüttet sie ihm die besten schöpferischen Kräfte» (S. 12).

Trobisch bringt es fertig, eine sehr seltene menschliche Empfindung in ihren Lesern wachzurufen: schmerzliche Betroffenheit statt Genugtuung darüber, daß die Argumente der anderen Seite so kümmerlich sind. Die in uns aktivierte Tötungshemmung beim Anblick solcher Textstellen verbietet uns, mehr dazu zu sagen. Angemerkt sei lediglich, daß wir der Ansicht sind, daß es Unterschiede zwischen den Geschlechtern gibt, aber ob es gerade ein Graben sein muß . . . Und ob sie auf der fragilen Grundlage vorgetäuschter Körperbehinderung seitens der Frauen beruhen und durch angebotene Stühle, angezogene Mäntel und geöffnete Türen ausgelebt werden müssen . . .

Morgan begründet ihre Gegnerschaft zur Emanzipation und generell zur Egalität in einer für das Jahr 1973 eher originellen Weise: mit Bibelzitaten; immerhin eine Argumentationsweise, die mittlerweile nicht einmal der Papst mehr so uneingeschränkt und seelenruhig verwendet.

«Alle Ehepaare haben das Problem, daß ihre verschiedenen Vorstellungen, Ziele und Interessen vereinbart werden müssen . . . Die Lösung dieses Problems ist bereits der Bibel zu entnehmen: ‹Ihr Ehefrauen müßt Euch der Führung Eurer Männer unterordnen wie Ihr Euch Gott unterordnet.› . . . Niemand zwingt Frauen zur Ehe. Wenn sie sich nicht einem Mann unterordnen wollen, können sie auch unverheiratet bleiben . . . In vielen modernen Ehen ist die Frau dominierend oder die beiden Beteiligten sind gleichberechtigt. Hier sind Konflikte unvermeidbar . . . und das System bricht bald zusammen» (S. 80–82).

Auch bei der Lektüre von Morgan schlägt die Irritierung bald in Peinlichkeit um, zum Beispiel wenn man liest:

«Nur wenn eine Frau ihr Leben ihrem Mann schenkt, ihn ehrt und anbetet, und bereit ist, ihm zu dienen, wird sie in seinen Augen wahrhaft schön» (S. 97).

Auch hier kommt wieder die Ambivalenz zum Ausdruck; die Frau muß sich unterordnen, nicht weil der Mann notwendigerweise und unvermeidlich die Herrschaft in der Beziehung innehat, sondern weil er im Gegenteil ohne ihre schauspielerischen Talente entmannt zusammenbrechen würde: Die Frau gestattet ihm zu glauben, daß er die Autorität hat, während sie die Familie zusammenhält, hinter den Szenen die Geschehnisse und Schicksale lenkt, das Glück und den Erfolg in ihren Händen hält: «Sie hat die Macht, die Stimmung der Familie emporzuheben oder absinken zu lassen. Die Atmosphäre des Hauses wird von ihr bestimmt» (Morgan, S. 36). Der berufliche Erfolg des Mannes, das Wohlgeraten der Kinder und das Glück der Familie sind die Verantwortlichkeit der Frau. Morgan zitiert hierfür zahlreiche Beispiele: Frau Einstein, die «keine Ahnung von den wissenschaftlichen Theorien ihres Mannes hatte, aber wußte, wie er seinen Tee am liebsten trinkt» (S. 95), und auch Frau Morgan selbst, die durch bewunderndes Zuhören zu den erfolgreichen Gerichtsplädoyers ihres Mannes beiträgt. Für seelisches Wohlergehen sind Frauen zuständig: Deshalb müssen Ehefrauen laut Morgan auch eine gute Freundin haben, bei der sie ihren Kummer und ihren Zorn abladen können, statt ihre Männer damit zu belasten. Das persönliche oder berufliche Scheitern des Mannes bedeutet demnach, daß die Frau versagt hat; es ist ihre Schuld.

«Vielleicht sind Sie mit einem Mann verheiratet, der den ganzen Tag lang nur zu Hause herumsitzt und trinkt. Vielleicht lastet deshalb die ganze Verantwortung für die Existenz der Familie auf Ihnen. Wenn das so ist, dann müssen Sie irgendwann im Lauf Ihrer Ehe die Rolle Ihres Mannes untergraben haben. Sie müssen durch Ihr Nörgeln die Initiativkraft Ihres Mannes zerstört haben, so daß er jetzt keine Veranlassung mehr sieht, für Sie zu arbeiten. Er braucht Komplimente und Bewunderung von Ihnen, um ihn wieder zu mobilisieren, und das müssen Sie leisten, egal wieviel Entfremdung oder Bitterkeit zwischen Ihnen gewachsen ist» (Morgan, S. 76).

Männer sind in Morgans Darstellungsweise eher bedauernswerte Gestalten: unkontrolliert, jähzornig und trotzig, fragil, antriebslos. Die Macht der Frauen über sie kann grenzenlos sein, wenn die Frauen nur klug handeln. Morgan zitiert das Beispiel einer Frau, die beschloß, ihren Weg einzuschreiten und überlegte, welches Kompliment sie ihrem Mann machen könnte. Das einzige bewundernswerte Ereignis der Ehe lag vierzig Jahre zurück. Mangels eines anderes Stoffs machte sie eines Tages eine anerkennende Bemerkung darüber. Morgan dazu:

«Die Wirkung war bewegend. Ihr Mann sah sie überrascht an, Tränen stiegen ihm in die Augen . . . und sein Verhalten war völlig verändert. Es war der Wendepunkt ihrer Ehe» (S. 75).

Solche Macht zu gewinnen erfordert ein großes Maß an Selbstkontrolle. So muß sich zum Beispiel laut Morgan die Frau «allen Wünschen des Mannes anpassen, sei es beim Salat, beim Sport oder beim Sex» (S. 60). Sie muß ihn in seinen Plänen unkritisch unterstützen. Sie muß ihn akzeptieren, ohne sich ein Urteil zu erlauben. Falls es sich bei dieser Beziehungsform um einen Dressurakt handelt, dann ist noch lange nicht klar, wer dressiert wird. Vielmehr bestehen die Ehen, die Trobisch und Morgan propagieren wollen, aus Konvolutionen und Spiralen der Ent- und Verfremdung, der gegenseitigen und der Selbstkontrolle, des Unterwerfens und der Manipulation. Frauen müssen glauben, daß sie stark sind, um sich in einer freiwillig hergestellten Selbstaufgabe nicht zu verlieren, und um die Menschlichkeit der Männer sowohl auszuschalten als auch zu monopolisieren.

Die Männer dagegen sollen dazu gebracht werden, ihre Probleme am Arbeitsplatz mit «Männlichkeit» in Verbindung zu bringen, um durch die Unterordnung der Frau eine Identitätsstärkung zu erreichen, die ihnen hilft, ihre Situation zu ertragen. Damit wird die Frau nicht nur zur Quelle männlichen Selbstgefühls, sondern auch zum Projektionsobjekt für die Aggressionen und Enttäuschungen des Alltags und des Lebens; zur Trägerin existentieller Hoffnungen, die sie nicht erfüllen kann. Die Liebe schafft keine Arbeitsplätze, verändert nicht die Produktionsverhältnisse und tut sich anscheinend auch schwer, dem Leben einen befriedigenden Inhalt zu geben. Die Bücher von Morgan und Trobisch sind verzweifelte Versuche, den Nihilismus abzuwehren; daraus erklärt sich die eigentümliche Vermischung verschiedener Ideologie- und Glaubensgebäude, die hektische Aufhäufung kontrastierender Argumentationsweisen. Der Wille Gottes, die Gesetze der Biologie, das materielle Interesse, «empirische Erfahrung», das Wesen der Geschlechter, alle verfügbaren Beweisquellen werden angeschleppt, um die zerbröckelnden Fundamente zu stützen, das drohende Chaos abzuwehren. Zwar scheinen uns die Unterwerfung der Frauen eine prekäre Grundlage für gesellschaftliches Glück und ewige Verstellungen ein hoher Preis für harmonische Beziehungen zu sein; nach den hohen Auflagen der Bücher zu schließen sind das jedoch Bedenken, die von breiteren Kreisen der Öffentlichkeit nicht geteilt werden.

Kapitel XIII

Liebe als Institution: einige verwegene Thesen zur Ehe, die deren Glanz verdunkeln mögen

In den beiden letzten Kapiteln konnten wir nähere Einblicke in die Ideologie weiblicher Unterordnung gewinnen ✻ Davon ausgehend wird nun das System des Geschlechterverhältnisses identifiziert ✻ Beschreibung der Eigenschaften dieses Systems ✻ Aus dieser Beschreibung lassen sich die Hintergründe für «typisch weibliche» Verhaltensweisen besser erkennen ✻ Das resultierende Bild der Kommunikationsweisen zwischen Männern und Frauen ist kein besonders erfreuliches ✻ Zum Glück ist die Realität nicht immer ganz so schrecklich wie sie auf Grund der Verhältnisse sein könnte ✻ Denn manchmal gelingt es den Männern und Frauen, sich außerhalb der sozialen Struktur ihres Geschlechts zu begegnen ✻ Der Aufruf, der bereits in früheren Kapiteln unaufdringlich ertönte, wird an dieser Stelle wiederholt

---

«All diese nun, die so den Glanz der ehelichen Treue und Keuschheit zu verdunkeln trachten, sind es auch, die als Lehrer des Irrtums den treuen und ehrenvollen Gehorsam der Frau gegen den Mann gern erschüttern möchten. Einige Verwegene gehen noch weiter und bezeichnen diesen Gehorsam als eine entwürdigende Versklavung des einen Eheteils durch den anderen.»

Pius XII.
«Emanzipation der Frau»

Der Ausschluß der Frauen aus der Öffentlichkeit bedeutet zugleich ihre Einschließung in umgrenzte Bereiche, ihre Zuweisung zu bestimmten Funktionen. Auch die immer wieder als Beweis für Fortschritt und Veränderung angeführte quantitative Zunahme von Frauen am Arbeitsmarkt dient nur der Zementierung einer ungleichen Arbeitsteilung. Als Lehrerin, Krankenschwester, Verkäuferin, Sekretärin leistet die Frau verlängerte Haus- und Familienarbeit und befindet sich vorwiegend in abgetrennten Frauengruppen unter der Kontrolle männlicher Vorgesetzter.

Die den Frauen abverlangten Eigenschaften der Hilfsbereitschaft, Selbstlosigkeit, Bescheidenheit usw. stehen im Gegensatz zu den männlichen Tugenden der Weltgeschichte und des öffentlichen Bereichs: dynamische Aufstiegsbereitschaft, Konkurrenzgeist, Selbstbehauptung.

Die Mitgliedschaft der Frau an öffentlichen Gruppen hat stets ambivalenten Charakter. Frauen sind meist halbtags berufstätig, ihre Arbeit bringt einen Zusatzverdienst; sie bewegen sich am Rande der Berufswelt und rechnen meist damit, sie zeitweise zu verlassen (zum Beispiel nach der Geburt des ersten Kindes).

Im politischen und wissenschaftlichen Leben sind Frauen Ausnahmeerscheinungen; als Funktionärinnen und «Alibi-Frauen» erkaufen sie sich ihren fast nichtexistenten Einfluß mit Selbstverleugnung und einschneidenden Kompromissen.

Integrationsstrategien «verkennen den immanenten Charakter des Männerbündnisses, den unsere Institutionen besitzen. Staat, Wirtschaft, Parteien, Presse und Universitäten sind keine geschlechtsneutralen Institutionen, sondern eine ihrer wesentlichen Funktionen liegt darin, selbst unentwegt die männliche Identität herzustellen und ihr Selbstbeweise zu ermöglichen»[121].

Volle Mitgliedschaft, Zugehörigkeit und Identität wird den Frauen nur in einem Bereich zugestanden: in Ehe und Familie. Diese Zuweisung impliziert für sie aber nicht die Verfügbarkeit eines Bereichs, in dem individuelle Entwicklung stattfinden kann, sondern besteht aus Normen und Erwartungen, denen die Frau gerecht werden muß.

Institutionen sollten nicht nur als faßbare Strukturen sozialer Organisation begriffen werden; auch die konzeptuellen Muster gesellschaftlicher Realität konkretisieren sich in Gefügen von Erwartungen und Wertsätzen, die mittels von Zwängen und Gratifikationen aufrechterhalten werden. Den Eingrenzungen ihrer Geschlechtszugehörigkeit können Frauen nirgends entkommen; wir erkennen in der gesellschaftlichen Bestimmung von «Weiblichkeit» eine «totale Institution.»

Während Ehe und Familie als positive Bestimmungen weiblicher Existenz gelten, bedeuten sie zugleich tiefgehende Begrenzungen und Diskontinuitäten in ihrem Leben. Frauen geben mit dem Eintritt in die Ehe vieles an ihrer bisherigen Identität auf: Sie «unterbrechen» ihre Ausbildung, stellen ihre Berufstätigkeit zurück, verlieren sogar ihren Namen. Wie sich ihr weiteres Leben gestaltet, ist ungewiß; ihr Schicksal personifiziert ein einziger Mann. Die Ehe entspricht einer Lotterie, was schon in den häufigen Aussagungen «sie hat Glück mit ihrem Mann» oder «sie hatte Pech mit ihrer Ehe» zum Ausdruck kommt. Für die Frau ist die Ehe nicht primär eine persönliche oder sexuelle Bindung, sondern eine Entscheidung über Existenzzweisung und Lebensstandard; ihre materielle, psychische und emotionale Zukunft sind nicht mehr primär von den eigenen Fähigkeiten und Entscheidungen bestimmt, sondern von denen des Mannes. Dieses Abhängigkeitsverhältnis abzulehnen, ist jedoch bei der verminderten Konkurrenzfähigkeit und den ungünstigen Ausbildungs-, Berufs- und Aufstiegschancen von Frauen und auf Grund der mit dieser Ablehnung verbundenen Deprivationen und Abwertungen, keine attraktive Alternative. Durch die – wie Adler es formuliert – «Einengung des Aktionskreises» der Frauen werden diese zur Eingliederung in die Ehe bewegt.

Der Soziologe Stanley Elkins führt einige Charakteristika geschlossener patriarchalischer Systeme an, um zu zeigen, daß die Integrations- und Unterordnungsbereitschaft der Betroffenen aus der Notwendigkeit zur Anpassung an Situationen der Abhängigkeit und Auslieferung, der Unterdrückung auf Grund eines Gruppenmerkmals (Rasse, Geschlecht) entstehen.[122]

Der Mensch, der in der totalen Institution lebt, sieht sich mit Zwängen, Gefahren und Forderungen konfrontiert, die nicht so sehr an ihn als Individuum gerichtet sind, sondern an ihn als Angehörigen einer bestimmten Gruppe. Die Entpersonalisierung ist das Hauptmerkmal dieser Institution: Die einzelnen verlieren ihren Namen sowie ihre bisherige Tätigkeit und finden sich in einem System von Regeln, Verordnungen und Sanktionen wieder, die sie erlernen müssen, um zu überleben und die außerhalb ihrer Kontrolle liegen.

Zu den Reaktionsformen auf diese Situation gehören unter anderem Regression in kindliche Abhängigkeit, passive Unterordnung und Identifizierung mit dem Aggressor – alles nach Elkins Reaktionsweisen, mit denen sich die einzelnen als Personen der Situation entziehen.

Die Träger der Macht erscheinen dem einzelnen, über dessen Schicksal sie bestimmen, als die «signifikanten anderen». Um zu überleben, muß man ihren Standards und Forderungen gerecht werden und/oder Wege finden, sie zu umgehen. Die Autoritätsfigur ist die Quelle von Sicherheit und materiellem wie psychischem Wohlergehen. Der Untergeordnete hat «keine Unabhängigkeit, keinen direkten Kontakt zur Außenwelt . . . keinen privaten Raum». Er kann sich nicht entziehen, seine Konflikte und Probleme müssen innerhalb der Verhaltens- und Kommunikationsstrukturen der Institution eine Lösung finden.

Oft hat die Frau tagsüber kaum mit Erwachsenen Kontakt, und auch der Bekanntenkreis besteht häufig aus den Kollegen und Freunden des Mannes: Er ist der «Verbindungsmann» und Vermittler zur Außenwelt. Ist sie berufstätig, so gilt ihre Arbeit – verglichen zu der des Mannes – als unbedeutend, als potentielle Störung ihrer eigentlichen Pflichten und Verantwortlichkeiten. Lobend wird die Toleranz von Ehemännern hervorgehoben, die ihre Frauen «arbeiten lassen». In oberen Schichten gilt die Lohnarbeit der Frau als Form der Beschäftigungstherapie; die Frau kann damit die Zeit füllen, in der der Mann seinen wichtigen Verpflichtungen nachgeht und wird außerdem eine «interessantere Gesprächspartnerin» für ihn und seine Freunde.

Die Zeitschrift *Parents* gab im Frühjahr 1977 den Leserinnen den Rat, ihrer Isolation im Haushalt entgegenzuwirken, indem sie eine Schreibmaschine aufstellen und zwischendurch immer wieder Briefe schreiben, um damit das Gefühl des Kontakts zur Außenwelt und zu anderen Erwachsenen zu haben.

Ein häufiger Grund von ehelichen Konflikten ist der Versuch des Ehemannes, die Frau so vollständig wie möglich von der Außenwelt abzuschirmen. In der Beratungsstelle gaben zahlreiche Frauen die diesbezüglichen Maßnahmen ihrer Männer zu Protokoll: Öffnen ihrer Post, Überwachung der Kontakte zu Verwandten und Freundinnen, Ausgangsverbot etc. Aber selbst im Normalfall ist der Mann für die Frau häufig der Vermittler zur Außenwelt. Da fast alle maßgeblichen Positionen in der Gesellschaft von Männern besetzt sind, gelten Politik, Wirtschaft, Wissenschaft als männliche Domänen, zu denen Frauen beschränkten Zugang haben.

Es besteht ein grundlegender Widerspruch zwischen der Arbeit-Lohn-Struktur in der Gesellschaft und der Arbeitsorganisation, die in geschlossenen Systemen vorherrscht. In bezug auf Frauen ist diese Problematik in der Lohn-für-Hausarbeit-Diskussion thematisiert worden. Die Arbeit der Frau in der Familie steht im Gegensatz zur vorherrschenden gesellschaftlich anerkannten Struktur von Motivation und Arbeit: Sie wird nicht primär für materielle Gegenleistungen erbracht, sondern «aus Liebe» oder als Bestandteil der biologischen Definition von Weiblichkeit («Mutterpflichten»).

Auch am Sektor der Lohnarbeit ist die weibliche Tätigkeit mit einer Reihe von unentlohnten Zusatzleistungen verknüpft, die sich aus dem gesellschaftlichen Frauenstereotyp ableiten.

Die hauptsächliche Verantwortung für Hausarbeit wird nach wie vor und auch bei voller Berufstätigkeit der Frau zugewiesen: Sie gilt als «weibliche Arbeit».

Die Arbeit, die im Militär als Strafe, als Sanktionsmittel gilt, und in anderen totalen Institutionen mit Begründungen wie «Demut» versehen wird (zum Beispiel in Klöstern), wird den Frauen mit der Rechtfertigung, daß sie Bestandteil der weiblichen Domäne sei, zugeteilt. Diese Zuweisung von Arbeiten, die in der Gesellschaft nur geringes Prestige haben, ist charakteristischer Bestandteil des Lebens in totalen Institutionen.

Statt bzw. neben der gesellschaftlich üblichen Lohnstruktur existiert für die Frauen ein System trivialer Belohnungen, die zugleich zeremonial-symbolischen Charakter haben. Kleinigkeiten, die für «normale» Gesellschaftsmitglieder leicht zu erwerben sind, werden für sie gemäß einem abgestimmten System von Gratifikationen verteilt.

Es existiert ein System von Höflichkeiten, die den Frauen entgegengebracht werden und deren Wert kein materieller, sondern ein ritual-zeremonieller ist: Sie dienen der Bestätigung und Aufrechterhaltung der Handlungs- und Beziehungsformen, die seitens der Institution den Betroffenen abverlangt werden. Der Blumenstrauß, der kleine Mokka, die geöffnete Tür sind Begünstigungen, Geschenke und Leistungen, die das

Verhältnis von Über- und Untergeordneten zementieren.

Die Notwendigkeit, auf unangeforderte und zum Teil unerwünschte Handlungen in vorgeschriebener, positiver Weise zu reagieren, demonstriert den Beteiligten ihre Unterordnung unter ein System, das sie abwertet und entmündigt. So müssen Frauen eine objektiv überflüssige «Hilfe» wie angezündete Zigaretten, geöffnete Türen usw. freundlich entgegennehmen und Leistungen, die ihnen keinen Vorteil bringen, als «Begünstigung» oder Privileg betrachten, um durch die Teilnahme an diesen Handlungsritualen ihre Zugehörigkeit zur Institution Weiblichkeit zu bestätigen; noch extremer von diesem System betroffen sind Hausfrauen.

Die Akzeptierung der Regeln und Strukturen der Institution wird gewährleistet durch die Drohung mit physischen Sanktionen. Der rituale, symbolische Charakter des «Höflichkeitssystems» kann schon daran erkannt werden, daß die Verweigerung der Teilnahme (zum Beispiel durch «Feministinnen») einen objektiv unangemessenen Grad an aggressiven oder verwirrten Reaktionen verursacht.

Die Einordnung der Frauen in die Strukturen ihrer Rolle und ihre Akzeptierung der damit verbundenen Einschränkungen und Eingrenzungen von Handlungschancen, Aktionsmöglichkeiten und Bewegungsfreiheit wird letztlich durch Androhung von Gewalt erreicht oder gesichert. Daraus erklärt sich auch der Sonderstatus von Gewaltverbrechen gegen Frauen in unserer Gesellschaft. Die Einstellungen dazu, die in der öffentlichen Meinung vorherrschen, illustrieren diesen Sonderstatus. So wird häufig angenommen, daß Vergewaltigungen von der Frau durch provozierende Kleidung oder Verhalten herausgefordert werden und daß Gewalt gegen Frauen in der Ehe die Öffentlichkeit nichts angeht, Privatangelegenheit ist und von den Beteiligten «beziehungsintern» ausgehandelt werden muß. Diese Einstellungen setzen voraus, daß das Verhalten zwischen den Geschlechtern von anderen Regeln geleitet wird als denen, die sonst interpersonelles Handeln regulieren. Physische Gewalt zum Beispiel ist ein in unserer Gesellschaft zwischen Erwachsenen für Konfliktaustragung unzulässiges Mittel. In totalen Institutionen jedoch gehören «Strafen und Privilegien zur grundlegenden Organisationsform . . . in der restlichen Gesellschaft gelten Strafen als Sanktionen, die gegen Kinder oder Tiere eingesetzt werden. Das zugrunde liegende behavioristische Modell der Konditionierung wird in der Regel nicht auf das Verhalten von Erwachsenen angewendet, denn bei diesen führen Verstöße gegen die geforderten Richtlinien nicht zu sofortigen unmittelbaren Bestrafungen, sondern zu eher indirekten, negativen Konsequenzen.»[123] Ehefrauen, die der ehemännlichen Gewaltanwendung ausgesetzt sind, sind damit von der Kategorie des «erwachsenen, mündigen Gesellschaftsmitglieds» ausgeschlossen. Ihr Verhalten untersteht der Aufsicht eines Mitglieds der übergeordneten Gruppe und kann von diesem mit

Die Bücher kosten nur noch ein Fünftel ihres früheren Preises …

Zwang und Strafen geregelt werden. Daß dieser Zustand allgemein als Ausnahme- und Extremfall gilt, ist nur eine weitere Maßnahme, um ihn der Kontrolle durch die Gesellschaft zu entziehen.

Im Laufe der Gespräche und Interviews wurden uns immer wieder Erfahrungen systematischer Erniedrigung und Einschüchterung erzählt: irrationale Befehle, entmündigende Belohnungen, unerwartete Strafen. Diese Mechanismen ergeben einen Prozeß der Desorientierung und des zunehmenden Realitätsverlusts seitens der Frau, weil die Person, von der sie sich ihr Glück erwartete, zur Quelle von Angst und Verunsicherung wird. Die Frage, «warum Frauen bleiben» und sich aus objektiv unerträglichen Beziehungen nicht lösen können, kann nicht beantwortet werden, wenn die Taktiken ihrer Unterdrückung im geschlossenen System unberücksichtigt bleiben.

Viele der Frauen leben in permanenter Angst vor einem jederzeit möglichen Wutausbruch des Mannes und in der Anstrengung, ihm keinen Anlaß dazu zu geben. Das Verhalten ihrer Männer erscheint den Frauen oft so irreal, daß sie es überhaupt nicht einschätzen können; nichts in ihrer Erziehung hat sie darauf vorbereitet und es entspricht in keinem Punkt ihren Erwartungen an die Ehe. Für Frau E., deren Mann im Morgengrauen einen Kübel Wasser im Wohnzimmer ausschüttete und sie zwang aufzuwaschen, stellte sich die Frage, wessen Verhalten in dieser Situation das Abnormale sei: Seines, weil er sie zu irrationalen Arbeiten zwang, oder ihres, weil sie sich dieser Situation widerspruchslos fügen mußte. Die Formen der Terrorisierung und Entmündigung der Frauen sind sehr verschieden. Herr M. verbietet seiner jungen Frau, sich mit Freundinnen im Kaffeehaus zu treffen, wenn ihr Kind eine schlechte Schulnote nach Hause bringt; wenn sie sich gegen seine «Erziehungsversuche» wehrt, schlägt er sie. Im Bereich des Sexuellen ist die Einschüchterung der Frauen besonders wirkungsvoll, weil die Barrieren gegen eine Verteidigung hier besonders stark internalisiert sind. Viele Frauen werden von ihren Männern bedroht, überfallen, mitten in der Nacht aufgeweckt. Ihre eigenen Bedürfnisse und Forderungen werden gewaltsam unterdrückt. Als zum Beispiel Frau G. mit ihrem Mann über ihr für sie sehr unbefriedigendes Sexualleben sprechen wollte, warf er sie mitten in der Nacht aus der Wohnung und sagte, sie solle sich einen anderen Mann suchen und ihm dann sagen, ob es mit dem besser wäre.

Jessie Bernard hat aufgezeigt, daß die Ehe eine entscheidende Diskontinuität im Leben von Frauen bedeutet; ihre bisherige Identität tritt hinter den Anforderungen und Erwartungen der neuen Rolle zurück oder erfährt eine mehr oder weniger grundlegende Veränderung. Die weibliche Anteilnahme und Identifizierung mit Beruf und Ambitionen des Mannes und die Suspendierung ihrer eigenen Zukunftspläne, um Kindergeburt, -erziehung und Haushalt miteinzubeziehen, stellt die Frau verstärkt in den Rahmen eines eigenen Umfelds, das von der restlichen Gesellschaft abgehoben ist und nach eigenen Werten, Regeln und Beziehungsmustern abläuft. Diese Ausgrenzung der Frau aus der sozialen Öffentlichkeit tritt nicht erst mit der Ehe ein, sondern vollzieht sich in verschiedenen Etappen und Graden. Weibliche Kinder erfahren mit zunehmenden Alter, daß sie auf Grund ihres Geschlechts Verhaltensanforderungen unterworfen und Gefahren ausgesetzt sind, die ihnen eine Einschränkung ihres Aktionskreises und ihrer Bewegungsfreiheit abverlangen.[124] Die Internalisierung dieser Einschränkungen ist für eine Reihe von Alltagssituationen dokumentiert worden; Untersuchungen zeigen, daß Frauen räumlich (Körperhaltung u. a.) und zeitlich (Dauer von Wortmeldungen) weniger «Raum» beanspruchen.[125] Der Eintritt in die Ehe wird mit einer Form von Aufnahmeritual markiert; dieser Eintritt bedeutet häufig zugleich eine Form von *civil death*, eines Ausscheidens aus dem Status des normalen Gesellschaftsmitglieds.

Historisch kam die Ehe dort, wo Frauen überhaupt Bürgerrechte besaßen, häufig einem Entmündigungsverfahren gleich. Das Recht auf Selbstbestimmung, Eigentum, Arbeit usf. hörte mit der Ehe auf; eine Folge, die Blackstone in seinem klassischen Konvent zum englischen Recht im Jahre 1862 sehr einprägsam formulierte:

«Durch die Ehe werden Männer und Frauen vor dem Gesetz zu einer Person; das heißt, daß das eigentliche Wesen, die legale Existenz der Frau für die Dauer der Ehe suspendiert oder zumindest der des Mannes eingegliedert ist.»[126]

Die auffälligste Form eines Aufnahmerituals ist das Zeremoniell der Hochzeit; sie beinhaltet auch die Konsequenz, die von vielen Autoren als wesentlichster Bestandteil der Persönlichkeitsbeschädigung und Unterordnung angeführt wird: den Verlust des eigenen Namens. Frauen finden sich Prozessen unterworfen und Handlungen ausgesetzt, die sie als Mitglieder einer bestimmten Personenkategorie treffen und mit ihnen als Individuen nichts zu tun haben. Wie auch Mitglieder rassischer Minderheiten und stigmatisierter Bevölkerungsgruppen sind Frauen Ansprüchen, Aggressionen und Werturteilen ausgesetzt, die mit dem Begriff «Vorurteil» bezeichnet werden, in Wirklichkeit aber struktureller Bestandteil ihrer sozialen Stellung sind und der Stabilisierung bestehender Machtverhältnisse dienen. Der niedrige Status des einzelnen in seiner Eigenschaft als Mitglied der abgewerteten Personenkategorie wird in alltäglichen Interaktionsritualen bestätigt und bekräftigt. Diese Rituale laufen zwischen Kategorien von Personen ab und nicht zwischen einzelnen, so daß zum Beispiel jeder Weiße des rassistischen Kastensystems im amerikanischen Süden von jedem Schwarzen bestimmte Unterwerfungsgesten fordern konnte (zur Seite treten, Hut abnehmen etc.) und Männer auf der Straße jede beliebige vorbeigehende Frau anpöbeln dürfen.

Die Akzeptierung der Ordnung muß nicht nur durch passive Unterordnung, sondern aktiv durch bestimmte Gesten und Erwiderungen signalisiert werden.

Ein wichtiger Bestandteil dieser Situation ist die Notwendigkeit, um Kleinigkeiten, die eigentlich selbstverständlich sind, bitten zu müssen. Ehe- und Hausfrauen sind häufig gezwungen, um Haushalts- oder «Taschengeld» bitten zu müssen. Selbst wenn sie berufstätig sind, ist ihr Einkommen in der Regel wesentlich geringer als das des Mannes, so daß größere Ausgaben von ihm bewilligt werden müssen. Das Hinauszögern oder Verweigern der gewünschten Güter oder die dosierte «Auszahlung» gehören zum Konfliktverhalten und zur Autoritätsbehauptung vieler Ehemänner.

Die Protokolle der Beratungsstelle dokumentieren, daß in vielen Ehen die Erlaubnis auch für kleinere Geldausgaben, für Telefonate, Besuche, Abonnements von Zeitschriften oder Theaterkarten vom Ehemann im Detail eingeholt werden muß.

Frauen haben nur beschränkte Möglichkeiten, sich auf ein eigenes Territorium zurückzuziehen. Die «persönlichen Grenzen» von Frauen werden permanent verletzt – verbal, räumlich, physisch. Nancy Henley untersucht in ihrer Arbeit ‹*The Politics of Touch*› die Bedeutung sozialer Interaktionssituationen, die diese einseitigen Zugriffe in das physische und psychische Territorium der Frau aufweisen.

«Einseitiges Berühren ist eine subtile Methode physischer Bedrohung, die eingesetzt wird, um die Person an ihren Status zu erinnern und wird häufig von Männern gegenüber Frauen ausgeführt.»[127]

Die Form der Zugriffe kann unmittelbar-aggressiv oder auch subtil-alltäglich sein.

Die Einengung der Handlungsfreiheit drückt bereits die weibliche Mode und Kleidung aus. Die dadurch erreichten Einschränkungen werden sowohl symbolisch als auch durch körperliche Schäden und Verstümmelungen (Stöckelschuhe, geschnürte Taillen, gebundene Füße) durchgeführt.[128]

Frauen sind gezwungen, sich in einer Situation der Machtlosigkeit irgendwie zurechtzufinden. Eine Möglichkeit des Arrangements ist der Rückzug aus der Situation: Frauen ziehen sich auf den engen Horizont ihres unmittelbaren Umkreises zurück. Diese Einschränkung des Wahrnehmungsfeldes gestattet durch passives Fügen die Vermeidung von Sanktionen, führt aber längerfristig zu Persönlichkeitsschäden wie akuter Depersonalisierung und Regression. Diese Folgen stellten unter anderem Alexandra Symond und Robert Seidenberg bei Hausfrauen fest. Unter dem Titel ‹*Phobien nach der Heirat*› beschreibt Symond die Verhaltensstörungen ihrer Patientinnen: extreme Abhängigkeit und Ängstlichkeit und reduziertes Selbstbewußtsein, demonstrative Hilflosigkeit.[129]

Auch Alfred Adler identifizierte diese weiblichen Verhaltensformen als Manifestierung individuellen Protests gegen die soziale Stellung der Frau.[130]

Robert Seidenberg beschreibt das Traum der Ereignislosigkeit, den psychischen Druck der durch Isolation, Eintönigkeit und zwanghafte Verweisung in Passivität entsteht. Die Versuche, dieser Situation zu entkommen, müssen unzureichend bleiben. Die Betroffenen können versuchen, sich in diverse Beschäftigungen zu flüchten (lesen, fernsehen, karitative Betätigungen); diese Scheinaktivitäten können die reale Deprivation nicht mildern.

Ein relativ stabiles Arrangement kann erreicht werden, indem Frauen durch entsprechendes Verhalten das Maximum der angebotenen Privilegien erzielen. Die Betroffenen können sich mit ihrer Situation so solide einrichten, daß sie sie der «Außenwelt» vorziehen.

Frauen können sich in Berufswelt und Ehe mit den vorgegebenen Strukturen ihrer Unterordnung arrangieren und eine persönlich erträgliche oder sogar positive Stellung erreichen (ein Beispiel ist die sogenannte Alibi-Frau). Durch diese Prozesse bildet sich innerhalb der untergeordneten Gruppe eine kleine Schicht «privilegierter Kollaborateure» heraus. Anleitungen dazu liefern Ingrid Trobisch und Marabel Morgan.

Mit kindlich-unmündigem Verhalten – Schmollen, Trotzen, Bitten – können Frauen oft ihren Willen durchsetzen; würden sie dasselbe in Form von Forderungen vorbringen, würde ihr Verhalten als Herausforderung interpretiert und bestraft werden. Elleins Vergleich mit dem Verhalten von Schwarzen in Situationen der Sklaverei und den sehr verschiedenen Personengruppen in den KZ macht deutlich, daß solch kindlich-abhängiges Verhalten nicht im Wesen der Betroffenen, sondern in den Zwängen ihrer Situation liegt.

Wenn Schopenhauer feststellte, daß «Frauen kindisch, läppisch und kurzsichtig, mit einem Worte, zeitlebens große Kinder sind»[131], dann entsprach diese Behauptung beinahe wörtlich den Schilderungen des «Wesens der Neger» und des «Charakters der Juden», die von den jeweiligen Propagandisten und Apologeten des Rassismus erstellt worden sind.[132] Die Sklaverei erzeugt Sklaven; «treuer und ehrenvoller Gehorsam der Frau gegenüber dem Mann» produziert eine Existenz, die mittels Ideologien der Liebe von der Erkenntnis ihrer Menschenunwürdigkeit abgehalten werden muß.

Indem es keine oder nur begrenzt erstrebenswerte Alternativen zum Arrangement mit der Institution Weiblichkeit gibt, können die Betroffenen oft Angst vor dem Gedanken haben, sie verlassen zu müssen. Die Ablehnung, mit der viele Frauen der Frauenbewegung gegenüberstehen, ist zum Teil daraus erklärbar, daß sie den Verlust einer vielleicht beschränkten und untergeordneten, aber einigermaßen stabilen und nach erkennbaren Regelungen und Mustern geordneten Existenz fürchten.

«Unter diesen Umständen können (die Untergeordneten) ihre Herren nicht einmal hassen. Gehorsam ist die Regel, Revolten finden nicht statt. Sie verhalten sich ‹kindlich›, die Einstellungen der Herren werden internalisiert.»[133]

Die Rolle ist allumfassend; alle vorherigen oder zusätzlichen Eigenschaften werden sekundär oder verschwinden. In der Rolle zu bestehen, erscheint als einzig wichtige Aufgabe; die Belohnungen sind gering, aber es gibt keine Kriterien von Wert und Vergütung, so daß sie als die einzig erzielbaren Gratifikationen erscheinen.

«Das System ist geschlossen. Alle Autoritätslinien laufen vertikal vom Herren abwärts, und alternative soziale Rückhalte werden systematisch zerschlagen . . . Liebe, auch die Liebe des Herren zum Sklaven erscheint als einziges erreichbares Gut wertvoll.»[134]

Die Vernichtung der Widerstandskraft der einzelnen wird gewährleistet durch Entpersonalisierung, durch sinnlose Befehle, willkürliche Strafen und irrationale Regeln.

Wir antizipieren den Schrei der Entrüstung, der durch die Reihen der Fachkollegen gehen wird, wenn wir Thesen und Hypothesen zu geschlossenen Systemen auf die Situation von Frauen anwenden. In den Auswirkungen der Abhängigkeit und Fremdbestimmung auf die Persönlichkeit erkennen wir dennoch Parallelen.

Noch heute versprechen Frauen im angelsächsischen Raum bei der Trauung, ihre Ehemänner «zu lieben, zu ehren und ihnen zu gehorchen». Die Identität der Frau ist relativ; der Durchschnittsmensch ist «der Mann auf der Straße», und selbst in diesem Sprachgebrauch existiert die Frau nur als Nebensatz: «und seine Frau und Kinder».

Schon 1928 schrieb George Bernard Shaw in seinem Buch ‹*The Intelligent Woman's Guide to Socialism*›: «Die Tätigkeiten der Frauen gehören zu den wichtigsten Leistungen für die Gesellschaft. Trotzdem gilt es als völlig selbstverständlich, daß sie dafür keinen Lohn erhalten, weil nichts am Markt Verkäufliches produziert wird . . . Wenn man die ganze Verwirrung richtigstellen wollte und diesen Mitgliedern der Gesellschaft – Frauen, Kindern und Männern – das geben wollte, worauf sie auf den gesellschaftlichen Wert ihrer Zeit Anspruch haben, würde man sehr schnell entdecken, daß dieses Bestreben unmöglich und unsinnig ist. Nur ein Wahnsinniger würde versuchen, es in die Praxis umzusetzen» (1972 [1928], S. 26).

Widerstand gegen unbezahlte Dienstleistungen bedeutet, die Inhumanität und Brutalität der Lohnarbeit überhaupt aufzuzeigen, die *Illogik* zu demonstrieren, mit der die *Doppelarbeit* von Frauen in Haushalt und Arbeitsmarkt als Grund gilt, sie lohnmäßig zu benachteiligen: Ein Argument also, das sich auf den Satz reduzieren läßt: weil sie mehr arbeitet, verdient sie weniger; die Pervertierung der Sexualität aufzuzeigen, die als Pflicht und Dienstleistung gegen materielles Entgelt erbracht werden soll.

Kapitel XIV

«Es gibt auch normale Ehen, warum schreiben Sie nicht über die?» Über normale Ehen

---

Gewalttätigkeit in der Ehe ist eine Extremerscheinung * Wenngleich sie, wie der geschätzte Leser jetzt weiß, nicht in Widerspruch zu den sozialen Strukturen steht, sondern sich aus diesen ableitet * Ob «normale» Ehen glücklicher sind, kann der verehrte Leser vielleicht selbst am besten beurteilen * Die Autorinnen kennen auch normale Ehepaare * Das Glück hält sich in Grenzen * Die Autorinnen sagen das nicht, um Unruhe zu stiften * Gott bewahre * Sondern weil man sich vielleicht Gedanken darüber machen sollte * Zur Anregung dieser Gedanken präsentieren sie ohne weitere Interpretation einige Szenen und Schilderungen des ehelichen Normalzustands * Gesprächsprotokolle und Stellungnahmen betroffener Personen und interessierter Beobachter * Irgend etwas scheint in vielen Fällen entschieden schiefzulaufen * Es ist ja fast peinlich, worüber diese Leute streiten und unglücklich sind * Vermutlich steckt noch etwas anderes dahinter, zum Beispiel die allzu großen Hoffnungen, die an den Partner gerichtet werden * Der seinerseits ebenfalls von allzu großen Hoffnungen bewegt ist * Kann einen denn wirklich ein anderer Mensch glücklich machen – kann er/sie der ganze Lebensinhalt sein – kann die Welt zusammenbrechen, wenn er/sie einen enttäuscht? * Es scheint so

---

Marianne ist 29, Programmiererin; seit vier Jahren ist sie mit einem 34jährigen Geschäftsleiter verheiratet. Als gebürtige Schweizerin fühlt sie sich in Wien auch nach fünf Jahren noch etwas isoliert, obwohl es ihr gelungen ist, in ihrer Firma eine Reihe von Freundschaften zu schließen. Ihr Mann Peter sieht es nicht gern, wenn sie sich abends oder am Wochenende mit ihren Freundinnen und Bekannten treffen will; die sieht sie ja ohnehin tagsüber, meint er, und sein Beruf erfordert gesellige Kontakte, zu denen er sie in ihrer Funktion als Ehefrau und Gastgeberin braucht.

Dieser Abend ist einer der seltenen Gelegenheiten, an denen Freunde beider Ehepartner gemeinsam ausgehen; anschließend gehen wir noch in die Wohnung von Peters Kollegen. Marianne ist gerade im achten Monat ihrer Schwangerschaft. Wir vier Frauen sitzen im Wohnzimmer, die Männer sind in den Keller gegangen, um irgendeine technische Einrichtung zu bewundern. Marianne ist etwas nervös, weil sie trotz Peters Mißbilligung die angebotene Schokolademilch trinkt: Schokolademilch macht dick, und er ist schon seit Jahren bestrebt, sie dünner zu haben. Wir reden über Kinder, Schwangerschaft, Erziehungsmethoden. Marianne erzählt bedrückt, daß Peter unbedingt einen Sohn haben will. Sehr enttäuscht, hat er gesagt, wäre er über die Geburt eines Mädchens. «Die Enttäuschung hält nicht lange an», meint tröstend die Freundin und erzählt von etlichen Fällen ihrer Bekanntschaft, in denen Väter ihre ursprünglich ungewollte Tochter bald hingebungsvoll liebten. «Ich wollte eigentlich immer schon eine Tochter», vertraut Marianne uns an, und alle lächeln konspiratorisch. Wir unterhalten uns über das Geschlecht von Kindern – wie wird es eigentlich bestimmt, wann kann man feststellen, was es wird, wie kann man es eventuell beeinflussen oder vorbestimmen. Die Feststellung, daß Chinchilla-Züchter die Käfige mit blauem Licht beleuchten um damit die Zeugung von mehr weiblichen Tieren zu erreichen, wird nicht als großer Beitrag gewertet.

Die Männer kommen zurück, und die Unterhaltung der Frauen nimmt kurz ein Ende. Peter erläutert seine Meinungen zu diversen aktuellen Themen, die für ihn alle eine geschlechtsspezifische Seite haben. Man spricht über Rauchen: Peter findet Rauchen für Männer ungesund und bei Frauen «unästhetisch»; über Bürgerinitiativen: Sie bestehen aus anarchistischen Romantikern und neurotischen Hausfrauen. Anscheinend ist er sich bewußt, daß er unmoderne Haltungen vertritt, denn er fügt immer wieder dazu: «Das ist jedenfalls meine Meinung, und eine Meinung darf man doch haben, oder?»

Die gesellige Runde teilt sich bald wieder nach Geschlecht. Die Männer reden über Alkoholismus, Tagungen, Autoversicherung. Die Frauen reden über ihre Geschwister, «Familie und Beruf», ihre Mütter, Kinofilme. Am Ende des Abends verabschieden sich die Paare. Peters Freund sagt «Viel Glück der kleinen Familie» und klopft Marianne lächelnd und wohlwollend auf den Bauch. Sie tritt erschrocken einen Schritt zurück, aber lächelt dann höflich.

Mariannes Freundin: «Marianne hat sich ziemlich verändert in den letzten paar Jahren. Sie hat auch sehr viel abgenommen, der Peter hat das geschafft, er hat so lange geschimpft und gespottet, bis sie tatsächlich kaum mehr was essen konnte mit ruhigem Gewissen. Ich glaube, daß sie sich viel wohler fühlt, als sie dick war, kam sie sich immer häßlich vor. Manche Frauen brauchen so eine, na ja, ständige Kontrolle; allein hätte sie's bestimmt nicht geschafft. Bei mir wäre das nichts, ich reagiere allergisch auf Verbote und Spott und tu's dann erst recht.»

Ein Kollege: «Die Marianne sagt, daß sie in einem Jahr wieder arbeiten will, aber ich glaub's nicht recht. Ich hab das schon ein paarmal miterlebt. Sie erzählt mir oft von ihren Problemen; daß ihr Mann zwar nicht direkt verlangt, sie soll aufhören zu arbeiten, aber schlecht gelaunt ist, wenn sie etwas Positives über ihren Job sagt, ihr dauernd irgendwelche Hausfrauen als Modelle und Idealfrauen vorhält, ihre berufstätigen Freundinnen verspottet. Die steht schon so lange unter Druck, wenn die erst ein Kind hat . . . Schuldgefühle hat die . . . die glaubt ihm schon, daß sie seine Karriere sabotiert, wenn sie nicht das Abendessen rechtzeitig kocht. Diese Frauen, die glauben irgendwie, daß sie arbeiten *dürfen.* Da kenn ich welche, die haben eine Ausbildung, verdienen recht gut und glauben trotzdem, daß sie schulschwänzen, wenn sie in der Früh ins Büro gehen statt in den Supermarkt. Dann kriegen sie ein Kind, und man sieht sie nie wieder. Höchstens noch ein Babyfoto.»

Peter: «Die Marianne sagt mir immer, ich bin altmodisch. Was das mit Mode zu tun hat! Ich finde, das muß sich jeder für sich selbst ausmachen, wie er leben will. Frauen natürlich auch. Ich hab auch nichts dagegen, daß Frauen arbeiten. Ich hab nie verlangt, daß die Marianne aufhört und zu Hause bleibt, obwohl das für mich persönlich schon eine Erschwerung war. Wenn man Verantwortung für einen Betrieb hat, muß das zu Hause schon funktionieren, da kann man nicht da auch noch Probleme bewältigen. Das hat mit mir nichts zu tun, das ist unabhängig von meiner eigenen Meinung. Im Geschäftsleben muß man vieles machen, was man selbst gar nicht will. Dieses Trinken am Abend zum Beispiel, das werd ich persönlich nie verstehen. Da setzen sich drei oder vier Geschäftsmänner zusammen und trinken und reden, keiner will eigentlich, und doch kann man sich nicht entziehen, das gehört eben dazu, und da muß man dabei sein. Ich trinke zum Beispiel gar nicht gern. Oft würde ich am Abend lieber nach Hause gehen; die anderen wahrscheinlich auch. Man kann eben nicht machen, was man selber will. Das hat mir schon geschadet, daß die Marianne mit ihren eigenen Sachen beschäftigt war und dadurch so manches vernachlässigt wurde, aber ich hab ihr das nie zum Vorwurf gemacht. Natürlich haben andere Männer dann einen Vorteil, die da mit ihren Frauen rechnen können. Aber die Marianne sagt, sie arbeitet gern, und ich respektier das.»

Christine ist mit einem Universitätsdozenten verheiratet. Wir kamen einmal mit ihr ins Gespräch, weil sie bei einer Party allein an der Wand saß und verlassen wirkte, und weil sie durch ihre zu sorgfältig gewählte Kleidung, ihre offensichtlich vom Friseur stammende Coiffure und ihr ganz deutliches Unbehagen auffiel. Bei diesem Gespräch entdeckten wir eine Reihe gemeinsamer Interessen, und so ergab sich eine lose Freundschaft, die durch regelmäßige Zusammenkünfte eine gewisse Kontinuität erhielt. Christine ist eine attraktive, belesene und kluge Frau, was sie selbst jedoch nicht weiß. Denn zugleich ist Christine ein Modell von Unsicherheit, Selbstherabwürdigung und Nervosität. Ihr Mann, der Naturwissenschaftler ist, flößt ihr mit unverständlichen und etwas schroffen Vorträgen über die Kompliziertheit und Wichtigkeit seiner Experimente und Forschungen große Ehrfurcht ein; eine Haltung, die er bewußt fördert. «Der Joseph hat mir einmal gesagt, es ist besser, wenn ich nur zuhöre, denn die Frauen von seinen Kollegen haben alle ein abgeschlossenes Studium, und wenn man wegen einer Person alles umständlich erklären und wiederholen muß, ist es für alle sehr peinlich.»

Christine hat eine vierjährige Tochter und einen einjährigen Sohn; außerdem muß sie sich um die Schwiegermutter kümmern, die «ein bißchen schwierig ist. Eigentlich will sie ja haben, daß der Joseph sie öfter besuchen kommt, alle paar Wochen, aber das kann er natürlich nicht, er hat ohnehin so wenig Zeit, und das Labor kann er nur am Wochenende richtig benutzen, wenn keine Studenten da sind. Jetzt muß ich ihm halt das abnehmen, und ich komm auch einigermaßen gut aus mit der Mutter. Geduld muß man halt haben, alte Leute sind ja oft so, daß sie sich ganz fest einbilden zu wissen, wie die Sachen sein sollen, und dann gibt man am besten nach.»

Wir fühlen uns Christine gegenüber in gewissen Loyalitätskonflikten, denn wir kennen andere Seiten ihres Joseph. Wir wissen zum Beispiel, daß er für alle möglichen Veranstaltungen, Gruppen und weltpolitischen humanitären Zwecke Zeit hat, während sie am Stadtrand seine Mutter verpflegt. Als wir sie besser kennenlernen, finden wir dann zunehmend auch, daß ihre Selbsteinschätzung verzerrt ist und daß sie gegenüber ihrem Mann, dem leuchtenden Licht der Wiener Naturwissenschaft, keine so großen Komplexe haben müßte. Die von ihm unterzeichneten Flugblätter und die von ihm gehaltenen Reden über politische Verantwortung, Humanisierung am Arbeitsplatz und Menschenrechte in Lateinamerika stehen in Kontrast zu seiner Ignoranz und fast unbewußten Rücksichtslosigkeit gegenüber den Problemen und Bedürfnissen der Personen, die ihm am nächsten stehen.

Christine erzählt uns, daß er ihr nach jeder Einladung bei seinen Kollegen Vorwürfe macht: Entweder saß sie «verkrampft da», hat «keinen einzigen vernünftigen Satz über die Lippen gebracht» und hat so gewirkt, als wollte sie am liebsten gleich nach Hause gehen oder sie hat an unpassenden Stellen unintelligente Bemerkungen gemacht. Diese Vorwürfe haben dazu geführt, daß sie schon am Tag vor solchen Einladungen nervös ist.

Über eine Freundin kommt Christine zu einer Bürgerinitiativgruppe, für die sie sich interessiert und zunehmend auch aktiv engagiert. «Eigentlich hab ich am Anfang, wie ich begonnen habe mitzuarbeiten, dabei an meinen Mann gedacht; er hat mir immer meine totale Apathie und Ignoranz in politischen Fragen vorgeworfen.»

Aber Joseph ist nicht begeistert; am Anfang enthält er sich noch der kritischen Bemerkungen, aber als Christine einmal sagt, sie könne nicht mit ihm zu einer Veranstaltung gehen, weil sie am selben Abend ein

Gruppentreffen hat, explodiert er plötzlich in unerwarteter Weise und schreit sie an, daß sie «mit dieser Wichtigtuerei den Bogen überspannt».

Joseph: «Christine braucht eine Beschäftigung, das sag ich ihr schon seit Jahren. Natürlich sind diese Ideen, die sie in letzter Zeit hat, mit ihren neuen Freunden eine Teestube zu eröffnen usf., völlig unreif. Im Moment ist sie auf diesem ‹alternative Lebensweise›-Trip, der so modern ist. Mit ihren 28 Jahren ist sie zwar schon über das Alter hinaus, aber sie hat wohl einen Nachholbedarf. Ich versuche ihr klarzumachen, daß sie mit ihrer Zeit etwas Vernünftiges anfangen soll; vielleicht ein Dolmetsch-Studium. Diese Richtung ist zwar überlaufen, aber ich könnte ihr ja genügend naturwissenschaftliche Texte zum Übersetzen vermitteln. Außerdem würde sie sich in unserem Freundeskreis wohler fühlen, wenn sie von unseren Interessensgebieten mehr Ahnung hätte. Den Berufsstress könnte sie auch vermeiden, denn Übersetzen kann man ja zu Hause, und solange die Kinder noch so klein sind, wäre das doch ideal.»

Margit ist eine ruhige, überlegte Frau, immer zu Späßen aufgelegt. Sie arbeitet in der Buchhaltung einer Textilfirma und besucht abends die Akademie für Sozialarbeit, um einmal einen sinnvollen Beruf zu haben. Ihr Mann ist Bewährungshelfer, sie sind seit fünfzehn Jahren verheiratet. Herbert ist viel mit seinen Klienten unterwegs, meist Jugendlichen, die ihn sehr intensiv in Beschlag nehmen. Margit sagt auf unsere Frage, warum sie neben ihrer Arbeit im Büro noch die Strapazen der Ausbildung auf sich nimmt: «Ich habe es einfach nicht mehr ausgehalten, fast jedes Wochenende zu Hause zu sitzen oder auch am Abend immer auf den Herbert zu warten. Im Büro ist es langweilig, wenn ich draußen bin, verschwende ich keinen Gedanken mehr darüber. Und bei der Arbeit vom Herbert stand ich auch immer so außerhalb. Ich habe mich nicht einmal getraut, ihn zu fragen, ob ihn das stört, weil ich Angst hatte, daß ihm dann auch die Idee kommt, daß wir uns über den täglichen Kram hinaus eigentlich gar nichts mehr zu sagen haben.» Herbert war sofort damit einverstanden, daß Margit die Ausbildung macht, er hat seither weniger Schuldgefühle, wenn er soviel von zu Hause weg ist. «Ich habe den Eindruck, ich müßte mich mehr um Margit kümmern, sie ist zwar sehr lustig, aber im Grunde ein introvertierter Typ, sie hat wenig Kontakte zu Bekannten und Freunden. Das liegt wohl daran, daß ich so wenig Zeit habe, um wegzugehen, und allein ist das schwierig für sie, besonders in unserem Alter, wo man sich doch hauptsächlich mit Ehepaaren trifft.» Seit der Ausbildung hat Margit ihre Kontakte intensiviert, sie sagt, daß sie wieder einen Sinn gefunden hat, diskutiert und arbeitet mit ihren Kollegen noch nach dem Unterricht oder manchmal auch an Wochenenden. «Wenn ich abends spät nach Hause komme und Herbert schon da ist, habe ich ein beklemmendes Gefühl, irgendwie findet er das Ganze doch nicht in Ordnung. Ich denke manchmal, daß er mir nicht glaubt, wenn ich ihm erzähle, daß wir noch lange gearbeitet hätten. Ich spüre zeitweise sein Mißtrauen, das ist aber so kränkend, daß ich es ihm gegenüber nicht einmal ansprechen kann. Das klingt dann so nach Selbstverteidigung. Ich habe ihm auch immer geglaubt, wenn er viel unterwegs war.»

Herbert sieht im zweiten Schuljahr von Margit schon etwas düsterer in die Zukunft. Er fühlt sich überflüssig und unverstanden. Er schlägt seiner Frau vor, ihre Büroarbeit aufzugeben, bis sie ihre Ausbildung beendet hat. Sie will aber ihre finanzielle Unabhängigkeit nicht verlieren. Herbert wird von ihrem gemeinsamen Bekanntenkreis sehr bedauert, weil sich niemand um ihn richtig kümmert, die Rolle des aufgeschlossenen Partners wird ihm als Schwäche und mangelndes Durchsetzungsvermögen ausgelegt, die Anspielungen, daß er sich durch seine Frau zu sehr dominieren lasse, werden immer häufiger. Margit sagt dazu leicht verunsichert: «Ich verstehe gar nicht, was die alle meinen, es ist doch ganz klar, daß diese paar Jahre jetzt schwierig sind – eine dreifache Belastung durch Arbeit, Schule und Haushalt, aber das geht vorüber, außerdem nehme ich alles in Kauf, wenn ich nur von dieser Bürotätigkeit wegkomme.»

Herberts Haupteinwand ist, daß Margit bald vierzig ist – «und ob sich der Aufwand noch lohnt?» Ihre Fragereien nach seiner Beschäftigung, wie er Konflikte mit Klienten löst, welche therapeutischen Ausrichtungen auf die Sozialarbeit sinnvoll anwendbar seien etc. fangen an, ihn zu enervieren. «Darüber diskutiere ich ja ohnehin mit meinen Kollegen, zu Hause will ich mich entspannen und meine Ruhe haben. Außerdem glaubt Margit, seit sie diese Schule macht, die Weisheit geschluckt zu haben. Ich fühle mich in meinen Ansichten manchmal richtiggehend kontrolliert.»

Margit ist über die Unzugänglichkeit von Herbert enttäuscht, jetzt wo sie endlich mitreden kann, zieht er sich immer stärker zurück. «Ich verstehe das nicht, mit seinen Freunden hat er stundenlag über Resozialisierung, geschlossenen oder offenen Strafvollzug diskutiert, bei mir ist er immer sehr wortkarg oder sagt oft ganz kategorisch, meine Überlegungen seien ein Blödsinn, weil ich noch nie in der Praxis gewesen bin. Aber während seiner Ausbildungszeit, ich kann mich noch gut daran erinnern, hat er auch tausend Fragezeichen mit sich herumgetragen. Manchmal bin ich traurig, weil ich ihm so gern eine gute Partnerin sein möchte.»

Wir kennen Sibylle aus dem Studentenheim in Wien. Nach dem Studium heiratete sie einen Deutschen; jetzt wollen wir einen Berlin-Aufenthalt mit einem Besuch bei ihr verbinden. Aus einer losen Korrespondenz mit ihr wissen wir, daß sie ein dreijähriges Kind hat, daß ihr Mann beim Film arbeitet und sehr erfolgreich ist und daß sie ihr Studium – Journalismus – gerne verwerten würde; vielleicht freiberuflich.

Sibylle ist 26; sie begrüßt uns im Vorraum einer kleinen Mietwohnung. Wir sollen leise sein, damit das Kind nicht aufwacht, sonst ist es mit der Ruhe und mit unserer Unterhaltung aus.

Unsere Freundschaft mit Sibylle war nie eine besonders enge, wir kannten sie, weil sie im Studentenheim alle kannten. Sibylle war eine sehr extrovertierte, lebhafte Frau, die bei der Heimleitung als «etwas wild» galt und bei den anderen Studenten sehr populär war. Die Leerformel wie-geht-es-dir löst bei ihr eine unerwartete Antwortbereitschaft aus; es geht ihr nicht gut. Die Einsamkeit in der Wohnsiedlung ist ihr unerträglich; den Weg vom Haus zum Supermarkt, zum Kinderspielplatz kann sie nicht mehr sehen; seit einem halben Jahr versucht sie zu arbeiten, aber es geht nicht: Kaum hat man die Bücher und Hefte ausgebreitet, kommt die Kleine. Ihr Mann erlaubt ihr nicht, das Kind in einen Kindergarten zu geben; daran glaubt er nicht. Er will aber abends nicht auf das Kind aufpassen, nicht einmal hin und wieder, weil er «abends seine Einfälle bekommt» und dabei nicht gestört werden darf; im Gegenteil, Sibylle muß manchmal abends noch stundenlang mit dem Kind spazierengehen, damit es müde wird und ihn nicht stört, bei der schöpferischen Arbeit. «Dann wieder fährt er monatelang weg», erzählt sie, «nach Afrika wegen einem Dokumentarfilm. Ich weiß nicht, was mit mir los ist, ich kann allein nichts anfangen. Die Zeit entgleitet mir irgendwie. Kaum fange ich etwas an, ist es schon wieder Zeit für etwas anderes» – zum Mittagessen kochen, zum Einkaufen, zum Spazierengehen vor dem Nachmittagschlaf der Kleinen. Während wir Kaffee trinken, kommt Sibylles Mann nach Hause. Sie erinnert ihn, daß an diesem Abend das Künstlerfest ist, und will ihm ihr Kostüm für diesen Maskenball zeigen. Er hat es ganz vergessen und fühlt sich zu müde; Sibylle soll allein gehen. Sie redet ihm zu, die beiden streiten mit Zurückhaltung und mit dem Schwergewicht auf bedeutungsvollen Blicken, weil sie unsere Anwesenheit hemmt. Schließlich telefoniert Sibylle mit ihrer Schwiegermutter, die versprochen hat, diesen Abend auf das Kind aufzupassen; da Michael zu Hause sein wird und arbeiten möchte, muß die Tochter statt dessen bei der Großmutter übernachten.

Wir fühlen uns mitten in diesen ehelichen Streitigkeiten nicht sehr wohl, vor allem, da Michael sich bald ostentativ hinter seinen Schreibtisch zurückzieht und laut mit Papieren raschelt. Sibylle bringt uns mit dem Auto in die Stadt hinein. Michael besteht darauf, daß sie das Kind aufweckt und mitnimmt, damit er bestimmt Ruhe hat. Sibylle wehrt sich dagegen, weil sie Angst hat, mit dem Kind Autozufahren: Für den Kindersitz ist sie zu groß, und sie klettert beim Fahren immer über den Hintersitz, so daß Sibylle Angst hat, in ihrer Beschäftigung mit dem Kind einen Unfall zu verursachen. Michael wird durch diese Widerreden irritiert, Sibylle gibt nach. «Du kannst nachher noch ein bißchen mit ihr spazierengehen», ruft er uns nach, «damit sie heute nacht müde ist und in dem fremden Bett besser einschläft.» Sibylle murmelt nur noch ihren Einwand, daß sie ohnehin schon eine Stunde mit dem Kind spazierengegangen ist. Wir gehen.

Bei der ersten Telefonzelle hält Sibylle das Auto an und bittet uns, eine Minute Geduld zu haben. Durch das Glas der Zelle sehen wir sie animiert reden und lachen. Das war ihre Freundin, erklärt sie uns nachher; sie telefoniert mit ihr lieber von dem Apparat aus, weil der Michael immer verärgert wird, wenn sie zu lange und zu laut mit ihren Freundinnen redet und wissen will, warum sie das nicht tagsüber machen kann, wenn er es nicht hören muß.

Dann erzählt sie uns noch von ihren Plänen: Sie will für eine Zeitschrift freiberuflich schreiben, bis das Kind älter ist. Dann will sie wieder berufstätig sein. Michael möchte ein zweites Kind, aber sie möchte das auf keinen Fall. «Ich denke mir, vielleicht kann ich selbständiger werden. Wenn es dann nicht ein bißchen anders wird mit dem Michael . . .»

Sibylles Freundin: «Wir haben früher immer nächtelang über ‹die Zukunft› geredet. Die Sibylle hatte so ein richtiges Abenteuerbedürfnis; im Sommer ist sie immer per Autostop um die halbe Welt gefahren. Wir haben uns immer unsere abenteuerlichen Visionen erzählt, und dann haben wir uns ausgelacht; aber eigentlich haben wir es ernst gemeint. Sibylle wollte reisen, berühmte Leute kennenlernen, bei wichtigen Ereignissen dabeisein. Das will wahrscheinlich jeder zweite Publizistik-Student, es kommt halt meist dann anders. Ich zum Beispiel sitze in einer Lokalredaktion und berichte noch immer über überfahrene Katzen, und das wirklich Traurige ist ja nur, daß mich die Sibylle sogar darum noch beneidet. Den Michael, das ist ihr Mann, hat sie in Stockholm auf einer Party kennengelernt, im Sommer. Er war mit irgendeinem Filmteam unterwegs. Als er sich für sie interessiert hat, hat sie gedacht, jetzt gehört sie zum Jet-set. Er hat das natürlich noch gefördert; der hat sie dauernd fotografiert, er hat sie sogar gezeichnet, hat sie zu allen möglichen Parties geschleppt. Nach dem Sommer ist sie zurückgekommen und war nervlich ganz fertig, weil sie geglaubt hat, sie war für ihn sicher nur ein Abenteuer und so ein lässiger und aufregender und vielgereister usw. usw. Mann denkt nie daran zu heiraten und schon gar nicht eine Studentin usw. usw. Dann ist er mal nach Wien gekommen und hat ihr einen Heiratsantrag gemacht, die war ganz selig. Und Berlin, also das war natürlich die große Welt für sie. Dann kamen die Briefe, das hat man richtig verfolgen können, wie die Realität allmählich dämmert. Ganz schockiert war sie, wie bieder und erzkonservativ ihr großer Abenteurer wirklich war, und von Berlin hat sie in der Wohnsiedlung nicht viel gemerkt. Das hätte sie ja noch verkraftet, aber dieser Michael, na ja, der hatte sich offensichtlich sehr angestrengt, ein attraktives Bild von sich zu vermitteln, bis er sie hatte, und dann brach die große Erschöpfung aus. Ich hab sie ein paarmal besucht, ich hab das also miterlebt; das ist ein richtiger Tyrann. Und ein

Kind wollte er, das war überhaupt sein einziges Gesprächsthema. Na, und da dachte sich die Sibylle, er will halt eine Familie, ist ja normal, und wurde schwanger. Das war so ein richtiger Versuch von ihr, das Ganze ins richtige Lot zu bringen, denn eigentlich hatte sie ziemlich Angst davor, vorm Kriegen, aber noch mehr vor der Verantwortung, vor allem weil ihre Mutter ja in Wien ist und sie im Grunde genommen keine Ahnung hatte. Also wie gesagt, sie wurde schwanger und war darüber hoffnungsvoll, aber auch nervös, und als sie dann im achten Monat war, ist der Michael abgehauen, hat sich freiwillig zu einer Dokumentation gemeldet und flog nach Mexiko. Zurückgekommen ist er vier Monate später, aber selbst dann war er nur begrenzt vorhanden, weil er sich in eine Frau im Filmteam verknallt hatte und weil ihm in Mexiko wieder eingefallen war, daß er ja kein Spießbürger ist, sondern ein moderner Mann, und ein kreativer Künstlertyp, der sich ja nicht anketten lassen kann. Von da an ging's ziemlich bergab. Die Sibylle hat, wie sie mir gesagt hat, fast die ganze Zeit, wann er zu Hause war – war ja ohnehin nicht viel –, entweder geweint oder gedroht. Der hat das natürlich nicht ernst genommen, daß sie mit einem Kleinkind von ihm davonläuft; wohin auch. Einmal hat sie's ja tatsächlich versucht, als das Kind zwei Jahre alt war. Sie ist nach München gefahren, da hatte sie irgendein Jobangebot, wohnte in einem Hotel, wurde mit dem Kind nicht fertig, fand keine Kinderfrau, die sie sich hätte leisten können, und als der Michael kam und eine leise Andeutung machte, daß es ihm leid tat usw., ist sie sofort wieder zerschmolzen. Ich kann's ja verstehen, ich finde, man soll da gar nichts dazu sagen, wenn man nicht selber auch schon einmal in einem Hotelzimmer saß mit einem zwei Jahre alten Kind und ohne Geld. Geliebt hat sie ihn wahrscheinlich auch noch; daß der so ein großer Künstler ist wie ich, hat die, glaub ich, noch immer nicht durchschaut. Je länger sie natürlich bei ihm bleibt, desto schwerer wird's für sie. Ihre Drohungen, daß sie ihn verläßt, glaubt er wohl auch nicht mehr, nachdem sie einmal zurückgekommen ist. Traurig ist es ja bloß, wenn ich an ihre großen Pläne denke.»

Anna und Ferdinand sind beide Ärzte. Sie haben sich schon während des Studiums kennengelernt, in einer Arbeitsgruppe, die sich für die bessere psychiatrische Versorgung von Patienten in der Klinik einsetzte. Sie haben eine glückliche Zeit miteinander verbracht, gemeinsam für Prüfungen gelernt und sich ihre Zukunft ausgemalt. Ferdinand wollte sich auf Nervenheilkunde spezialisieren, Anna dachte daran, Kinderärztin zu werden. Sie war mit dem Studium auch schneller fertig, das hat der Ferdinand schwer verkraftet, er hatte dann nicht so recht Lust, wie es in ihrem Freundeskreis üblich war, das Gelingen beim Heurigen zu feiern. Seine Kommentare reichten dann von «Mädchen haben's eben leichter» bis zu «bei mir ist jede Prüfung doppelt so wichtig, schließlich bin ich der Mann und muß später die Familie erhalten». Nach Ferdinands Studienabschluß wurde geheiratet, in den ersten Turnus-Jahren in der Klinik waren beide voll im Einsatz, Anna bekam sehr bald einen Ausbildungsplatz für Kinderheilkunde, was den Ferdinand aber sehr beunruhigte. «Wie stellst du dir eigentlich unsere Zukunft vor?» war eine seiner immer häufigeren Redewendungen, mit denen er die zunehmenden Streitgespräche einleitete. Er fand den Gedanken unerträglich, mit einer «Karrierefrau», wie er sie auch oft bezeichnete, verheiratet zu sein. Dann hätte er ja gleich als Junggeselle weiterleben können, es drängte sich ihm immer mehr der Gedanke auf, daß er eigentlich durch die Ehe nichts dazugewonnen hatte. Anna äußerte während unseres Gesprächs die Vermutung, daß es ihn sehr störe, an der Hausarbeit beteiligt zu sein. «Irgendwie genierte er sich, als wir unsere Studentenzimmer aufgaben und den Haushalt gründeten, von mir zu verlangen, kochen, putzen, bügeln etc. allein zu besorgen. Er ist von zu Hause sehr verwöhnt und hat an mich ähnliche Erwartungen wie an seine Mutter. Die Zeit während des Studiums hat er einfach nur als vorübergehende Periode angesehen, aber dann wollte er schon wieder ‹seine Ordnung haben.›» Nach vielen heftigen Diskussionen setzte Ferdinand durch, daß seine Frau sich auf Zahnheilkunde spezialisierte, in diesem Beruf hat sie eine geregeltere Arbeitszeit, vor allem wenn sie an der Klinik weiterarbeitet, und sein Wunsch nach einer «richtigen Familie» könnte endlich in Erfüllung gehen.

Anna arbeitet jetzt schon seit einem Jahr in der Klinik als Zahnärztin. «Am Anfang ist es mir schwergefallen, ich habe nachts sogar von Gebissen und Prothesen geträumt. Aber der Ferdinand hat schon recht gehabt, es bleiben jetzt mehr Energien für den Haushalt. Seit wir in das Haus übersiedelt sind, gibt es auch viel mehr zu tun, der Garten muß auch gepflegt werden usw. Ferdinand war immer schon ein Hundenarr und ist ganz glücklich, seit wir den Schäfer haben. Ich muß allerdings regelmäßig mit ihm spazierengehen, weil er viel Auslauf braucht, und Ferdinand mit seiner Praxis bis in die Abendstunden beschäftigt ist. Irgendwie drängt sich mir aber das auf, daß Ferdinand die erste Runde gewonnen hat.»

Die Geburt des ersten Kindes hat weitere Veränderungen für Anna mit sich gebracht. «Wir streiten jetzt zwar weniger, aber ich bin trotzdem immer so nervös, die Verpflichtungen, vor allem dieser kleine, im Grunde unwichtige Alltagskram wächst mir allmählich über den Kopf.»

Beim zweiten Gespräch hat Anna ihre Freundin mitgebracht, die bald eine eigene Praxis auf dem Land eröffnen wird. Helga ermutigt Anna, sich auch selbständig zu machen, sobald der Kleine im Kindergartenalter ist. «Du hast so viele Talente», sagt sie zu Anna, «wozu war der ganze Aufwand mit dem Studium nötig, wenn du jetzt am Stadtrand Mann, Kind und Hund versorgst. Du warst immer schon ehrgeizig, an allem

Neuen interessiert, lange hältst du diese Art Leben nicht mehr aus.» Anna protestiert, allerdings nur halbherzig. Sie erzählt von ihren Plänen, mit anderen engagierten Ärzten gemeinsam eine Praxis zu betreiben und für einen medizinisch schlecht betreuten Bezirk an einem Modell für Schwerpunktversorgung zu arbeiten. Ferdinand hält diese Ideen für interessant, sieht aber keine Möglichkeit, wie Anna diese Arbeit in ihr Leben integrieren könnte. Die Einschätzung der zukünftigen Entwicklung ihrer Beziehung geht bei beiden ziemlich drastisch auseinander. Anna möchte sich so bald wie möglich wieder im Berufsleben engagieren und hat ihre Mutter dafür gewinnen können, sie im Haushalt zu unterstützen. Ferdinand meint, daß seine Frau «sich an die Situation gewöhnen wird, ein zweites Kind wäre wichtig für sie, sie liebt Kinder, der Kleine hätte einen Spielgefährten und wir fänden wieder stärker zueinander». Annas Mutter erzählt uns, daß Anna immer schon ein sehr selbständiges Kind war, «sie ist so lebendig und aufgeschlossen, für den Haushalt aber halt nicht gerade geboren. Ich habe Angst, daß sie sich mit dem Ferdinand auseinanderlebt, weil sie so unterschiedliche Auffassungen vom Leben haben. Wenn ich sie jetzt unterstütze, dann werden die beiden schon einen Kompromiß finden.»

Ungefähr ein Jahr nach diesem Gespräch treffen wir Anna zufällig in der Stadt, sie bekommt ein zweites Kind, auf unsere Erkundigungen hin, wieweit sie ihre Pläne verwirklichen konnte, muß sie erst nachdenken, was wir mit unserer Frage meinen. Sie ist zufrieden, sagt sie, sie hat eine funktionierende Familie und alles andere, das waren Jugendträume.

Inge ist 23; bis zu ihrer Ehe arbeitete sie als Erzieherin. Ihr Mann ist Lieferant für eine Medikamentenfirma. Er ist ein halbes Jahr älter als sie. Beide kommen aus Arbeiterkreisen; Bernd ist ein uneheliches Kind. Mit ihrem dreijährigen Sohn leben sie in einer Gemeindewohnung, die aus Schlafzimmer und Wohnküche besteht. Die einzigen «richtigen» Möbelstücke sind ein Doppelbett und ein Kinderbett, der Rest ist improvisiert und gibt der Wohnung eine «studentische» Atmosphäre. Die Besitztümer der jungen Familie setzen sich hauptsächlich aus Taschenbüchern und unendlichen Mengen an Kinderspielzeug, Kinderturngeräten, Kinderkleidern zusammen, letztere allesamt Geschenke einer großen Verwandtschaft.

Inge und Bernd heirateten wegen des Kindes; auf den Hochzeitsfotos erkennt man, daß sich die Braut im siebten Monat befindet. Eigentlich wollten sie erst später heiraten, aber Inge hatte schon zwei Abtreibungen hinter sich und der Arzt sagte ihr, daß sie nach einer dritten keine Kinder mehr haben könnte.

Den Entschluß, dieses Kind zu bekommen, hat Inge nicht bereut; eigentlich wollte sie schon jahrelang ein Kind haben, was vielleicht unbewußt zu unzulänglichen Verhütungsmaßnahmen führte. Selbst die bei jungen Müttern häufig beklagte Isolation und Eintönigkeit des Tagesablaufs ist für sie kein Problem; Inge verbringt ihre Tage mit gleichaltrigen, ebenfalls verheirateten Freundinnen und mit den Frauen ihrer Verwandtschaft, sie und ihre etwas ältere Schwester sind unzertrennlich. Gemeinsam beschäftigen sich die Frauen mit den Kindern, lesen alle aktuellen Bücher zu den Themen Pädagogik, Erziehung, aber auch weltpolitische Themen gehören zu ihrem Diskussionsstoff. Trotz des scheinbaren allseitigen Glücks ruft uns Inge eines Tages an und möchte mit uns reden; sie ist «in einer Krise» und «es kann mit ihrer Ehe so nicht weitergehen». Wir treffen sie im Park, und sie beginnt uns die Krise zu schildern, die anscheinend aus zwei Hauptproblempunkten besteht. Das erste Problem ist ihr Mann Bernd; er beschwert sich, daß in ihrer weiblichen Welt aus Kindern, Babies, Freundinnen, Mutter, Schwester, Tanten kein Platz für ihn ist. Und diese Einschätzung, meint Inge, ist auch völlig richtig. Sie hat das Gefühl, tatsächlich keine Verwendung für ihn zu haben; irgendwie ist er nur störend, man kann mit ihm nicht reden, er ist so «kindisch», er macht nur Arbeit, um ihre Aufmerksamkeit und Zuwendung zu bekommen, stellt er ständig Forderungen und nörgelt herum, das sind Verhaltensweisen, die Kinder ihren Müttern gegenüber anwenden, und sie hat mit einem Kind genug, ohne auch noch mit einem verheiratet zu sein.

«Er kommt nach Hause, ärgert sich, wenn meine Schwester noch da ist, alles soll verschwinden und das Feld räumen, wenn der große Herr eintrifft. Dann redet er mir dauernd mit dem Kind dazwischen, aber die Bücher will er nicht lesen; das geht doch nicht, daß die Eltern völlig entgegengesetzte Erziehungskonzepte haben. Was heißt Erziehungskonzept: Er sieht im David nur ein Spielzeug. Dann sagt er an, was er essen und nicht essen will und was er gebügelt haben will, und ich sag ihm, ich bin nicht seine Bedienstete und auch nicht seine Mutter, die ihn mit Hand und Fuß bedient hat, er soll sich endlich wie ein erwachsener Mensch benehmen.»

Das zweite Problem, neben der Tatsache, daß ihr Mann für sie nur mehr ein lästiger Störfaktor ist, ist eine diffuse Unzufriedenheit. Inge ist voll von Energie, Interessen, ziellosen Ambitionen. Sie liest mehr Bücher als der durchschnittliche Student und ist mit der Verwendbarkeit ihres Wissens in Privatunterhaltungen nicht zufrieden. Ihr Mann «hat überhaupt keine Interessen und keinen Antrieb», meint sie; «er ist mit seiner Stellung völlig zufrieden und wird es überhaupt nie weiterbringen, weil er gar nicht will».

Inge kann nicht genau sagen, was der Grund für ihre Unzufriedenheit ist. Sie ist nicht direkt unglücklich, aber sie spürt «eine ständige Unruhe». Sie weiß auch nicht, was sie will; alle paar Monate hat sie einen neuen Einfall, zum Beispiel Teilzeitarbeit. Dann geht sie einige Wochen als Verkäuferin, ist auch damit unzufrieden, hört wieder auf. Wieder als Erzieherin zu arbeiten will sie wegen dem Kind nicht; sie müßte ganztags einsetzbar sein und würde «seine ganze Entwicklung aus der Hand geben müssen». Sie weiß eigentlich nur, daß es «so nicht weitergehen kann. Ich bin 23, ich kann doch nicht wie ein Pensionist auf Parkbänken herumsitzen, bis mein Mann nach Hause kommt, ihn dann wie eine Mischung aus Kellnerin und Mutter bedienen, und zwischendurch Bücher lesen.»

Bernds Mutter: «Die Inge ist ein sehr liebes Mädchen. Ich mag sie, als ob sie meine eigene Tochter wäre. Vor ihrer Ehe haben wir uns schon sehr gut verstanden. Der Bernd wollte ein paarmal mit ihr Schluß machen, nicht weil er sie nicht mochte, sondern weil er sich zu gebunden fühlte und gesagt hat, dafür ist er zu jung. Da hat sie mich oft angerufen, geweint hat sie auch am Telefon. Wie sie schwanger war, hab ich ihr gesagt, so, jetzt heiratet er dich und Schluß. Sie wollte das Kind nämlich haben, und ein uneheliches Kind ist nichts Angenehmes, ich weiß das. Kein Sohn von mir, hab ich dem Bernd gesagt, wird eine Frau sitzenlassen, wie ich damals sitzengelassen worden bin. ‹Wieso halts ihr Weiber immer zam›, sagt er immer, ‹ich bin doch dein Sohn, halt amal zu mir.› Aber ich laß über die Inge nichts kommen. Sie paßt auf das Kind wirklich auf, sie hat zwar manchmal schon sehr komische Ideen aus den Büchern, aber mein Gott, so sind die jungen Leute. Das Kind ruft seine Eltern zum Beispiel beim Vornamen, das find ich schon komisch, aber bei ihren Freunden ist es auch so, die machen das jetzt so. Die Wohnung ist manchmal unaufgeräumt, aber das Kind ist wirklich immer rein und sauber angezogen, da kann man gar nichts sagen.

Der Bernd, der war halt wirklich zu jung, beide waren zu jung. Die Inge sagt, heute würde sie ihn nicht mehr heiraten, er ist ihr zu kindisch. Die Inge kommt halt aus einem guten Elternhaus, sie hat auch eine Ausbildung. Der Bernd hat halt nie was gelernt, der wollte nie in die Schule gehen. Neulich hat mich die Inge angerufen und hat mir erzählt, daß er ihr im Streit eine Ohrfeige gegeben hat. Er ist kein schlechter Mensch, er wird nur mit dieser Situation nicht fertig. Er war zu jung.»

Bernd: «Ich komme mit der Inge nicht zurecht; ich weiß gar nicht, was sie überhaupt von mir erwartet. Wenn ich mit ihr wohingehen will, interessiert es sie nicht. Wenn ich allein weggeh, ist sie beleidigt und sagt, sie muß sowieso den ganzen Tag zu Hause sein, und sie ist zu jung, um immer herumzuhocken. Sie sagt, ich soll doch aufhören, Lieferwagen zu fahren, wenn mich das nicht interessiert, es bringt mich ja doch nicht weiter, und soll mich weiterentwickeln. Ich soll das machen, was mir zusagt. Also, ich würde ja gerne Elektriker werden, aber dann sagt sie wieder, das ist nur ein kindischer Einfall von mir, weil ich gern Radios zerlege. Letzte Woche bin ich wie immer nach Hause gekommen, und es gab nichts zu essen. Sie und der Kleine hatten am Nachmittag bei ihrer Mutter gegessen und sie hatten keinen Hunger, also hat sie nichts eingekauft. Wir haben fürchterlich gestritten. Ich finde, das ist wirklich keine übertriebene Erwartung, daß wenigstens etwas zum Essen im Haus ist. Sie hat angefangen zu schreien, und ich habe auch geschrien, und das Ganze hat sich gesteigert, da ist mir dann die Hand ausgerutscht. Da war alles aus. Totenstille. Die Inge läuft zum Telefon und ruft sofort meine Mutter an; die zwei halten sowieso immer zusammen. Ich bin gleich weggegangen und erst am nächsten Tag wiedergekommen, weil ich mir gedacht hab: Jetzt kann's nur noch schlimmer werden. Jetzt ist die ganze Verwandtschaft in Aufruhr. Ich hätt's auch nicht machen sollen, das weiß ich. Jetzt weiß ich nicht, wie's weitergehen soll; ich weiß nicht, was die Inge von mir erwartet. Sie will nicht arbeiten gehen, sie will nicht zu Hause bleiben, sie will nicht nichts tun. Die Inge ist zu gescheit, das ist das Problem. Wenn sie nicht so gescheit wäre, wäre sie bestimmt glücklicher.

Kapitel XV

Wann haben Sie zuletzt Gewalt ausgeübt oder erfahren? Eine Anfrage

---

Im April 1978 fand in Salzburg ein Seminar zum Thema «Gewalt in der Ehe» statt, an dem Psychologiestudenten, Psychologen und Sozialarbeiter teilnahmen ⁕ Diese Teilnehmer beantworteten zwei Fragen, in denen es um ihre eigene Einstellung und ihre eigenen Erfahrungen in diesem Bereich ging ⁕ Kurze Darstellung der Ergebnisse dieser Umfrage ⁕ Der Leser erinnert sich, daß die Autorinnen eingangs scharf gegen die Methode des Fragebogens wetterten ⁕ Er erkennt hier einen Widerspruch in der sonst so konsequenten moralischen Haltung seiner Autorinnen und ist erfüllt von mißbilligendem Staunen ⁕ Die Autorinnen erklären hierzu, daß es selbstverständlich etwas ganz anderes ist, wenn sie selbst eine Umfrage machen ⁕ Vor allem, da es sich um offene, beliebig deut- und umgehbare Fragen handelte ⁕ Und daß ferner die Umfrage in diesem Fall fast nur Wissenschaftler traf ⁕ Nämlich Psychologen und diverse Sozialwissenschaftler ⁕ Und denen ist es ja durchaus zu gönnen, wenn sie einmal am ausfüllenden Ende eines Fragebogens sitzen und sich offenbaren ⁕ Um die Gerechtigkeit des Vorhabens noch mehr zu steigern, beantworten auch die Autorinnen persönlich die Umfrage ⁕ Die gesammelten Antworten zeigen die Verschwommenheit und Alltäglichkeit der Mischung von Sexualität und Gewalt ⁕ Auch die Tendenz, diese Alltäglichkeit alltäglich zu verdrängen, kommt deutlich zum Ausdruck ⁕ Kann es sein, daß Sozialwissenschaftler eine überdurchschnittliche Begabung hierfür haben? ⁕ Diese Frage drängt sich auf, nachdem ihre Vorliebe für Beschäftigungen mit der Gewalttätigkeit auf anderen Kontinenten bzw. in höheren Regionen der Abstraktion erkannt und dem breiteren Leserkreis zu Betrachtung vorgeführt wird ⁕ Dieser kurze Seitenhieb gegen unsere Fachkollegen soll aber nicht davon ablenken, daß es eigentlich um uns alle geht ⁕ Und wann haben Sie das letzte Mal Gewalt erfahren bzw. ausgeübt?

Im April 1978 fand in Salzburg ein Seminar zum Thema «Gewalt in der Ehe» statt, in dem wir unsere Projektergebnisse zur Diskussion stellten. Die 50 Teilnehmer dieses Seminars waren in erster Linie Studenten/-innen der Psychologie und Sozialarbeiter/-innen. Wir baten sie, zu Beginn des Seminars auf einem Blatt Papier zwei Fragen zu beantworten:
– Wann haben Sie zuletzt Gewalt erfahren/ausgeübt? Was empfanden Sie dabei?

– Was assoziieren Sie mit dem Ausdruck «Gewalt in der Ehe»?

Bei den Resultaten dieser Fragen handelt es sich abermals nicht um etwas, das man als «Ergebnisse einer Umfrage» präsentieren kann; das «befragte» Publikum war kein zufällig zusammengesetztes, sondern bestand aus Personen, die freiwillig zu einem Seminar mit dem Thema «Gewalt in der Ehe» gekommen waren und sogar noch Eintrittsgeld gezahlt hatten, so daß man annehmen kann, daß sie ein persönliches und/oder berufliches Interesse daran hatten. Die Mischung aus persönlicher Betroffenheit und professionellem oder theoretischem Interesse wurde in den Antworten deutlich.

Fast alle Teilnehmer beantworteten die zweite Frage zuerst; abstrakt und allgemein wurde sie in beinahe gleichlautendem Text behandelt. Gewalt in der Ehe wurde umschrieben mit: finanzieller Abhängigkeit der Frau, Ungleichwertigkeit männlicher und weiblicher Berufstätigkeit, Einschränkung der Bewegungsfreiheit und Verstärkung der Abhängigkeit der Frau durch Kinder, Durchsetzung männlicher Interessen durch Drohungen und physische Gewalt, Vergewaltigung in der Ehe. Diese letzte Problematik, die das vielleicht am erfolgreichsten tabuisierte Phänomen ehelicher Beziehungen darstellt, wurde von beinahe allen Teilnehmern angeführt: Es wurde oft in Anführungszeichen gesetzt, umschrieben. «Zwang zur Teilnahme an unbefriedigenden sexuellen Kontakten» stand als getrenntes Problem zusätzlich im Raum. Die Männer führten unter «Gewalt» auch an: Trennungsdrohungen durch die Partnerin, Erpressung durch Drohung eines Nervenzusammenbruchs, Verweigerung einer emotionalen Beteiligung am Geschlechtsverkehr.

Erfahrene Gewalt

Unter diesem Stichwort führten die Teilnehmer ganze Kataloge an, die sich später für uns zu einer Liste monoton aufgezählter Fragmente der Einschränkung, sinnlosen Aggressivität, zufälligen und dennoch allgegenwärtigen Bedrohung zusammenfügten: im Westen nichts Neues. Ohne Empörung notierten die anwesenden Frauen für uns die letzten oder die massivsten Beispiele von Gewalttätigkeiten, die sie nicht herausgefordert hatten und die sie dennoch trafen, weil unglückliche Konstellationen von Biographie oder Alltag sie in bestimmte Situationen versetzt hatten. Oft fügten sie Begleitumstände hinzu, die ihrer Ansicht nach den Grad der Zufälligkeit verminderten und eigenes Fehlverhalten beinhalteten: Sie waren durch einen falschen Bezirk gegangen und daher überfallen worden, sie waren allein spazierengegangen, sie waren allein auf Urlaub gefahren, sie hatten mit einem alkoholisierten Freund gestritten. Ihre Erklärungen und Erörterungen setzten einen Rahmen von Regeln,

Wahrscheinlichkeiten und bekannten Risiken voraus; ihre Sätze mußten nicht ausgeführt werden. Wer nach der verhängten Ausgangssperre von Patrouillen der Besatzungsmacht erwischt wird, hat es sich zumindest teilweise selbst zuzuschreiben. Die Möglichkeit von Gewalt in ihren vielen Schattierungen und Abstufungen verschwimmt im Bewußtsein der Frauen; zur erfahrenen Gewalt schrieb eine Studentin:

«Auf der Straße, immer im täglichen Leben, es ist schwer, ein ‹letztes Mal› zu artikulieren. Ich habe auch eine Vergewaltigung hinter mir (allerdings auf einer Reise allein in einem südlichen Land) und einige versuchte.»

Die Gewalt ist latent, kaum faßbar, nur schwach wahrnehmbar; einzelne Episoden ragen hervor und prägen sich ein, können aber gerade wegen ihres Extremcharakters nicht eingeordnet werden: Wurde man vergewaltigt, weil bestimmte (Miß-)Verhältnisse zwischen den Geschlechtern bestehen, oder weil man in einem südlichen Land allein reiste, oder beides, und was ergibt sich daraus? Am Abend sitzen die Teilnehmer des Seminars beisammen und diskutieren weiter. Ein anwesender Historiker lehnt sich beim Thema Vergewaltigung im Sessel zurück und erklärt in einem definitiven Ton, der keine Widerreden zuläßt, daß Vergewaltigung die Folge «sexuellen Hungers» sei. Der Gedanke an die Tausenden von Seiten, die er gelesen, die vielen Kulturkreise und Zeitalter, die er untersucht hat, die vielen Belege, mit denen er jeden Widerspruch niederprügeln wird, läßt die Anwesenden verstummen. In Gegenüberstellung mit den Berichten der Teilnehmer, mit den knapp angeführten Überfällen, Anpöbelungen, Bedrohungen, versuchten und vollbrachten Vergewaltigungen, verliert seine Aussage ohnehin den Zusammenhang.

Die Gewaltformen, die von den Teilnehmerinnen angeführt werden, sind sehr vielfältig und wiederholen sich doch oft. «Zwang, die Pille zu nehmen», führt eine Frau an, «weil er andere Formen der Verhütung nicht mag.»

«Vergewaltigung durch Erpressung seitens Arzt, der Schwangerschaftsunterbrechung durchführte.»

Als «erfahrene Gewalt» führten Frauen auch miterlebte Gewalt gegen andere an; in Situationen, in der sie sich mit anderen Frauen verbunden fühlten oder in denen es «abstrakt» um «Frauen» ging. Einige Teilnehmerinnen schilderten Szenen des Alltags:

«In Spanien stieg nachts eine Familie (Frau, Mann, Kleinkind und Schulmädchen) in den Zug. Sie saßen neun Stunden im Abteil. Der Mann saß dick und fett auf seinem Platz, rauchte eine Zigarette nach der anderen. Die Frau hingegen plagte sich während der ganzen Fahrt allein mit den Kindern ab.»

Bei einer Kernkraftdemonstration versuchten die Demonstranten, Wiener Studenten, mit den Bewohnern der Ortschaft Zwentendorf ins

Gespräch zu kommen. Fünf Studenten standen an einem Zaun, hinter dem Zaun ein Ehepaar. Die Studenten unterhielten sich ausschließlich mit dem Mann, die Frau stand schüchtern daneben und hörte zu. Schließlich überreichte einer der Studenten dem Mann eine leere Coca-Cola-Flasche und bat ihn um Wasser; es war ein sehr heißer Sommertag. Der Mann nahm die Flasche, gab sie wortlos der Frau, die Frau ging ins Haus, brachte die volle Flasche dem Mann, der Mann gab die lächelnd dem Studenten, der Student bedankte sich höflich beim Mann, die Unterhaltung setzte sich angeregt fort.»

Auch die Darstellung von Frauen im Kino wurde subjektiv als gewalttätig empfunden:

«Film: ‹*Auf der Suche nach Mr. Goodbar*›. Die Frau erfährt dauernd Gewalt von Männern, aber sie läßt es sich scheinbar gerne (und mit Lustgewinn) gefallen. Es hat mich dermaßen aufgeregt, daß ich mir das Ende des Films nicht mehr ansehen konnte. Ich war wütend auf die Männer, die den Film gemacht haben und die ein Thema auf diese verfälschte Weise darstellen.»

Über ein Drittel der anwesenden Frauen hatte unmittelbare physische Gewalt erlebt; Schläge eines Freundes oder Ehemannes, Vergewaltigung in oder außerhalb einer Beziehung.

«Schläge durch den Partner auf Grund verweigerten Geschlechtsverkehrs.»

«Vor drei Jahren hat mich mein Freund vor einer Freundin ins Gesicht geschlagen. Für mich war das das Ende der Beziehung, ich habe sie abgebrochen.»

«Mein Mann hat mich einige Male bei Wutanfällen geschlagen, zuletzt vor einem Jahr.»

«Herabwürdigungen, Forderung des Partners, werde dünner, du bist mir zu dick, so kann ich nicht mit dir schlafen.»

Die Alltäglichkeit von Bedrohung, Belästigung zog sich konstant durch die Berichte; Gewalttätigkeiten auf der Straße, Bosheiten und sexuelle Aggressionen von Kollegen wurden als Gefährdung und Demütigung wahrgenommen.

«Stehenbleibende Autos und anpöbelnde Männer, wenn ich abends nach der Arbeit nach Hause gehe.»

«Täglich Anpöbelungen auf der Straße. Spöttisches Grinsen von Uni-Assistenten, wenn ich um ein Dissertationsthema im ‹Frauenbereich› ansuche.»

«Dumme Witze der Kollegen, als sie von meiner Teilnahme an diesem Seminar erfuhren.»

«Ich wäre vor einiger Zeit beinahe selbst das Opfer einer Vergewaltigung geworden (auf einem Spaziergang) und bin dabei nur mit Aufbietung aller Kräfte und mit Verletzungen entkommen.»

«Als ich hierherging zum Seminar, haben mir zwei Männer nachgepfiffen und blöde Worte zu mir gesprochen. Ich habe in meiner Manteltasche die Fäuste geballt.»

«Auf der Straße. Ein Mann pöbelt mich an, weil ich ein Telefonbuch auf den Gehsteig gelegt habe. Er will, daß ich ihm gehorche, und sofort das Buch wieder aufhebe. Beschimpft mich wüst, ich gebe kontra, er meint dazu, ‹brauchst net glaubn, daß i da net ane schmier, obwohlst a Weibsbild bist›. Ich gehe in Deckung, pöble zurück, allerdings trete ich jetzt den Rückzug an (er ist ein zwei Meter hoher, muskulöser Typ).»

«Gewalt erlebe ich in meinem Beruf – leitende Position als Frau in einem Männerbetrieb. Wünsche und Vorstellungen gelten als ‹unverschämt›. Werde als Außenseiter behandelt, ‹Männerwitze› in meiner Anwesenheit, Andeutungen.»

Keiner der anwesenden Männer konnte sich daran erinnern, unmittelbare Gewalt erlebt zu haben. Einige führten an, als Kinder geschlagen worden zu sein. Davon abgesehen führten sie lediglich abstrakte Sätze auf Makroebenen an: «Autorität in der Gesellschaft»; «Umweltverschmutzung»; «Technokratie». Die Männer verwiesen unter «Gewalt erfahren» auf «unterdrückte Minderheiten», «alltägliche Intoleranz» und «Fortschrittsideologie»; einige sprachen ihre Schwierigkeiten, diese Frage anders als generalisierend-formelhaft zu beantworten, aus: «Es wollen sich keine Erinnerungen einstellen.» Etwas eloquenter waren die Männer dagegen bei der Frage: «Wann haben Sie zuletzt Gewalt ausgeübt?» Sie erinnerten sich daran, bei einem Streit mit der Frau einen «Sessel ins Eck geschleudert» zu haben, und merkten in Klammern dazu an («Probleme, Aggression in der Partnerschaft adäquat zu kanalisieren»).

Ein anderer Mann beschrieb als «zuletzt ausgeübte Gewalt»: «Indem ich versuchte, andere von partnerschaftlichen und mitmenschlichen Lösungen für Konfliktpunkte ‹gewaltsam› zu überzeugen.»

Die Teilnehmer gaben an, Hunde geschlagen und Kinder angeschrien zu haben; die Formen und das Ausmaß der Gewaltausübung schien bei beiden anwesenden Geschlechtern ähnlich zu sein. Demgegenüber steht die deutliche Unterschiedlichkeit, mit der erlebte Gewalt registriert und wahrgenommen wird. Die Frauen empfanden die Gewalttätigkeit und Bedrohung als häufig latenten, immer aber potentiell vorhandenen Bestandteil ihrer gesellschaftlichen Situation als Frauen; die Männer waren eher in der Lage, ihre eigene Gewalttätigkeit (Aktivität und Gewalt als Bestandteile von Männlichkeit) wahrzunehmen und zu reflektieren.

Wien, Mai 1978
In einer Lehrveranstaltung zur Einführung in die Politikwissenschaft steht die Diskussion von Zugangsmöglichkeiten und Durchführung von Forschungsprojekten auf dem Programm. Wir wollen von unseren Erfahrungen an Hand der «Gewalt-Studie» berichten und bitten die Stu-

denten zu Beginn der Seminarstunde, die beiden Fragen zu beantworten (wann sie zuletzt Gewalt erfahren bzw. ausgeübt hätten und nach ihren Assoziationen mit dem Begriff Gewalt in der Ehe).

Verlegenheit ist das geeignetste Wort, mit dem man die Atmosphäre im Hörsaal beschreiben kann. Nach einer langen Anlaufzeit, die mit Gelächter, Gesprächen mit Sitznachbarn und demonstrativem Weglegen des Schreibzeugs gefüllt wird, beginnt ein großer Teil der rund fünfzig Teilnehmer, in der Mehrzahl männliche Studenten, zu schreiben. Viele halten das angegebene Limit von 15 Minuten nicht ein, sondern grübeln noch bis zum Ende der Veranstaltung vor einem – meist bis zum Schluß leeren Blatt Papier.

Die Auswertung zeigt, daß die Teilnehmer Qualen gelitten haben müssen. Die Frage nach der zuletzt erfahrenen bzw. ausgeübten Gewalt wurde meist in zwei bis drei Sätzen beantwortet, in der Mehrzahl der Fälle reichte das Gedächtnis bis zurück in die Kindheit, es wurde von ohrfeigenden Müttern oder unerbittlich Hausarrest verhängenden Vätern berichtet. Zu den typischen Äußerungen gehört folgende Beteuerung: «Ich habe in den letzten zehn Jahren meines Lebens gegen niemanden Gewalt ausgeübt in Form von körperlicher Aggression (Züchtigung) und auch von niemandem erfahren. Alle Erinnerungen diesbezüglich beschränken sich auf die ersten zehn Lebensjahre.»

Häufig wurde von der unmittelbar persönlichen Betroffenheit direkt auf die allgemeine Weltlage übergegangen:

«Als Pazifist versuche ich möglichst gewaltfrei zu leben, was jedoch im geistigen Bereich sehr schwierig ist. Wann spricht man von psychischer Gewalt? Als Europäer bin ich an der Ausübung der strukturellen Gewalt beteiligt, vor allem gegenüber den Menschen in der Dritten Welt.»

Das Bewußtsein über vorhandene Gewaltstrukturen führt zu eher diffusen, belastenden, aber notwendigerweise konsequenzlosen Schuldgefühlen. Der Problemkatalog der Studenten setzte sich aus sehr verschiedenen Elementen zusammen, wobei Vorkommnisse in der Rüstungsindustrie wesentlich leichter artikulierbar waren als persönliche Erfahrungen und Empfindungen, von denen es zum Beispiel hieß, «Gewalt erfahre ich oft durch Ausübung von psychischem Druck, durch die Blockierung von Entscheidungsmöglichkeiten».

Konkreter hingegen war die Stellungnahme eines Studenten, der erklärte:

«Ich bin noch nicht verheiratet. Nur muß ich sagen, daß in jeder Ehe einer Gewalt üben muß. Wenn beide gleichgewichtig Macht übereinander auszuüben versuchen, dann hat das für die Ehe negative Konsequenzen.»

Diskussionen über Gewalt nehmen, wie wir bei vielen Tagungen, Seminaren und Privatgesprächen feststellen konnten, einen ähnlichen Verlauf. Die Frauen schildern, entrüstet oder theoretisierend, die Formen von Gewalt gegen ihr Geschlecht; die Männer weisen darauf hin, daß (hier gibt es viele Variationsmöglichkeiten, je nach Alter, Ideologie, Ausbildung etc. der Gruppe) Männer auch/und noch viel mehr/Opfer von Gewalt sind; die meisten Beispiele der Frauen trivial und unbedeutend und zum Großteil auf weibliches Paranoia zurückzuführen sind; die wirklichen Ursachen für die Gewalt gegen Frauen woanders liegen und daher auch woanders bekämpft werden müssen. Haltung der Männer: distanzierte Gelassenheit. Feindseligkeit, wenn diese kritisiert wird.

Mit der Zeit kommt einem die «gesellschaftliche Stellung der Frau» vor wie der Mord in einem klassischen Krimi. Man kann feststellen: es war Gift, oder sie wurde erdrosselt oder erstochen (es war: der Kapitalismus, die Arbeitsteilung, das Privateigentum) – aber von wem? Wo immer auch das Thema zur Sprache kommt: keiner der anwesenden Männer hat jemals / könnte überhaupt eine Frau vergewaltigen, bedrohen, schlagen, auf der Straße anpöbeln; jeder der anwesenden Männer findet es kurzschlüssig / unpolitisch / typisch feministisch-paranoid, daß man überhaupt von «den Männern» spricht, und trotzdem werden Frauen vergewaltigt / geschlagen / bedroht (von Männern) und irgend jemand muß es ja gewesen sein. Man kann verreisen/auswandern/sich unauffällig benehmen, und doch geht es einem überall ähnlich, auf anderen Kontinenten wird man ebenfalls angepöbelt und angefaßt, die Frauen werden ebenfalls vergewaltigt/geschlagen (von Männern). Wer ist dafür verantwortlich (keiner war's). Oft eilen wir mit empörenden Zwischenfällen, schrecklichen Nachrichten, heftigen Beschwerden zu unseren Männern / Kollegen / Bekannten und erwarten von ihnen Erklärungen; sie sollen eine Stellungnahme abgeben. Dieses lehnen sie ab, sie sind dafür nicht zuständig, sie wissen zu wenig über den tatsächlichen Ablauf, sie haben damit überhaupt nichts zu tun, fühlen sich in keiner Weise angesprochen/betroffen. Sie tun so etwas nie; würden sich nie so verhalten; sie sind nicht verantwortlich.

An der Universität sind wir als «Frauenrechtlerinnen» bekannt. Fällt an den Instituten oder in den Lehrveranstaltungen eine frauenfeindliche Äußerung, blicken der ganze Saal und auch unsere Kollegen erwartungsvoll auf uns: hierfür sind wir zuständig. (Die Studenten lächeln erfreut, jetzt wird's lustig, jetzt regen sich die wieder auf.) Diese Form der Arbeitsteilung für Gesellschaftskritik finden wir befremdend, die Männer sind alle gegen Vorurteile und gegen Gewalt und gegen Unterdrükkung der Frau, aber nicht in der Öffentlichkeit; in der Öffentlichkeit sind sie gegen den Antisemitismus und gegen Militärdiktaturen und gegen Verallgemeinerungen über Männer seitens der Feministinnen. In den Wohnzimmern sind sie auch gegen Gewalt gegen Frauen und für die Frauenbewegung («zumindest für einige der Ziele»), aber sie reden nicht besonders gern über das Thema.

«Wann haben Sie zuletzt Gewalt erfahren?
Was empfanden Sie dabei?»

Die Österreichische Gesellschaft für Soziologie und die Österreichische Gesellschaft für Politikwissenschaft veranstalten 1978 gemeinsam eine Jahrestagung über «Frauenprobleme». Es gibt Arbeitskreise zu den Themen «Arbeitsbereich», «Medizin und Psychiatrie», «Familie und Beziehungen», «Medien», «Sozialisation». Anwesend sind: Politikerinnen, Sozialwissenschaftler, eine Männergruppe, eine Lesbengruppe, Frauen aus der Frauenbewegung, Frauen, die für Zeitungen und für das Fernsehen arbeiten. Diese Gruppen betrachten sich gegenseitig mit Mißtrauen und Neugier; viele der Beteiligten kennen sich und sind Verbündete / langjährige Feinde / lockere Bekannte.

Die Tagung findet im Gewerkschaftshaus Lindabrunn statt; Lindabrunn ist eine kleinere Ortschaft, eine Autostunde von Wien entfernt. Das Gewerkschaftshaus besteht aus einem «Erholungszentrum». Das Zentrum ist fünfzehn Gehminuten von der Ortschaft entfernt auf einem Hügel. Die Atmosphäre im Speisesaal, in dem sich alle Anwesenden dreimal täglich versammeln müssen, ist gespannt und schwierig. Die Tagungsteilnehmer unterscheiden sich in krasser Weise von den anderen Besuchern des Zentrums; vielen der linken Politologen und Soziologen bietet sich hier erstmals die Gelegenheit, einen lebenden Proletarier zu betrachten, die meisten ziehen es jedoch vor, unter sich zu bleiben, den Blick diskret auf die Salatschüssel zu fixieren und sich über den Staatsstreich in Afghanistan zu unterhalten. Verstohlen aus dem Augenwinkel blicken sie gelegentlich auch auf die Lesbengruppe, der innere Kampf zwischen Gesinnung und Meinung geht zugunsten eines toleranten Lächelns aus, hinterläßt aber Spuren.

In bereits zu Tradition gewordener Weise schreitet am ersten Abend eine Gruppe von Tagungsteilnehmern den Abhang hinunter zum Dorf, um dort in einem Lokal einzukehren. Die achtzehn Sozialwissenschaftler verteilen sich in einem Gasthaus auf drei Tische, vier der Frauen setzen sich zusammen und unterhalten sich über verschiedenes. Ihr Gespräch wird durch eine Gruppe von zehn ortsansässigen jugendlichen Rockern unterbrochen, die sich mit ihnen unterhalten wollen, dieses Angebot wird von den Frauen abgelehnt. Die vier Frauen beachten die Jugendlichen nicht weiter, hingegen interessieren sich die Jugendlichen ganz besonders für die vier Frauen. Eine der Frauen hat den Arm um die andere gelegt, so wie es gelegentlich bei Fußballspielern und sehr oft bei befreundeten Frauen beobachtet werden kann, sie verhalten sich keineswegs sozial auffällig; dieser Punkt muß erwähnt werden, da er später von Bedeutung sein wird. Um Viertel vor zehn beschließen die vier Frauen, ins Gewerkschaftshaus zurückzukehren, sie verabschieden sich von ihren Kollegen an den anderen Tischen und gehen die Landstraße hinauf, an der Kirche vorbei durch die Ortschaft und schließlich in Richtung Erholungszentrum. Plötzlich sehen sie Scheinwerfer, und die zehn Jugendlichen kommen auf acht Motorrädern auf sie losgefahren. Die Frauen finden das zunächst lästig und albern, dann aber fahren die Motorräder immer näher an sie heran und drücken sie gegen die Betonmauer. Sie fahren immer ein Stück voran, kehren dann um, strahlen die vier Frauen mit ihren Scheinwerfern an und fahren schließlich auf sie zu, sie steigern sich hinein und fahren schließlich so knapp an den Frauen vorbei, daß sie ihre Beine berühren, die Frauen müssen sich gegen die Mauer drücken. Allmählich bekommen die Frauen Angst, es ist ganz finster, die Bedrohung wird ihnen bewußt. Sie laufen über ein Feld zu einem dunklen Haus, die Männer fahren zwischen sie, versperren ihnen den Weg, fangen sie ein. Schließlich erreichen zwei Frauen das Haus, sie trommeln auf die Fensterscheiben und rufen «Polizei», sie hoffen, daß die Bewohner zu Hause sind und wach werden. Die Jugendlichen haben diese Reaktion nicht erwartet. Als die Frauen nach der Polizei rufen, fahren sie davon. Ein Mann öffnet das Fenster des Hauses, die Frauen schildern ihm die Situation und bitten ihn, die Polizei zu rufen, weil sie noch zehn Minuten gehen müssen zum Gewerkschaftshaus, über leere Felder und einen Hügel hinauf, und Angst haben, daß die Männer wiederkommen. Eine Frau schaut hinter dem Mann hervor und sagt nervös: «Wir können Ihnen auch nicht helfen, wir können Ihnen nicht helfen.» Der Mann steht in einem Unterhemd da und beginnt die Frauen zu beschimpfen, er schreit sie an und sagt: «Bleibts z'Haus, was wollts ihr da heraußen.» Die Frauen sind so verblüfft, daß sie umständlich ihre Situation wiederholen (wir sind bei einer Tagung im Gewerkschaftsheim, wir sind noch in ein Gasthaus gegangen . . .), aber der Mann wird immer aggressiver, er schließt jedoch nicht das Fenster. Schließlich geben die Frauen auf, sie gehen weg und laufen den restlichen Weg, zwischendurch bleiben sie stehen, sie weinen auch ein bißchen aus Wut und Verwirrung, die Absurdität einer Tagung über «Frauenfragen» wird ihnen bewußt. Im Bungalow liegen ihre vervielfältigten Referate, darin steht, daß Frauen im Alltag von Gewalt bedroht sind; die Frauen möchten diese Referate einpacken und nach Hause fahren.

Am nächsten Morgen ist die Eröffnung der Tagung. Elfi, eine der vier Frauen, steht auf und schildert den «Zwischenfall». Sie ist nervös, sie erzählt trocken, weil das ihre Art ist zu erzählen. Sie sagt: «Vier Frauen sitzen abends in einem Gasthaus und unterhalten sich miteinander. Jugendliche am Nebentisch beschäftigen sich mit ihnen. Die Frauen stehen auf, um nach Hause zu gehen. Ein paar Minuten später stehen die Jugendlichen auf, gehen geschlossen hinaus, starten ihre Motorräder. Kann sich jemand vorstellen, eine solche Szene irgendwann einmal erlebt zu haben? Vielleicht gestern abend?»

Später sagen einige Kollegen: «Wir konnten uns mit der Schilderung nicht identifizieren, weil das so zynisch erzählt wurde.»

Andere Kollegen meinen: «Im Dorf ist das so, das müßt ihr doch selbst wissen, da gehen Frauen eben abends nicht allein herum.»

«Uns ist schon aufgefallen, daß die nachgehen, aber wir dachten, Ihr Frauen könnt damit schon fertig werden.»

«Das wäre doch patriarchalisch, wenn wir da als große Beschützer auftreten würden.»

«Am Land sind die Leute noch nicht so weit wie in der Stadt.»

«Es ist doch eh nichts passiert.»

«Na und, habt's Ihr das noch nicht gewußt, daß es für Frauen nicht ungefährlich ist, nachts allein wegzugehen?»

«Und wenn in Eurer Anwesenheit Männer überfallen oder bedroht würden, würdet Ihr dann intervenieren?»

Kapitel XVI

An Stelle von Perspektiven

Die Vorstellung, daß Männer aktiv und dynamisch, Frauen passiv und heilend / bewahrend / helfend sind, gehört nach wir vor zu den Stereotypen der Geschlechter * Die Arbeitsteilung kreativ / schöpferisch / gewaltsam und aufopfernd / sanft / fleißig erscheint nicht unproblematisch * Auch die Selbstgefälligkeit, mit der Männer sich historisch als Zerstörer beschrieben haben, gibt zu denken * Dieses Denken soll nun in einer kurzen Pause von einem Gedicht, das Sie sicherlich schon kennen, begleitet werden:

«Feindlich ist des Mannes Streben
Mit zermalmender Gewalt
Geht der wilde durch das Leben
Ohne Rast und Aufenthalt.
Was er schuf, zerstört er wieder,
Nimmer ruht der Wünsche Streit,
Nimmer, wie das Haupt der Hyder
Ewig fällt und sich erneut.

Aber, zufrieden mit stillerem Ruhme,
Brechen die Frauen des Augenblicks Blume
Nähren sie sorgsam mit liebendem Fleiß,
Freier in ihrem gebundenen Wirken,
Reicher als er in des Wissens Bezirken
Und in der Dichtung unendlichem Kreis.

Streng und stolz, sich selbst genügend,
Kennt des Mannes kalte Brust,
Herzlich an ein Herz sich schmiegend,
Nicht der Liebe Götterlust,
Kennet nicht den Tausch der Seelen,
Nicht in Tränen schmilzt er hin,
Selbst des Lebens Kämpfe stählen
Härter seinen harten Sinn.

Aber, wie leise vom Zephyr erschüttert
Schnell die äolische Harfe erzittert,
Also die fühlende Seele der Frau.

Zärtlich geängstigt vom Bilde der Qualen,
Wallet der liebende Busen, es strahlen,
Perlend die Augen vom himmlischen Tau . . .

(Schiller)

Und nun zurück zu den Überlegungen ❋ Also mittlerweile gibt es zwar kaum mehr Hyderhäupter ❋ Und in der äolischen Harfe konnten wir uns nicht wiedererkennen ❋ Nur den harten Mann und die sanfte, aufopfernde Frau gibt es noch ❋ Aber sagen Sie, möchten Sie gern mit zermalmender Gewalt zusammen leben? ❋ Einige Gedanken dazu

---

Nun sind wir an dem Punkt angelangt, wo der Autor alles wiedergutmachen muß, was er im Laufe des Buchs demoliert hat; die kritisierten Thesen müssen durch neue ersetzt, aus den Ruinen und Schotterhaufen zertrümmerter Theorien und Gesellschaftsformen müssen die zarten Knospen nachrevolutionärer Welten sprießen, den militarisierten und aktionswilligen Lesern, die im Laufe der Lektüre zur vollen Kampfbereitschaft gelangt sind, muß der Weg zum Kriegsschauplatz gewiesen werden. Jetzt wäre der geeignete Zeitpunkt aufzurufen! Solidarität! Gleichheit der Geschlechter! Mehr Kindergartenplätze! Kampf dem sittlichen Verfall! Abschaffung der Ehe!

Die Verpflichtung, abschließend ein Konzept vorzutragen, lastete schwer auf uns. Immer häufiger trafen Mahnungen ein: «Kritisiert habt ihr ja wohl schon genug. Wo bleiben die Lösungen?» Der soziale Druck kumulierte, ständig kamen die Anfragen: liegen die alternativen Lebensformen schon vor? Können wir endlich mit der Umgestaltung der Gesellschaft beginnen? Wir lächelten zuversichtlich in die Gegend und wurden immer verzweifelter. Wohngemeinschaften statt Zweierbeziehungen – Eingliederung in den Kampf der Arbeiterklasse – verstärkte Integration der Frauen in den Lohnarbeitsprozeß – Gruppentherapie – diese Folgerungen ließen sich alle erstens nicht stringent und zwingend aus unseren Überlegungen ableiten, zweitens schien uns ein Aufruf dazu keine allzu großen Erfolgschancen zu haben. Unsere eigenen Lebensweisen ließen sich selbst bei großer Phantasiebegabung und verzerrender Darstellung nicht als dringende Modelle der Allgemeinheit anpreisen. Kurz: wir schafften den Sprung von Problemschilderung bis Lösungserkenntnis, von Unbehagen bis Massenbewegung, nicht.

Hieraus ergab sich für die Autorinnen ein Dilemma von größter Konsequenz.

In einem Krimi muß im letzten Kapitel der Täter entlarvt werden. Der Leser muß sich errötend fragen, warum er selbst nicht draufgekommen ist. In einem sozialkritischen Text muß der Knotenpunkt der Unterdrückung klar herausgeschält werden. Die verschlungenen Machenschaften und Herrschaftsmechanismen, die Abhängigkeiten und Ausbeutungen, die Entfremdungen und Ideologien müssen allesamt aufgespürt, transparent gemacht, auf ihren Ursprungspunkt zurückgeführt werden. Das Zentrum muß bloßgestellt, seine Tilgung vorbereitet werden. Der Leser, beschämt durch sein falsches/mangelndes Bewußtsein, muß entschlossen zum Kampf schreiten.

Wir saßen vor unserem Notizblock und mußten uns eingestehen: hier hatten wir restlos versagt.

Was wir als Beitrag zu einer Prognose leisten können, ist bestenfalls eine Zusammenstellung unserer Informationen zum Thema Ehe. Uns scheint es, daß:

Leute heiraten: Aus Angst vor Einsamkeit; aus Langeweile; um wenigstens einen Verbündeten zu haben; um hineinzupassen; um Ruhe zu haben; um von den Eltern wegzukommen; um ernst genommen zu werden; um mehr Geld zu haben; um den / die andere nicht an eine/einen andere(n) zu verlieren; weil man irgendwann muß; weil man vielleicht niemand besseren kennenlernt.

Sie bleiben zusammen: wegen der Kinder; wegen der Nachbarn; wegen der Verwandten; wegen der Wohnung; weil es zu riskant ist, jemand neuen zu suchen; weil er/sie sich vielleicht noch ändern wird; wegen dem Geld; aus Angst vor dem Alleinsein; aus Faulheit; weil es sowieso egal ist; weil nichts Besseres nachkommt.

Sie streiten, weil: diese eine Frage vielleicht trivial ist, ein Nachgeben aber beweist, daß der/die andere einen nicht liebt/nicht mehr liebt/nie geliebt hat; man sich nicht durchsetzen kann und immer übervorteilt werden wird; die Freunde und Bekannten glauben werden, daß man ein Waschlappen ist; Frauen sich nicht so zu verhalten haben; Männer sich immer so zu verhalten haben; es sich nicht gehört, daß diese Entscheidung getroffen wird; die Entscheidung an sich zwar vielleicht einleuchtend und richtig ist, aber zuerst von einem selbst vorgeschlagen hätte werden müssen und nicht von dem/der anderen.

Die Ehe ist wichtig, weil: was wäre sonst der Sinn: man arbeitet den ganzen Tag und kämpft sich durch, und wofür denn, wenn nicht für die Familie; man doch jemanden braucht; es eben keine bessere Form gibt, wie sich doch gezeigt hat; ja warum eigentlich?

Die Verhältnisse zwischen Männern und Frauen sind kompliziert; sie ruhen auf einer Grundlage von netzwerkmäßigen Macht- und Abhängigkeitsverstrickungen. Sie stellen ein Gebäude von Illusionen dar, errichtet auf Fundamenten wirklicher und ideologisch-erzeugter Bedürfnisse. Das Resultat sind Beziehungen, Entfremdungen, Erfüllungen, Enttäuschungen. Wir können feststellen: Angst, Gewalttätigkeit, überflüssige Befürchtungen, irreale Erwartungen, Fremdheit vergiften das Verhältnis zwischen Frauen und Männern wesentlich, und diese Zustände der Entfremdung und Ungleichheit sind nicht Abweichungen, sondern vorprogrammiert; strukturell. Gerne würden wir nun erklären: so geht es nicht weiter! Nur kann es wahrscheinlich schon so weitergehen; vielleicht jahrhundertelang. Wir würden gerne deklamieren: wehrt euch! Ihr habt nichts zu verlieren! Nur haben viele von euch eine ganze Menge zu verlieren. Ob es eine historische, sittliche, unausweichliche Entwicklungsrichtung gibt – wer kann das mit Gewißheit sagen. Und ob es ein Trost ist, wenn wir in unseren Vorstadtwohnungen, unseren Altbauhäusern, unseren Reihenhäusern usw. sitzen und auf die Revolution warten . . .

Es sind schon so viele Revolutionen verkündet worden.

Paradigma: Radikale Gesellschaftskritik macht vor Bedrohungen der eigenen Bequemlichkeit halt.

George Washington war sehr eloquent in Sachen Menschenrechte. Freiheit. Gleichheit. George Washington besaß bis an sein Lebensende Sklaven. Die Kirche auch. Ebenso die Bischöfe und Philosophen des Zeitalters.

These: Wenn Jenny nicht gekocht und geputzt hätte, hätte Karl vielleicht das ‹*Kapital*› nicht schreiben können.

Wer weiß, was Jenny geschrieben hätte, wenn sie nicht statt dessen gekocht, geputzt, und von Karl – ungewollte – Töchter zur Welt gebracht hätte.

Paradigma: Bücher zu schreiben ist wichtig. Gedichte zu verfassen ist wichtig. Druckereiverfahren und Relativitätstheorien zu erfinden ist wichtig. Gesetze zu formulieren ist wichtig.

Aber die Kultur ist auf eine Lüge gebaut, solange Wichtiges durch die von einer bestimmten Gesellschaftsgruppe erbrachte Verrichtung von Unwichtigem (Lebensnotwendigem) möglich gemacht wird.

These: Für gesunde und erwachsene Menschen gilt – wer die biologische Fähigkeit besitzt, Schmutz zu erzeugen, der hat auch die biologische Fähigkeit, ihn zu beseitigen. Wer Hunger hat, kann auch kochen. Usf. Da hat die Natur vorgesorgt.

Es gibt Arbeiten, die jede/r selbst verrichten muß. Sie an eine Kaste zu delegieren bedeutet Zeitgewinn, Annehmlichkeit und Korruption.

Paradigma: Arbeit ist aufgeteilt in wichtig/unwichtig; gut bezahlt/schlecht bzw. gar nicht bezahlt; kreativ/repetitiv; Inländer/Gastarbeiter; Mittelschicht/Arbeiter; männlich/weiblich.

Daraus folgt, daß es wichtige und unwichtige Menschen gibt.

Die Unwichtigen sind dazu da, den Wichtigen das Unwichtige abzunehmen. Die unwichtige Arbeit ist dabei oft die, ohne die alles zusammenbrechen würde.

Das soll denen, die sie verrichten, ein Trost sein.

Formuliert wird es meistens so: irgend jemand *muß* sie ja machen.

Oder auch so: hinter jedem großen Mann steht eine liebende Frau.

These: Man kann nicht Menschenrechte deklarieren und Sklaven haben. Der Moment, an dem der kritische Intellekt zu dieser Einsicht gelangt, könnte für die Weltgeschichte einschneidende Konsequenzen haben. Bestimmt aber für Frauen und Männer.

Vielleicht auch für die Liebe.

Anmerkungen

1 Michel Foucault, Sexualität und Wahrheit, Suhrkamp 1977
2 Felix Guattari, Micropolitik des Wunsches, Mervé 1977
3 Vgl. Norbert Elias, Über den Prozeß der Zivilisation, Suhrkamp 1977
4 Siehe Edward Shorter, Die Geburt der modernen Familie, Rowohlt 1977, vgl. auch Carl Roger, Becoming Partners, Delacorte Press 1972
5 Kate Millett, Sexual Politics, Doubleday 1970, S. 43, 45
6 Murray Straus in Sarah Haffner, Gewalt in der Ehe, Wagenbach 1976, S. 172
7 Bronislaw Malinowski, Sex, Culture and Myth, Harcourt, Brace and World 1962
8 Koran, Sure 4
9 Zitiert in Julia O'Faolin, Lauro Martines, Not in Gods Image, Fontana 1974, S. 188
10 Ebd.
11 Verfaßt zwischen 1450 und 1481, zitiert nach O'Faolin, op. cit., S. 188
12 Vgl. Coulton, Life in the Middle Ages, N. Y. 1910, zitiert in Elizabeth Gould Davis, The First Sex, Penguin 1971, S. 252ff
13 L. Finkelstein, Jewish Self-Government in the Middle Ages, zitiert nach O'Faolin, op. cit., S. 190
14 Trevelyan, English Social History, Penguin 1972 (1942), S. 81
15 Hans Fehr, Die Rechtsstellung der Frau und der Kinder in den Weistümern, Jena 1912, S. 52
16 Kreittmayr war Jurist und Vizekanzler von Bayern, zitiert in Marielouise Janssen-Jurreit, Sexismus, Hanser 1976, S. 511
17 Fehr, op. cit., S. 52
18 Zitiert in Edward Shorter, Die Geburt der modernen Familien, Rowohlt 1977, S. 253
19 Shorter zitiert Beispiele aus England vom Ende des 18. und vom 19. Jahrhundert, daß das sog. «Haberfeldtreiben» sich gelegentlich auch gegen gewalttätige Ehemänner richtete
20 Shorter, op. cit., S. 253
21 Fehr, op. cit., S. 59
22 Zitiert in Gould Davis, op. cit., S. 253
23 Book of the Knight of the Tower, in Coulton, op. cit., S. 114–115
24 Margot Schröder, Der Schlachter empfiehlt noch immer Herz, Frauenbuchverlag 1976, S. 84
25 Sonderheft 14, Westdeutscher Verlag 1970
26 Vgl. Hyman Rodman, «Eheliche Macht und der Austausch der Ressourcen im kultuellen Kontext», a. a. O., S. 136ff
27 Vgl. Shirley Ardener (Hg.) Perceiving Women, London 1975
28 E. E. Evans-Pritchard, The Position of Women in Primitive Societies and Other Essays in Social Anthropology, Faber and Faber 1965
29 Ebd., S. 54
30 Beispiele für kritische Gegenforschung in diesen Bereichen sind zum Beispiel Rayna Reiter (Hg.); Monthly Review Press, Towards an Anthropology of

Women; I. M. Lewis, 1975 «Patterns of Protest among Non-Western Women, in Raymond Prince/Dorothy Barrier, Configurations, Lexington 1974, S. 93 ff
31 Henry Van de Velde, Sex Hostility in Marriage, N. Y. 1931, S. 167
32 Ebd.
33 Nathan Ackerman, The Psychodynamics of Family Life, Basic Books 1958, S. 179–181
34 Robert Blood, Marriage, Glencoe 1962, Einleitung
35 Ebd., S. 271
36 Ebd., S. 275
37 Peter Blau, «Exkurs über die Liebe» in Walter Bühl (Hg.), Reduktionistische Soziologie, Nymphenburger 1974, S. 110 ff
38 Ebd., S. 114
39 Ebd., S. 117
40 Ebd., S. 118
41 J. Levy/R. Munroe, The Happy Family, N. Y. 1945, Knopf
42 Verena Stefan, Häutungen, Frauenoffensive 1977
43 H. Schelsky, Soziologie der Sexualität, Rowohlt 1955, S. 57
44 H. Grunebaum/J. Christ (Hg.), Contemporary Marriage Structure, Little, Brown & Comp. Boston 1976
45 Avodah Offit in Grundebaum/Christ, op. cit., S. 425
46 Ackermann, op. cit., S. 157 ff
47 Susanne Steinmetz/Murray Straus, Violence in the Family, Harper & Row, N. Y. 1974, S. 48
48 Phyllis Hallenbeck, «An Analysis of Power Dynamics in Marriage» in Bert Adams/Thomas Weirath (Hg.), Readings on the Sociology of the Family, Chicago 1971, S. 286
49 Ernst Wallner/Margret Pohler-Funke, Soziologie der Familie, Quelle und Meyer 1977
50 Ebd., S. 103
51 Anthony Storr, Human Aggression, Penguin 1968
52 Elizabeth Janeway, Man's World, Woman's Place, Delta 1971, S. 53
53 Elizabeth Wilson, «The Existing Research into Battered Women, Research Group of the NWAF, London 1976
54 Karen Horney, Die Psychologie der Frau, Kindler 1977, S. 169
55 Mirra Komarovsky, Blue Collar Marriage, Vintage 1967, S. 281 ff
56 Boyd Rollins/Stephen Bahr, «A Theory of Power Relationship in Marriage» in Journal of Marriage and the Family, Nov. 1976, S. 619 ff
57 Constantina Safilios-Rothschild, Love, Sex and Sex Roles, Prentice Hall 1977, S. 47
58 Igor Caruso, Soziale Aspekte der Psychoanalyse, Rowohlt 1974, S. 29
59 Foucault, op. cit., S. 121
60 Michel Foucault, Überwachen und Strafen, Suhrkamp 1977
61 Sexualität und Wahrheit, Suhrkamp 1977, S. 80
62 Foucault, Sexualität und Wahrheit, S. 78
63 Thomas Leithäuser, Formen des Alltagsbewußtseins, Campus 1976, S. 11
64 John Stewart Mill, Essays on Sex Equality, University of Chicago, 1970
65 Ebd.

66 Sheila Rowbotham, Woman's Consciousness, Man's World, Penguin 1973, S. 29f
67 Die nicht anders gekennzeichneten Zitate sind den Beratungsprotokollen der größten Wiener Eheberatungsstelle entnommen
68 Martin Meissner, «Women and Inequality» in Our Generation 11,2, Kanada 1976
69 Adeline Levine, Forschungsprojekt am New York City College
70 Vgl. Eva Figes, Patriarchal Attitudes, Panther 1970 und Marielouise Janssen-Jurreit, Sexismus, Hanser 1976
71 J. J. Rousseau, Emil oder Über die Erziehung, Paderborn 1963 (1762)
72 Mirra Komarovsky, «Cultural Contradictions and Sex Roles» in Joan Huber (Hg.), Changing Women in Changing Society, Chicago 1973, S. 122
73 Rousseau, op. cit., S. 430
74 Luce Irigaray, Waren, Körper, Sprache, Merve 1962, S. 39–40
75 Vgl. unseren Artikel «Die Überlebenden – Thesen zum Partnerverlust älterer Frauen» in Deutsche Zeitschrift für Gerontologie, Jan. 1978
76 Sarah Haffner, Gewalt in der Ehe, Wagenbach 1976
77 Vgl. Gove/Tudor, «Adult Sex Roles and Mental Illness» in Joan Huber, op. cit., S. 50ff; Ulrike Prokop, Weiblicher Lebenszusammenhang, Suhrkamp 1976; H. Strotzka, Kleinburg, Styria
78 George Bernard Shaw, Der Aufstand gegen die Ehe, Suhrkamp 1972 (1908)
79 R. Seidenberg in Jean Baker Miller (Hg.), Psychoanalysis of Women, Penguin 1973, S. 350
80 In: Frauen und Wissenschaft, Beiträge zur Berliner Sommeruniversität für Frauen, Berlin 1977, S. 177–178
81 Vgl. Senghaas, «Weltwirtschaftsordnung und Entwicklungspolitik, Suhrkamp 1977
82 Lida Gustava Heymann/Anita Augspurg, Erlebtes-Erschautes, Meisenheim 1972, S. 47
83 Vgl. Janssen-Jurreit, op. cit.
84 Vgl. Margaret Mead, Male and Female, N. Y. 1975 (1947)
85 C. Lonzi, Die klitoride und die vaginale Frau, Merve 1975
86 Johann Gottlieb Fichte, Gesamtausgabe Bd. I, Akademie der Wissenschaften, Stuttgart 1970, S. 100
87 Nach O'Faolin, op. cit., S. 136
88 Albertus Magnus, De Secretis Mulierum, zitiert ebd., S. 137
89 Foucault, Überwachen und Strafen, a. a. O.
90 Erik Erikson, Kindheit und Gesellschaft, Klett 1957
91 Robin Morgan, Going Too Far, Random House, N. Y. 1968
92 Alfred Adler, «Psychische Einstellung der Frau zum Sexualleben», in: Das Problem der Homosexualität und sexueller Perversionen, Fischer 1977, S. 115
93 Gisela Schneider/Klaus Laermann, «Augenblicke. Über einige Vorurteile und Einschränkungen geschlechtsspezifischer Wahrnehmung», in: Kursbuch 49, S. 57
94 Verena Stefan, Häutungen, Frauenoffensive 1975, S. 26
95 William Goode, «Force and Violence in the Family», in: Steinmetz/Straus op. cit., S. 28
96 Betsy Warrior in Sarah Haffner, op. cit., S. 210

97 John O'Brien, «Violence in Divorce-prone Families», in: Steinmetz/Straus, op. cit., S. 70
98 Talcott Parsons, «Certain primary Sources and Patterns of Aggression in the Social Structure of the Western World» in Essays in Sociological Theory, 1966
99 Vgl. Eugene Kanin, «Reference Group and Sex Conduct Norm Violations» Sociological Quarterly 8, 1967 und Susan Brownmiller, Gegen unseren Willen, Fischer 1978
100 Vgl. Peter Farb, Word Play, Bantam 1975; Mary Key, «Linguistic Behaviour of Male and Female», Linguistics 88, 1972; Casey Miller/Kate Swift, Words and Women, N. Y. 1977
101 Vgl. Maryan Hartmann, «A descriptive study of the Language of Men and Woman», in: Betty Lou Dubois/Isabel Crouch (Hg.), The Sociology of the Languages of American Women, New Mexico (State University) 1976
102 Barbara Eakins und Gene Eakins, Verbal turntaking and exchanges in faculty dialogue. In: Dubois/Crouch, S. 60
103 «The Subjection of Women» in Alice Rossi (Hg.), The Feminist Papers N. Y. 1973, S. 230
104 John O'Brien, op. cit., Zusammenfassung
105 Jalna Hanmer, «Community Action, Womens Aid and the Womens Liberation Movement», in: M. Mayo (Hg.), Women in the Community, Routledge and Kegan Paul, 1977
106 Jalna Hanmer, op. cit., S. 5
107 M. T. Siegert, Strukturbedingungen von Familienkonflikten, Suhrkamp 1977, S. 165
108 Ebd., S. 64
109 Ebd.
110 Ebd., S. 65
111 Brandt/Kootz/Steppke, Zur Frauenfrage im Kapitalismus, Suhrkamp 1973, S. 218
112 Henri Lefebvre, Kritik des Alltagslebens, Athenaeum 1977, S. 90
113 Männer besetzen bei *mein erlebnis* die Posten: Chefredakteur, Chef vom Dienst, Redaktion Medizin und Beratung, Verlagsleiter, Anzeigenleiter, Vertriebsleiter, Herstellung; bei *wahre geschichten*: Chefredaktion, grafische Gestaltung, verantwortlich für den Inhalt, Anzeigenleiter; bei *tina*: Chefredakteuer, Cheflayouter, Schlußredaktion, verantwortlich für den Inhalt, verantwortlich für Struktur.
114 Vgl. auch Betty Friedan, Der Weiblichkeitswahn, Rowohlt 1970
115 Mein Erlebnis 4, 1978, S. 23
116 William Masters und Virginia Johnson, Die sexuelle Reaktion, Rowohlt 1970
117 J. J. Rousseau, Emil oder Über die Erziehung, Paderborn 1963
118 Ebd., S. 432
119 Marabel Morgan, The Total Woman, Pocket Books 1975; Ingrid Trobisch, Mit Freuden Frau sein, Brockhaus 1976
120 William Shakespeare, Komödien I, zit. nach Goldmann-Ausgabe 1964, S. 132
121 Janssen-Jurreit, op. cit., S. 714
122 Stanley Elkins, Slavery – a Problem in American Institutional and Intellec-

tual Life, Chicago 1976 (1959)
123 Erving Goffman, Asyle, Suhrkamp 1961, S. 53
124 Vgl. Elina Belotti, Was geschieht mit kleinen Mädchen? Frauenoffensive 1977
125 Nancy Henley, Body Politics, Prentice Hall 1977
126 Zit. in Haig Bosmajian, The Rights of Women, Hamidad, Kalifornien 1972
127 Nancy Henley, in Phil Brown (Hg.), Radical Psychology, New York 73
128 Vgl. Helen Roberts, «The Role of Clothes in the Making of the American Woman,» Signs 3, 1977
129 In Jean Baker Miller (Hg.), Psychoanalysis and Women, New York 1973
130 Alfred Adler, in Frigidität und weibliche Sozialisation, Kösel 1977
131 Arthur Schopenhauer, Über die Weiber, zit. nach Janssen-Jurreit, S. 444
132 Für entsprechende Aussagen bezüglich der Schwarzen vgl. Elkins, op. cit.; Herbert Aptheker, American Negro Slave Revolts, und Jordan, White oder Black, Penguin 1968; bezüglich der Juden vgl. Janssen-Jurreit, op. cit. S. 85 ff
133 Elkins, ebd., Kap. 3
134 Ebd., S. 132

Danksagung

Wir danken unseren verehrten Vorgesetzten, Professor Leopold Rosenmayr und Professor Heinrich Schneider, die unsere Sturm- und Drangperiode mit Humor und Fassung tragen; Professor Igor Caruso, der uns ernst nahm und unseren Kollegen, die uns zu dem machten, was wir heute sind (abgekämpft und depressiv).

Klementine Blaschke, Anna Fabits und Charlotte Benard für aktive Solidarität; Fee, Elfi, Ursel und Mandana für Zivilcourage unter schwierigsten Bedingungen: einer sozialwissenschaftlichen Tagung.

Benard / Schlaffer

Cheryl Benard, geboren 1953 in New Orleans / USA, und **Edit Schlaffer**, geboren 1950 im Burgenland / Österreich, leiten als Sozialwissenschaftlerinnen die «Ludwig-Boltzmann-Forschungsstelle für Politik und zwischenmenschliche Beziehungen» in Wien.

Männer *Eine Gebrauchsanweisung für Frauen*
208 Seiten. Broschiert und als rororo sachbuch in der Reihe «zu zweit» 8820

Sag uns, wo die Väter sind *Von Arbeitssucht und Fahnenflucht des zweiten Elternteils*
256 Seiten. Broschiert

Laßt endlich die Männer in Ruhe *oder Wie man sie weniger und sich selbst mehr liebt*
256 Seiten. Broschiert

Im Dschungel der Gefühle *Expeditionen in die Niederungen der Leidenschaft*
(rororo sachbuch «zu zweit» 8783)

Die Grenzen des Geschlechts *Anleitungen zum Sturz des Internationalen Patriarchats*
(rororo sachbuch 7775)

Die ganz gewöhnliche Gewalt in der Ehe *Texte zu einer Soziologie von Macht und Liebe*
(rororo aktuell 4358)

Liebesgeschichten aus dem Patriarchat *Von der übermäßigen Bereitschaft der Frauen, sich mit dem Vorhanden zu arrangieren*
(rororo sachbuch 7843)

rororo sachbuch

Der Mann auf der Straße *Über das merkwürdige Verhalten von Männern in ganz alltäglichen Situationen*
(rororo sachbuch 7305)

Viel erlebt und nichts begriffen *Die Männer und die Frauenbewegung*
272 Seiten. Kartoniert

«Die Autorinnen sind nicht nur intelligent und informiert, sondern sie verstehen es auch, ihr Wissen mit Witz und Ironie an die Frau zu bringen - eine glückliche, aber leider seltene Kombination im Feminismus.»
Martina I. Kischke, Frankfurter Rundschau

3401/1

Rita Mae Brown

«**Rita Mae Brown** trifft überzeugend und witzig den Ton ihrer Protagonistinnen und schreibt klug ein Stück Frauengeschichte über Frauen, die ihr Leben selbst bestimmt haben.» Die Zeit

Herzgetümmel *Roman*
(rororo 12797 und als gebundene Ausgabe)
Als Geneva heiratet, ist die Welt noch in Ordnung. Sie liebt ihren Mann, und Nash verwöhnt sie wie es sich für einen Südstaaten-Kavalier gehört. Doch der Bürgerkrieg trennt das traute Glück und Geneva macht sich in Männerkleidern auf die Suche nach ihrem Mann...

Jacke wie Hose *Roman*
(rororo 12195)
Schrullig sind sie geworden, ungezähmt geblieben – die beiden Hunsenmeir-Schwestern in Runnymede, Pennsylvania. Seit 75 Jahren lieben und hassen sie sich, sind «Jacke wie Hose». Ein aufregendes Leben zwischen Krieg und Bridgepartien, Börsenkrach und großer Wäsche.

Die Tennisspielerin *Roman*
(rororo 12394)
«Rita Mae Brown schafft lebendige Wesen, mit denen wir grübeln und leiden, hoffen und triumphieren, erlöst und vernichtet werden. Es geht dabei um viel, viel mehr als um Tennisstars, egal ob echte oder fiktive. Rita Mae Brown ist eine große Charakterzeichnerin geworden.» Ingrid Strobl in «Emma»

rororo Unterhaltung

Rubinroter Dschungel *Roman*
(rororo 12158)
«Der anfeuerndste Roman, der bislang aus der Frauenbewegung gekommen ist.» New York Times

Wie du mir, so ich dir *Roman*
(rororo 12862)
In Montgomery scheint die Welt zwar in Ordnung, aber was sich da alles unter der puritanischen Gesellschaftskruste tut, ist nicht von schlechten Eltern...

Im Rowohlt Verlag ist außerdem lieferbar:

Bingo *Roman*
Deutsch von Margarete Längsfeld
416 Seiten. Broschiert.
Louise und Julia Hunsenmeir, beide in den Achtzigern und mehr als selbstbewußt, setzen alle Tricks und Kniffe ein, um einen attraktiven Endsiebziger zu umgarnen. «... ein Glückstreffer der Unterhaltungsliteratur.» Westdeutsche Zeitung

3211/1

Marilyn French

«Mit heißen Ohren am Ende angelangt, nach immerhin 640 Seiten, reiben wir uns die Augen: Gab es denn nicht einen einzigen Mann, der bestehen konnte in dieser Welt voller verletzter, enttäuschter, verbitterter, tapferer, großmütiger und liebenswerter Frauen?» schrieb Maria Frisé über **Marilyn Frenchs** Roman *Frauen*, den die New York Times zum «Meilenstein der Frauenliteratur» erklärte.
In ihren Büchern hat eine ganze Generation von Frauen ihre Erfahrungen wiedergefunden: Verletzung, Liebe, Macht und Selbstbehauptung.
Marilyn French, geboren 1929, lebt heute in New York mit ihren zwei erwachsenen Söhne.

Das blutende Herz *Roman*
(rororo 5279 und als gebundene Ausgabe)
Im Zug von London nach Oxford begegnen sich Dolores und Victor. Beide sind Amerikaner, verheiratet, haben Kinder. Sie verlieben sich heftig ineinander, und ebenso heftig sind die Auseinandersetzungen, die Machtkämpfe, die sie austragen.

Frauen *Roman*
(rororo 4954)
«Es ist viel über Frauen und Frauenbewegungen geschrieben worden, aber kein Buch läßt die Lebens-, Erfahrungs- und Empfindungswelt von Frauen so sinnlich nachvollziehen, macht in diesem Nachvollzug so betroffen.» Westermanns Monatshefte

3224/1

rororo Literatur

Jenseits der Macht *Frauen, Männer und die Moral*
(rororo sachbuch 8488 und als gebundene Ausgabe)
«Marilyn French hat die komplette Menschheitsgeschichte auf den Kopf gestellt. So radikal wie sie hat bisher noch keine Feministin versucht, den Gegenbeweis anzutreten zum ‹Naturereignis vom Patriarchat›.» Bayerischer Rundfunk

Im Rowohlt Verlag ist außerdem erschienen:

Tochter ihrer Mutter *Roman*
Deutsch von Cornelia Holfelder-v.d.Tann und Gesine Strempel
Gebunden
«Ich wollte immer schon über das Leben meiner Mutter schreiben – und dabei untersuchen, warum Frauen Mütter werden und alles zu opfern bereit sind, um es zu bleiben.» Marilyn French

Hannah Green

Hannah Greens Bücher spenden Kraft. Einfühlsam schildert sie nicht nur das Leid, das sie oft selbst erfahren mußte. **Hannah Green** zeigt ebenso Wege der Hoffnung. Ihr Bericht einer Heilung *Ich hab dir nie einen Rosengarten versprochen* war auf allen Bestsellerlisten zu finden.
Joanne Greenberg, wie Hannah Green in Wirklichkeit heißt, wurde 1932 in New York geboren, studierte in Washington und London. Heute lebt sie mit ihrer Familie in Colorado/USA.

Ich habe dir nie einen Rosengarten versprochen *Bericht einer Heilung*
(rororo 4155)

Mit diesem Zeichen *Roman*
(rororo 4869)
Welche Demütigungen, aber auch Freude und Lebenswillen ein taubstummes Paar erlebt erzählt Hannah Green in diese mitfühlenden, authentischen Familienroman.

Ich hab dir nie einen Rosengarten versprochen. Mit diesem Zeichen *Die beiden Welterfolge in einem Band*
(rororo 12941)

Herbstzeitlose oder Glückliche Fügung? *Roman*
(rororo 12186)
Hannah Green erzählt von zwei Menschen, die durch einen entsetzlichen Unfall miteinander verbunden werden – eine Geschichte von der Suche nach dem, was wirklich wichtig ist im Leben.

Landleben *Roman*
(rororo 12396)

rororo Unterhaltung

Ohne sich zu berühren
Erzählungen
(rororo 5661)

Wenn es Sommer wird
Erzählungen
(rororo 4992)

Eine Zeit wie im Paradies
Roman
(rororo 5901)
Das Leben einer frustrierten Mutter, deren erwachsene Kinder sich von der Familie abgewandt haben. «Dieses Buch ist recht aufregend. Es erzählt lakonisch, oft auch witzig und mit genauen Beobachtungen.»
Süddeutscher Rundfunk

Knechte des Königs
Historischer Roman
(rororo 12710)
Hannah Green zeichnet in ihrem ersten Roman Genrebilder mittelalterlichen Lebens von eindringlicher Nähe.

3231/1